독자의 1초를
아껴주는 정성을
만나보세요!

세상이 아무리 바쁘게 돌아가더라도 책까지 아무렇게나 빨리 만들 수는 없습니다.

인스턴트 식품 같은 책보다 오래 익힌 술이나 장맛이 밴 책을 만들고 싶습니다.

땀 흘리며 일하는 당신을 위해 한 권 한 권 마음을 다해 만들겠습니다.

마지막 페이지에서 만날 새로운 당신을 위해 더 나은 길을 준비하겠습니다.

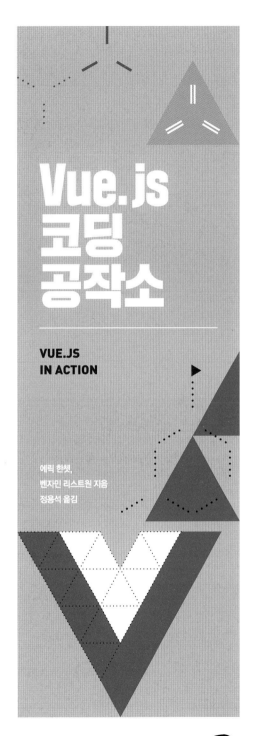

Vue.js 코딩 공작소

VUE.JS IN ACTION

에릭 한챗,
벤자민 리스트원 지음
정용석 옮김

Vue.js 코딩 공작소

Vue.js in Action

초판 발행 · 2019년 9월 25일

초판 3쇄 발행 · 2022년 12월 15일

지은이 · 에릭 한쳇, 벤자민 리스트원

옮긴이 · 정용석

발행인 · 이종원

발행처 · (주)도서출판 길벗

출판사 등록일 · 1990년 12월 24일

주소 · 서울시 마포구 월드컵로 10길 56(서교동)

대표전화 · 02)332-0931 | **팩스** · 02)323-0586

홈페이지 · www.gilbut.co.kr | **이메일** · gilbut@gilbut.co.kr

기획 및 책임편집 · 안윤경(yk78@gilbut.co.kr) | **디자인** · 박상희 | **제작** · 이준호, 손일순, 이진혁

영업마케팅 · 임태호, 전선하, 차명환, 박민영, 지운집, 박성용 | **영업관리** · 김명자 | **독자지원** · 윤정아, 최희창

교정교열 · 김윤지 | **전산편집** · 남은순 | **출력 및 인쇄** · 북토리 | **제본** · 신정문화사

• 잘못된 책은 구입한 서점에서 바꿔 드립니다.

• 이 책에 실린 모든 내용, 디자인, 이미지, 편집 구성의 저작권은 (주)도서출판 길벗과 지은이에게 있습니다.

  허락 없이 복제하거나 다른 매체에 옮겨 실을 수 없습니다.

ISBN 979-11-6050-922-9 93000

(길벗 도서번호 007024)

정가 24,000원

독자의 1초까지 아껴주는 정성 길벗출판사

(주)도서출판 길벗 | www.gilbut.co.kr

페이스북 · www.facebook.com/gbitbook

예제 소스 · https://github.com/gilbutITbook/007024

프런트엔드 웹 개발은 놀랍도록 복잡해졌습니다. 현대 자바스크립트 프레임워크를 사용한 적이 없다면 'Hello'를 출력하는 앱을 만드는 데만 일주일이 걸릴 수도 있습니다. 말도 안 된다고 생각하겠지만, 진짜입니다. 문제는 바로 대부분의 프레임워크를 사용하려면 터미널, 고급 자바스크립트, 노드 패키지 매니저(NPM), 바벨(Babel), 웹팩(Webpack) 등의 도구를 알아야 한다는 것입니다.

Vue는 다행히도 이러한 지식이 필요하지 않습니다. Vue를 '점진적'인 자바스크립트 프레임워크라고 하는데, 이는 앱 규모를 축소하거나 확대할 수 있기 때문입니다. 앱이 단순하다면 제이쿼리(jQuery)를 쓰는 것처럼 Vue를 〈script〉 태그에 삽입하는 것만으로도 적용할 수 있습니다. 하지만 기술과 수요가 발전함에 따라 Vue 또한 성장하여 더욱 강력하고 생산적으로 사용할 수 있습니다.

굉장히 신기하게도 Vue는 컴퓨터 공학도뿐만 아니라 디자이너, 교육자, 사람 중심의 일을 위주로 하는 사람들이 함께 만들었습니다. 그 결과로 문서, 가이드, 개발 도구가 아주 뛰어납니다. 성능, 의존성, 기능이 중요한 만큼 Vue를 사용하는 경험 또한 중요합니다.

에릭(Erik)은 사람 중심의 정신을 책에 담았습니다. 이 책은 굉장히 시각적입니다. 자세한 삽화와 주석이 딸린 스크린샷은 실무에서 작업 흐름에 대한 예를 기반으로 합니다. 결과적으로 웹 브라우저와 Vue의 작업 도구를 배우면서 공부할 내용을 실제로 확인할 수 있고, 더 중요한 점은 무언가 잘못되면 디버깅도 가능하다는 것입니다.

프런트엔드 개발, 자바스크립트, 더 나아가 프로그래밍에 배경이 없는 사람들을 위해 에릭은 Vue가 무엇을 하는지, 왜 그렇게 하고 있는지 기초 개념을 설명합니다. 이 책은 프로젝트 중심으로 새로운 기능을 설명하기 때문에 첫 프레임워크로 Vue를 배우고자 하는 개발자에게 굉장히 이상적입니다.

– 크리스 프릿츠(Chris Frits), Vue 코어 팀원이자 문서 관리자

2017년 초반에 벤자민 리스트원(Benjamin Listwon)이 개인 사정으로 물러나면서 필자에게 이 책을 쓸 기회가 주어졌습니다. 당시 필자는 리노(Reno)에 있는 네바다대학교(University of Nevada)에서 막 MBA 과정을 마친 후였고, 가장 최근에 쓴 〈Ember.js Cookbook〉(Packt Publishing, 2016)이 나온 지는 1년이 지난 상황이었습니다. 그 전에는 '에릭과 함께하는 프로그램(Program with Erik)'이라는 유튜브 채널을 만들어 적지만 늘어나는 시청자를 위해 어떻게 하면 최고의 프로그래밍 자습서를 쓸 수 있을지 고민하던 중이었습니다. 이때 Vue.js 관련 스크린캐스트 시리즈를 시작하여 시청자들에게 긍정적인 반응을 얻어 Vue.js에 대해 더 연구하는 계기가 되었습니다.

Vue.js의 창시자인 에반 유(Evan You)에게 프레임워크를 만들기까지의 여정을 들으면서 Vue를 시작했습니다. 그리고 다른 창시자들의 무수한 유튜브 자습서와 비디오를 시청했습니다. 그리고 온라인 포럼과 페이스북 그룹에 참여하여 사람들의 관심사를 찾아보았습니다. 어디를 가든지 사람들은 Vue.js와 이것의 가능성에 열광했고, 이 점이 필자에게 이 책을 쓸 수 있는 가능성을 열어 주었습니다.

많이 고민했고, 아내와 이야기한 끝에 책을 쓰기로 했습니다. 운 좋게도 벤자민이 기초를 잘 다져 놓았기에 필자는 시작만 하면 되었습니다. 그 이후 10개월 동안 무수한 밤과 주말을 연구하고 테스트하며 보냈습니다.

이 책을 쓰는 것이 쉬웠고 문제가 전혀 없었다고 말하고 싶지만, 계획대로 흘러가지는 않았습니다. 개인적인 방해 요소도 있었고, 마감 시간을 못 맞추거나 슬럼프에 빠지기도 했고, 그것도 모자라 Vue.js가 업데이트되면서 수많은 수정도 했습니다.

그래서 필자는 이 책이 굉장히 자랑스럽습니다. 되돌아가야 할 때마다 두 배로 열심히 해야겠다는 계기가 되었습니다. 필자가 할 수 있는 한 최상의 품질로 이 책을 끝내고 싶었습니다. 이 책을 읽으면서 필자의 마음을 느낄 수 있었으면 좋겠습니다.

이 책을 구매한 독자들에게 정말 감사합니다. Vue.js를 배우는 과정에서 이 책이 도움을 줄 수 있으면 좋겠습니다. 그랬다면 알려 주세요. @ErikCH로 트윗하거나 erik@programwitherik.com으로 이메일을 보내거나 https://goo.gl/UmemSS에서 필자의 메일 리스트에 참여해 주세요. 다시 한 번 감사합니다!

가장 먼저 아내인 수잔(Susan)에게 고맙다는 말을 전하고 싶습니다. 그녀의 도움 없이는 책을 완성하지 못했을 것입니다. 우리 아들 와이엇(Wyatt)과 딸 비비안(Vivian)에게도 고맙다는 말을 하고 싶습니다. 아이들이 있었기에 열심히 일할 수 있었습니다. 이 책의 감수자들, 포럼 멤버들, 피드백해 준 모든 사람에게 감사합니다. 이 모든 사람의 도움 없이 혼자서는 절대 이루지 못했을 것입니다. 그리고 추천사를 쓴 크리스 프릿츠에게도 감사합니다. 마지막으로 Vue.js 커뮤니티, 에반 유, Vue.js를 멋있는 프레임워크로 만들어 준 모든 사람에게 진심 어린 감사의 말을 전합니다.

– 에릭 한쳇

다 떠나서, 이 책뿐만 아니라 우리 삶의 모든 측면에서 도움과 격려를 준 아내 키픈(Kiffen)에게 감사의 말을 전하고 싶습니다. 우리 가족의 별, 아들 리오(Leo)에게도 나를 향한 무수한 웃음과 포옹, 격려를 해 주어서 정말 고맙다고 전합니다. 수없이 격려하고 이해해 주면서 도움을 준 매닝 편집 팀에게도 정말 감사합니다. 에릭에게도 감사를 전합니다. 이 분 없이는 책이 나오지 못했을 것입니다. 항상 잘되길 기원합니다. 마지막으로 에반 유와 Vue.js에 기여한 모든 사람에게 이 소프트웨어를 개발하고 더 큰 커뮤니티를 만들어 주어 감사합니다. 이 커뮤니티의 일원이 된 것은 정말 영광입니다.

– 벤자민 리스트원

프런트엔드 개발자에게 현재는 그야말로 자바스크립트 프레임워크 시대입니다. 웹 성장과 더불어 자바스크립트가 끊임없이 진화하면서 웹 개발에서 프런트엔드가 중요해졌습니다. 거기다 리액트, 앵귤러, 뷰 같은 자바스크립트 기반 프런트엔드 프레임워크도 등장했습니다.

사용자가 웹 서비스를 이용하면서 다양한 액션, 그에 따른 리액션 등 상호 작용해야 하는 기능이 늘어나면서 프런트에서 책임감이 커지고, 이에 따른 코드 복잡도 또한 늘어났습니다. 앞서 말한 프런트엔드 프레임워크를 사용하면 이러한 문제점들을 좀 더 수월하게 바로잡을 수 있습니다.

프레임워크를 처음 접하는 사람이 가장 힘들어 하는 부분이 바로 학습 곡선입니다. 프레임워크는 대체로 진입 장벽이 높습니다. 저 또한 자바스크립트와 제이쿼리를 상당 기간 다루었음에도 ES6 같은 최신 자바스크립트 문법이나 각 프레임워크 개념을 이해하기까지 많은 시간을 투자했습니다. 다 떠나서 가장 큰 문제점은 공식 가이드 대부분이 API 호출, 부가적인 라이브러리 사용 등 실무 개발에 필요한 내용을 모두 다루지 않는다는 것입니다. 실질적으로 하나의 프레임워크를 배우는 데 필요한 개념들을 알려 줄 수 있다면 최소한 제가 겪었던 진입 장벽을 확실히 낮출 수 있다고 생각합니다.

어떤 프레임워크로 시작하는지는 중요하지 않습니다. 리액트, 앵귤러, 뷰 모두 고유의 스타일이 있지만, 프레임워크 본질은 동일합니다. 개인적으로는 뷰를 먼저 공부하길 추천합니다. 이 책의 옮긴이로서가 아닌 개발자로서 뷰는 진입 장벽이 다른 프레임워크에 비해 낮고, 쉽게 숙달할 수 있는 편입니다. 실제로 이미 다른 프레임워크를 경험한 적이 있다면 이 책 예제를 따라 진행하다 보면 뷰를 시작하는 것부터 다루는 것까지 과정이 명확하고 간단하다는 것을 알 수 있습니다.

이러한 점에서 이 책은 뷰를 접하기에 아주 적합한 개발서라고 생각합니다. 단순히 뷰를 사용하는 방법을 넘어 프레임워크의 역사와 중요성, 뷰를 배워야 하는 이유를 친절하게 설명합니다. 또 학습 단계에 맞추어 웹 애플리케이션을 수정해 가며 각 단계에서 설명하는 개념을 어떻게 적용하는지 알 수 있어 학습 흐름이 명확합니다. 단순 뷰만이 아닌 뷰에 특화된 라이브러리들을 도입하고 설명하면서 웹 애플리케이션을 개발할 때 필요한 부가적인 내용 또한 배울 수 있습니다. 이 책을 모두 학습했다면 누구나 뷰를 사용하여 나만의 웹 애플리케이션을 제작할 수 있을 것입니다.

2019년 8월

정용석

Vue.js 애플리케이션을 만드는 방법을 배우기 전에 반드시 알아야 할 것들을 배워 봅시다.

우리는 책에서 Vue.js에 능숙해지는 데 필요한 모든 것을 살펴볼 것입니다. 이 책의 목표는 망설임 없이 Vue.js 애플리케이션을 작업할 수 있도록 필요한 지식을 전달하는 것입니다.

이 책을 쓰기 위해 연구하면서 반복적으로 들었던 말은 Vue.js를 배우려면 Vue.js 공식 가이드가 최고의 자원이라는 것이었습니다. 공식 가이드도 훌륭합니다. Vue.js를 배우면서 공식 가이드에서 추가로 참조 정보를 확인하는 것을 추천합니다. 다만 공식 가이드는 모든 내용을 다루지 않습니다. 완벽하지도 않습니다. 그래서 이 책을 쓰면서 공식 가이드에서 다루는 것 이상의 내용을 추가하기로 했습니다. 더 이해하기 쉽고 관계있는 예제들을 이용하여 독자가 프로젝트 개념에 좀 더 쉽게 적응할 수 있도록 했습니다. 이 책 범위를 넘어가는 주제나 중요하지 않은 부분에는 NOTE를 추가하여 공식 가이드에서 확인할 수 있도록 했습니다.

이 책은 두 가지 다른 방법으로 사용할 수 있습니다. 첫 번째는 처음부터 끝까지 일단 읽는 방법입니다. 이 경우 Vue.js의 전체적인 윤곽을 알 수 있습니다. 두 번째는 어떤 개념 정보를 얻을 수 있는 참조 매뉴얼로 사용할 수 있습니다. 어느 방법으로 사용하든 상관없습니다.

책 후반부에서는 빌드 시스템을 사용한 Vue.js 앱 생성을 다룹니다. 부록 A에 Vue-CLI라는 Vue.js 빌드 도구를 사용하는 방법이 있으니 걱정하지 마세요. Vue-CLI의 가장 큰 이점은 코드를 직접 단순화하거나 빌드해야 할 필요 없이 더 복잡한 Vue.js 애플리케이션을 생성할 수 있게 한다는 것입니다.

이 책으로 Vue.js 애완용품샵 애플리케이션을 만들 것입니다. 일부러 몇몇 장에서는 다른 장보다 애완용품 예제를 더 많이 사용하여 앱에서 어떻게 작동하는지 배울 필요 없이 개념을 이해할 수 있도록 했습니다. 실제로 개념을 앱에 적용하고 싶은 사람은 그렇게 해도 됩니다.

대상 독자

이 책은 자바스크립트, HTML, CSS를 어느 정도 이해하고 Vue.js를 배우고 싶은 사람을 대상으로 합니다. 모두 이해할 필요는 없지만 배열, 변수, 반복문, HTML 태그 등 기초를 알고 있다면 도움이 될 것입니다. CSS는 부트스트랩 3 CSS 라이브러리를 사용했습니다. 하지만 예제를 진행하는 데 부트스트랩을 알아야 할 필요는 없습니다. 단순히 스타일을 위해 사용했습니다.

책 초반부에서는 ES6라는 ECMAScript 2015를 사용한 예제 코드를 소개합니다. 따라서 책을 시작하기 전에 ES6 개념을 조금 짚고 넘어가는 것도 좋습니다. 대부분의 경우 화살표 함수와 ES6 임포트 같은 ES6 기능만 사용합니다. 해당 기능을 사용하는 시점에 다시 이야기합니다.

책 구성

이 책은 세 부로 나뉘어 있는데, 각각은 이전 부를 이어서 진행합니다.

1부(1~2장)는 Vue.js를 알아 가는 데 초점을 맞추었습니다. 1장과 2장에서 첫 Vue.js 애플리케이션을 만들어 볼 것입니다. Vue.js 인스턴스가 무엇이고, 애플리케이션과 어떻게 관계되는지 살펴볼 것입니다.

2부(3~9장)에서는 뷰와 뷰-모델을 자세히 알아봅니다. 여기서는 Vue.js의 핵심적인 부분을 살펴볼 것입니다. 1부가 Vue.js의 애피타이저라고 한다면 2부는 메인 요리라고 할 수 있습니다. Vue.js 애플리케이션을 생성하기 위해 복잡한 부분들을 배웁니다. 그리고 반응형 모델을 시작으로 이 책 나머지 부분에서 사용할 애완용품샵 애플리케이션을 생성합니다.

폼과 입력을 추가하고 Vue.js의 지시자를 사용해서 정보를 바인딩하는 방법을 배운 후 조건문, 반복문, 폼을 살펴봅니다.

6장과 7장은 매우 중요합니다. 컴포넌트를 사용하여 Vue.js 앱을 여러 논리 파트로 나누는 방법을 배우고, Vue.js 앱을 생성할 때 필요한 빌드 도구를 처음으로 알아봅니다.

7장에서는 라우팅을 다룹니다. 이전 장에서는 간단한 조건문을 이용하여 애플리케이션 경로를 설정했습니다. 라우팅을 추가해서 경로 간 알맞게 정보를 전달하고 애플리케이션을 이동할 수 있습니다.

8장에서는 Vue.js를 사용하여 적용할 수 있는 강력한 기능인 애니메이션과 트랜지션을 소개합니다. 해당 기능은 Vue.js에 특화되어 있으니 꼭 확인해 보세요.

9장에서는 코드를 반복해서 작성할 필요 없이 Vue를 확장할 수 있게 하는 믹스인과 커스텀 지시자를 배웁니다.

3부(10~12장)는 데이터 모델링, API 사용, 테스트 내용을 다룹니다. 10장과 11장에서는 Vue의 상태 관리 시스템인 Vuex를 처음으로 접합니다. 이후 백엔드 서버와 통신하는 방법을 살펴보고, 서버 사이드 렌더링 프레임워크인 Nuxt.js를 배울 것입니다.

12장은 테스트 내용만 다룹니다. 어떤 전문적인 환경이라도 테스트는 반드시 알아야 합니다. 따라서 테스트를 하는 데 필요한 내용을 살펴볼 것입니다.

소프트웨어 요구 사항

이 책 코드는 모든 최신 웹 브라우저에서 작동합니다. 개인적으로 파이어폭스 58, 크롬 65, 마이크로소프트 엣지 15에서 테스트했습니다. 이전 버전의 웹 브라우저에서 앱을 실행하면 대부분 문제가 생기니 추천하지 않습니다. Vue.js 자체가 인터넷 익스플로러 8 혹은 그 이전 버전을 지원하지 않습니다. 반드시 ECMAScript 5와 호환하는 웹 브라우저여야 합니다.

앞의 여러 장에서 ES6 기능을 사용합니다. 해당 기능 예제를 실행하는 데 최신 웹 브라우저가 필요합니다.

이 책에서 만들 애완용품샵 앱은 모바일 브라우저에서도 작동합니다. 하지만 애완용품샵 애플리케이션은 모바일에 최적화되어 있지 않으니 데스크톱 컴퓨터에서 실행하는 것이 좋습니다.

운영 체제는 걱정하지 않아도 됩니다. 웹 브라우저에서 실행만 되면 됩니다. 다른 요구 사항은 없습니다.

소스 코드

이 책의 소스 코드는 길벗출판사 깃허브(https://github.com/gilbutITbook/007024)에서 내려받을 수 있습니다. 부록 A에서 코드를 내려받는 방법과 프로그래밍 환경을 설정하는 방법을 확인할 수 있습니다. 소스 코드는 여러 파일로 나뉘어 있으며, 분리된 파일과 완전한 파일을 포함합니다.

예제 파일 내려받기

이 책에서 사용하는 예제 파일은 길벗출판사 웹 사이트에서 도서 이름으로 검색하여 내려받거나 깃허브에서 내려받을 수 있습니다.

- 길벗출판사 웹 사이트: http://www.gilbut.co.kr
- 길벗출판사 깃허브: https://github.com/gilbutITbook/007024

예제 파일 구조

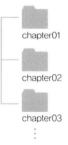

chapter01

chapter02

chapter03

- 이 책의 모든 예제 코드는 Vue.js 2.6.11에서 테스트했습니다.
- 실습 환경 구성은 부록 A를 참고하세요.

베타테스터 실습 후기

Vue.js가 무엇인지 역사적인 배경과 철학부터 응용까지 쉬운 예제를 바탕으로 읽는 사람에게 Vue.js뿐만 아니라 웹에 대한 포괄적인 것까지 알려 줍니다. 기본적인 자바스크립트 지식이 있는 사람이 웹 프로젝트 기술 스택을 고민하고 있다면 이 책을 추천합니다.

특히 DOM 객체 같은 순수 자바스크립트 내용과 다른 프레임워크 내용이 포함되어 있어서 비교하기 쉬웠고, 개발하면서 생길 만한 오류와 위험성들을 실습하며 느낄 수 있는 점이 마음에 들었습니다. 디자인 패턴이나 구조 등도 함께 설명해서 자신의 프로젝트에 실습 예제들을 쉽게 적용할 수 있습니다. 개인적으로 실습 퀄리티가 좋아 설명은 읽지 않더라도 실습은 꼭 한 번 하는 걸 추천합니다. 다양한 웹 프레임워크와 복잡한 자바스크립트 기술 속에서 처음 웹 개발을 시작할 때 보아야 할 필수 참고서라고 생각합니다.

- **실습 환경** macOS, 크롬, Node.js 12.4 | 전체

김지훈_스타트업 샐러리, 한국외국어대학교, 백엔드 개발자

저는 자바스크립트를 2년 정도 사용했지만 웹 브라우저 자바스크립트에 능한 편은 아닙니다. 책에 실린 예제들은 모두 실행해 봤으며, 실습하는 데 3일 정도 걸렸습니다. 예제 파일이 단계별로 작성되어 있어 직접 스크립트를 작성하면서 수시로 비교해 가며 공부할 수 있는 점이 특히 좋았습니다. 크롬 환경에서 Vue 개발자 도구를 설치할 때는 확장 프로그램도 함께 내려받아야 하며, 로컬 환경에서 실습할 때는 '확장 프로그램 관리 – 파일 URL에 대한 접근' 옵션을 켜야 정상적으로 작동합니다.

- **실습 환경** 윈도 7, 크롬, Node.js 12.8.0 | 전체

오주영_한국외국어대학교 컴퓨터공학과

편집자 실습 후기

간단한 웹 페이지 제작부터 책 마지막 내용까지 오류 없이 잘 실행됩니다. 책에서는 일부 코드를 제외하고 모두 수정해야 하는 곳의 부분 코드를 보여 줍니다. 본문을 꼼꼼하게 읽어 과정을 생략하지 않게 주의하세요.

- **실습 환경** Vue.js 2.6.11, Vue-CLI 2.9.6 | 전체

제 **1** 부

Vue.js와
친해지기

Vue가 할 수 있는 다양한 일을 배우기 전에 먼저 Vue의 개념부터 알아 두면 좋습니다. 1장과 2장에서는 Vue.js에 숨어 있는 철학과 MVVM 패턴, 다른 프레임워크와 어떤 관계가 있는지 알아봅니다.

또 Vue가 탄생한 배경을 알아보고, Vue 인스턴스도 자세히 살펴볼 것입니다. Vue 인스턴스는 애플리케이션 핵심인데, 이러한 Vue 인스턴스가 어떤 구조로 이루어져 있는지 알아보겠습니다. 그리고 애플리케이션 데이터를 Vue에 바인딩하는 방법도 알아봅니다.

1부는 Vue.js를 배우기에 좋은 시발점이 될 것입니다. 간단한 앱도 만들어 보고, Vue가 어떻게 작동하는지도 배워 보겠습니다.

1^장

Vue.js 소개

이 장에서 다룰 핵심 내용

- MVC와 MVVM 디자인 패턴
- 반응형 애플리케이션 정의
- Vue 생명 주기
- Vue.js의 디자인 분석

양방향 웹 사이트가 나온 지 꽤 오래되었습니다. 2000년대 중반, 즉 웹 2.0 시대 초반에는 양방향성과 사용자 참여 유도에 초점을 두었습니다. 트위터, 페이스북, 유튜브 같은 회사들 역시 모두 이 시대에 탄생했으며, 소셜 미디어와 사용자 생성 콘텐츠가 부상하면서 더 나은 방향으로 웹을 변화시켰습니다.

개발자들은 이러한 변화에 맞추어 최종 사용자를 위해 더 많은 양방향성을 제공해야 했고, 여러 라이브러리와 프레임워크가 양방향 웹 사이트 개발을 더 쉽게 해 주었습니다. 2006년에 존 레식(John Resig)이 제이쿼리(jQuery)를 출시하면서 HTML의 클라이언트 단 스크립트를 상당히 단순화했고, 시간이 지나면서 클라이언트 단의 여러 프레임워크와 라이브러리가 나오기 시작했습니다.

처음에 이러한 프레임워크와 라이브러리는 크고 단일적이며 완고했습니다. 하지만 지금은 프로젝트에 쉽게 적용할 수 있는 더 작고 가벼운 라이브러리들로 변했습니다. Vue.js가 바로 여기서 나왔습니다.

Vue.js는 자바스크립트를 실행할 수 있는 환경이라면 어디에서든 양방향성과 기능성을 제공할 수 있는 라이브러리입니다. Vue는 간단한 기능을 수행하는 개인 웹 페이지에서 쓸 수도 있고, 기업 전체 애플리케이션의 기본 틀이 될 수도 있습니다.

> Tip ✍ 웹에서 Vue와 Vue.js 용어는 다소 비슷한 의미로 사용합니다. 이 책에서 Vue는 더 구어적인 의미로 사용하고, Vue.js는 코드나 Vue.js 라이브러리 자체를 의미할 때 사용합니다.

또 방문자가 애플리케이션 데이터를 제공하는 데이터베이스와 소통하는 인터페이스입니다. Vue와 이를 지원하는 라이브러리들이 어떻게 정교하고 완벽한 웹 애플리케이션을 개발할 수 있게 하는지 살펴볼 것입니다.

더불어 어떻게 각 장의 코드가 더 큰 그림을 맞추어 가는지, 어떤 모범 사례를 응용할 수 있는지, 그리고 진행 중이거나 새롭게 진행할 프로젝트에 어떻게 통합할 수 있을지도 알아봅니다.

이 책은 HTML과 CSS를 잘 이해하고 있으며, 자바스크립트도 어느 정도 익숙한 웹 개발자를 대상으로 합니다. 애플리케이션 프로그래밍 인터페이스(API) 사용과 더불어 Vue는 프로젝트가 성장함에 따라 개발자도 성장할 수 있는 라이브러리입니다. 개인 프로젝트로 프로토타입이나 앱을 개발하고 싶은 사람들에게 좋은 안내서가 될 것입니다.

1.1 거인의 어깨 위에서

Vue를 알아보고 첫 애플리케이션 코드를 작성하기 전에 소프트웨어 역사부터 조금 알아 둘 필요가 있습니다. 웹 애플리케이션이 과거에 겪은 문제와 도전, Vue가 가져온 이점을 알지 못하고는 Vue가 무엇을 하는지 이해하기가 어렵습니다.

1.1.1 모델-뷰-컨트롤러 패턴

유용성 증거로 클라이언트 단의 모델-뷰-컨트롤러(MVC) 패턴은 현대 웹 애플리케이션 개발 프레임워크의 청사진을 제공합니다(이미 MVC를 알고 있다면 건너뛰어도 됩니다).

설명하기에 앞서 기존 MVC 디자인 패턴은 시대에 따라 많이 바뀌었다고 이야기하고 싶습니다. 클래식 MVC라고도 하는 이 패턴은 뷰, 컨트롤러, 모델이 서로 소통하는 방법에 개별적인 규칙이 있었습니다. 이해하기 쉽게 클라이언트 단 MVC 패턴의 간소화된 버전을 논의하겠습니다. 이 패턴은 웹에서는 좀 더 현대적인 모습입니다.

그림 1-1에서 볼 수 있듯이, 이 패턴은 애플리케이션 문제들을 격리합니다. 뷰는 사용자에게 정보를 보여 주는 역할을 합니다. 그래픽 사용자 인터페이스(GUI)를 대표하기도 합니다. 컨트롤러는 그 중간에 있습니다. 뷰에서 받은 이벤트를 모델로 변환하거나 모델에서 받은 데이터를 뷰로 변환하는 작업을 도와줍니다. 마지막으로 모델은 비즈니스 로직을 포함하고 일종의 데이터 저장소를 가질 수 있습니다.

▼ 그림 1-1 MVC 패턴에서 정의하는 모델, 뷰, 컨트롤러 역할

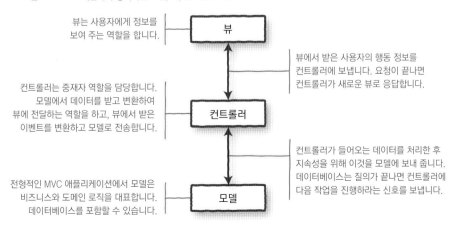

뷰는 사용자에게 정보를
보여 주는 역할을 합니다.

뷰에서 받은 사용자의 행동 정보를
컨트롤러에 보냅니다. 요청이 끝나면
컨트롤러가 새로운 뷰로 응답합니다.

컨트롤러는 중재자 역할을 담당합니다.
모델에서 데이터를 받고 변환하여
뷰에 전달하는 역할을 하고, 뷰에서 받은
이벤트를 변환하고 모델로 전송합니다.

컨트롤러가 들어오는 데이터를 처리한 후
지속성을 위해 이것을 모델에 보내 줍니다.
데이터베이스는 질의가 끝나면 컨트롤러에
다음 작업을 진행하라는 신호를 보냅니다.

전형적인 MVC 애플리케이션에서 모델은
비즈니스와 도메인 로직을 대표합니다.
데이터베이스를 포함할 수 있습니다.

견고하고 오랜 테스트를 거친 구조라는 이유로 많은 프레임워크 개발자가 이 MVC 패턴의 변형된 형태를 사용해 왔습니다. 현대 웹 프레임워크를 어떻게 설계하고 만들었는지 알고 싶다면 에멧 스콧 주니어(Emmit A. Scott Jr)가 쓴 〈SPA Design and Architecture(SPA 디자인과 설계)〉(Manning Publications, 2015)를 확인하세요.

현대 소프트웨어 개발에서 MVC 패턴은 단일 애플리케이션의 한 부분으로 쓰이며, 코드 역할을 분리하는 훌륭한 메커니즘을 제공합니다. MVC 패턴을 사용하는 웹 사이트에서는 모든 요청이 클라이언트에서 서버로 향하는 정보 흐름의 시작을 담당하고, 반대로 데이터베이스는 서버에서 클라이언트로 향하는 데이터 흐름의 시작을 담당합니다. 이 과정에서 시간이 많이 소요되고, 자원 집약적이 되며, 반응형 사용자 경험을 제공하지 못합니다.

몇 년 동안 개발자들은 비동기식 웹 요청과 클라이언트 단 MVC를 사용하여 서버로 전송된 요청들이 차단되지 않고 응답 없이 계속 진행하는 방식으로 웹 기반 애플리케이션의 상호 작용성을 높여 왔습니다.

하지만 웹 애플리케이션이 데스크톱 역할을 대신하기 시작하면서 클라이언트/서버의 소통을 마냥 기다리는 것은 사용자에게 애플리케이션이 비정상적으로 작동하는 것처럼 보일 수 있습니다. 다음에 알아볼 패턴으로 이를 해결할 수 있습니다.

> Note ≡　**비즈니스 로직에 대한 한마디**
>
> 비즈니스 로직을 어디에 구현해야 할지에 대해 MVC 패턴은 좋은 유연성을 제공합니다. 그림 1-1에서는 단순화하려고 비즈니스 로직을 모델에만 축약했지만, 이는 컨트롤러를 포함한 애플리케이션의 다른 층 로직에도 존재합니다. MVC 패턴은 1979년 트라이브 린스케이지(Trygve Reenskaug)가 발표했고, 이후 Smalltalk-76이 등장하면서 이에 맞추어 변화하게 됩니다.
>
> 사용자가 입력한 우편번호 인증을 예로 들어 보겠습니다.
>
> • 뷰는 우편번호가 입력된 시점 혹은 제출하는 시점 전에 자바스크립트로 인증을 할 수 있습니다.
> • 모델은 입력된 데이터를 포함하는 주소 객체를 생성할 때 우편번호를 인증할 수 있습니다.
> • 우편번호 필드에 대한 데이터베이스 제약으로 모델이 비즈니스 로직을 유지할 수도 있지만 좋은 습관은 아닙니다.
>
> 어떤 것이 비즈니스 로직을 구성하는지 정의하기 힘들고 대다수 상황에서 이전 제약들을 단 하나의 요청으로도 끝낼 수 있습니다.
>
> 이 책으로 애플리케이션을 만들면서 Vue와 이를 지원하는 라이브러리가 다양한 환경에서 기능을 어떻게 잘 유지하는지, 비즈니스 로직을 어떻게 구성할지 알아보겠습니다.

1.1.2 모델-뷰-뷰모델 패턴

자바스크립트 프레임워크가 비동기 방식의 프로그래밍을 지원하기 시작하면서 웹 애플리케이션은 더 이상 완전한 웹 페이지를 요청할 필요가 없습니다. 그러면서 웹 사이트와 애플리케이션은 뷰를 일부분만 업데이트하며 더 빠르게 반응할 수도 있었지만, 이 과정에서 많은 작업이 중복되었습니다. 특히 프레젠테이션 로직과 비즈니스 로직이 중복되었습니다.

정제된 MVC 모습인 모델-뷰-뷰모델(MVVM) 패턴의 가장 큰 차이점은 뷰 모델 도입과 데이터 바인딩(합쳐서 바인더(binder))에 있습니다. MVVM은 전체 설계를 넘나들며 수많은 코드 중복과 이것이 기인한 쓸데없는 노력을 줄이면서, 빠른 상호 작용과 피드백을 갖춘 클라이언트 단 애플리케이션을 개발할 수 있는 청사진을 제공합니다. 물론 유닛 테스트하기에도 훨씬 쉽습니다. 그래서 MVVM은 간단한 UI에는 오히려 많은 작업이 될 수 있기에 이 점을 항상 염두에 두어야 합니다.

웹 애플리케이션에서 MVVM 설계 방식은 개발자가 사용자 반응에 즉각 응답할 수 있는 소프트웨어를 만들 수 있게 하며, 사용자에게는 하나의 일에서 다른 일로 자유롭게 움직일 수 있게 합니다. 그림 1-2에서 볼 수 있듯이, 뷰-모델 역시 성향이 다릅니다. 이러한 역할 통합은 애플리케이션 뷰에서는 다음과 같은 의미입니다. '뷰-모델에서 데이터가 변하면 데이터에 연결된 뷰는 자동으로 업데이트됩니다. 데이터 바인더를 데이터에 노출시키고 데이터가 변할 때마다 뷰에 반영될 수 있도록 보증합니다.'

Tip ✎ https://martinfowler.com/eaaDev/PresentationModel.html의 마틴 파울러가 설명한 프레젠테이션 모델 페이지에서 MVVM 패턴 정보를 더 찾을 수 있습니다.

▼ 그림 1-2 모델-뷰-뷰모델 패턴 구성 요소들

뷰는 여전히 사용자가 보고 있는 내용을 담당하지만, 결정을 담당하는 로직은 이제 뷰-모델이 합니다. 그 대신에 뷰는 현재 애플리케이션 상태의 데이터양과 존재 유무를 기반으로 한 콘텐츠를 렌더링합니다.

뷰-모델은 스토어라고 하는 객체에 애플리케이션 데이터의 모습을 유지하고 있습니다. 스토어에는 애플리케이션에 필요한 데이터가 있고, 집약적으로는 애플리케이션 상태라고 합니다.

모델은 애플리케이션 데이터를 위한 영속적인 저장소를 가지고 있습니다. 일부 엔드-투-엔드(end-to-end) 자바스크립트 아키텍처에서 모델은 들어오는 데이터에 논리적 제약을 두지 않고 비즈니스 로직 결정을 뷰-모델에 맡기는 스토어 역할을 합니다.

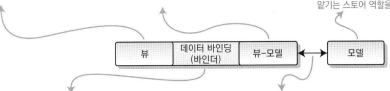

바인더는 속성 값을 사용하여 뷰에 데이터를 노출시킵니다. 뷰는 메서드를 호출해서 이 데이터들과 소통하는데, 이 메서드들 또한 뷰-모델 스토어가 가진 데이터에 따라 움직이는 바인더입니다.

뷰-모델은 컨트롤러와 비슷하게 모델에 데이터를 전달하는 역할을 합니다. 하지만 이러한 교류는 동기화할 필요가 없어 사용자들이 애플리케이션을 지속적으로 사용할 수 있게 합니다.

1.1.3 반응형 애플리케이션이란?

반응형 프로그래밍 패러다임은 새로운 아이디어라고 할 수 없습니다. 웹 애플리케이션에서 적용한 지는 얼마 되지 않았지만 뷰, 리액트, 앵귤러 같은 자바스크립트 프레임워크의 도움으로 성장할 수 있었습니다.

반응형 이론 정보는 웹에서 많이 찾아볼 수 있지만, 우리에게 필요한 내용은 아마도 좀 더 상세할 것입니다. "웹 애플리케이션이 반응형이다."라고 말할 수 있으려면 다음 조건들을 만족해야합니다.

- 애플리케이션 상태 변화를 관찰합니다.
- 애플리케이션 전체에 변경 알림을 전달합니다.
- 상태 변화에 따라 뷰를 자동 렌더링합니다.
- 사용자 상호 작용을 위해 시기 적절한 피드백을 제공합니다.

반응형 웹 애플리케이션은 지속적인 상호 작용이 막히는 것을 방지하고 가능한 함수적 프로그래밍 관용구를 사용하는 비동기 기술인 MVVM 디자인 원칙에 따라 이러한 조건들을 만족시킵니다.

MVVM 패턴이 반응형 애플리케이션을 의미하지 않고 반응형 애플리케이션이 MVVM 패턴을 의미하지도 않지만, 이 둘은 애플리케이션 사용자에게 반응적이고 신뢰할 수 있는 경험을 제공하려는 공통된 의도가 있습니다. 슈퍼맨과 클락크 켄트(Clark Kent)는 자신을 각기 다르게 소개하지만, 인류를 위해 좋은 일을 하고자 하는 것은 동일합니다(MVVM과 반응성 둘 중에 누가 망토를 입었고 누가 안경을 썼는지는 설명하지 않겠습니다).

> Tip ✦ Vue의 반응형 프로그래밍 패러다임을 더 알고 싶다면 https://vuejs.org/v2/guide/reactivity.html에서 'Reactivity in Depth(심층 반응성)' 가이드를 확인하세요.

1.1.4 자바스크립트 계산기

데이터 바인딩과 반응성을 자세히 이해하기 위해 코드 1-1에서 기본적인 바닐라 자바스크립트를 사용한 계산기를 살펴보겠습니다.

```html
<!DOCTYPE html>
<html>
  <head>
    <title>자바스크립트 계산기</title>
    <style>
      p, input { font-family: monospace; }
      p, { white-space: pre; }
    </style>
  </head>
  <!-- 초기화 함수에 바인딩 -->
  <body>
    <div id="myCalc">  ···· 계산 함수에 연결된 x와 y 값을 수집할 입력 칸을 만듭니다.
      <p>x <input class="calc-x-input" value="0"></p>
      <p>y <input class="calc-y-input" value="0"></p>
      <p>-------------------</p>
      <p>= <span class="calc-result"></span></p>  ···· x와 y 값 결과를 여기서 보여 줍니다.
    </div>
    <script type="text/javascript">
      (function() {

        function Calc(xInput, yInput, output) {  ···· calc 인스턴스를 만드는 생성자입니다.
          this.xInput = xInput;
          this.yInput = yInput;
          this.output = output;
        }

        Calc.xName = 'xInput';
        Calc.yName = 'yInput';

        Calc.prototype = {
          render: function (result) {
            this.output.innerText = String(result);
          }
        };

        function CalcValue(calc, x, y) {  ···· calc 인스턴스 값들을 만드는 생성자입니다.
          this.calc = calc;
          this.x = x;
          this.y = y;
          this.result = x + y;
        }

        CalcValue.prototype = {
```

```
    copyWith: function(name, value) {
      var number = parseFloat(value);

      if (isNaN(number) || !isFinite(number))
        return this;

      if (name === Calc.xName)
        return new CalcValue(this.calc, number, this.y);

      if (name === Calc.yName)
        return new CalcValue(this.calc, this.x, number);

      return this;
    },
    render: function() {
      this.calc.render(this.result);
    }
};

function initCalc(elem) { ···· calc 컴포넌트를 초기화합니다.

  var calc =
    new Calc(
      elem.querySelector('input.calc-x-input'),
      elem.querySelector('input.calc-y-input'),
      elem.querySelector('span.calc-result')
    );
  var lastValues =
    new CalcValue(
      calc,
      parseFloat(calc.xInput.value),
      parseFloat(calc.yInput.value)
    );

  var handleCalcEvent = ···· 이벤트 핸들러입니다.
    function handleCalcEvent(e) {
      var newValues = lastValues,
          elem = e.target;

      switch (elem) {
        case calc.xInput:
          newValues =
            lastValues.copyWith(
              Calc.xName,
```

```
                    elem.value
                  );
                break;
              case calc.yInput:
                newValues =
                  lastValues.copyWith(
                    Calc.yName,
                    elem.value
                  );
                break;
            }

            if (newValues !== lastValues) {
              lastValues = newValues;
              lastValues.render();
            }
          };

        elem.addEventListener('keyup', handleCalcEvent, false);
        return lastValues;
      }

      window.addEventListener(
        'load',
        function() {
          var cv = initCalc(document.getElementById('myCalc'));
          console.log(cv);
          cv.render();
        },
        false
      );

    }());
  </script>
  </body>
</html>
```

···· keyup에 대한 이벤트
리스너를 설정합니다.

여기까지가 ES5 자바스크립트를 사용한 계산기입니다(나중에 이 책 뒷부분에서 좀 더 최신 버전의 자바스크립트인 ES6·2015를 사용하겠습니다). 즉시 호출되는 함수 표현을 이용하여 자바스크립트를 바로 실행하고 있습니다. 생성자로 값들을 저장하고, handleCalcEvent 이벤트 핸들러는 keyup이 사용될 때마다 호출합니다.

1.1.5 Vue 계산기

이 장에 나오는 Vue 예제 구문은 이해하지 않아도 되니 너무 걱정하지 마세요. 여기서 목표는 코드를 모두 이해하는 것이 아니라 두 가지 구현 방법을 비교하려는 것입니다. (코드 1-2에서 보이는) 자바스크립트 예제가 어떻게 작동하는지 잘 알고 있다면 이론적인 수준에서 대부분의 Vue 코드도 이해할 수 있을 것입니다.

코드 1-2 Vue 계산기: chapter-01/calculatorvue.html

```
<!DOCTYPE html>
<html>
  <head>
    <title>Vue.js 계산기</title>
    <style>
      p, input { font-family: monospace; }
      p { white-space: pre; }
    </style>
  </head>
  <body>
    <div id="app">          ···· 앱의 DOM 앵커입니다.
      <p>x <input v-model="x"></p>          ···· 애플리케이션 입력 양식입니다.
      <p>y <input v-model="y"></p>
      <p>-------------------</p>
      <p>= <span v-text="result"></span></p>          ···· 이 <span> 태그에서 결괏값을 보여 줍니다.
    </div>

    <script src="https://unpkg.com/vue/dist/vue.js"></script>          ···· Vue.js 라이브러리를 사용할 수
    <script type="text/javascript">                                        있는 <script> 태그입니다.
      function isNotNumericValue(value) {
        return isNaN(value) || !isFinite(value);
      }
      var calc = new Vue({          ···· 앱을 초기화합니다.
        el: '#app',          ···· DOM에 연결합니다.
        data: { x: 0, y: 0, lastResult: 0 },          ···· 앱에 추가된 변수들입니다.
        computed: {          ···· computed 속성을 사용하여 여기서 계산됩니다.
          result: function() {
            let x = parseFloat(this.x);
            if (isNotNumericValue(x))
              return this.lastResult;
```

```
          let y = parseFloat(this.y);
          if (isNotNumericValue(y))
            return this.lastResult;

          this.lastResult = x + y;

          return this.lastResult;
        }
      }
    });
  </script>
  </body>
</html>
```

1.1.6 자바스크립트와 Vue 비교

앞의 두 계산기 구현 코드는 많은 부분이 다릅니다. 그림 1-3의 각 샘플은 길벗출판사 깃허브
(https://github.com/gilbutITbook/007024)에서 찾아볼 수 있으니 실행해서 어떻게 작동하는
지 비교해 보세요.

▼ 그림 1-3 바닐라 자바스크립트(왼쪽)와 Vue(오른쪽)를 사용한 반응형 계산기 비교

```
17   <script type="text/javascript">          18   <script src="https://unpkg.com/vue/dist/vue.js"></script>
18    (function(){                            19   <script type="text/javascript">
19                                            20    function isNotNumericValue(value) {
20      function Calc(xInput, yInput, output) { 21      return isNaN(value) || !isFinite(value);
21        this.xInput = xInput;               22    }
22        this.yInput = yInput;               23    var calc = new Vue({
23        this.output = output;               24      el: '#app',
24      }                                      25      data: { x: 0, y: 0, lastResult: 0 },
25                                            26      computed: {
26      Calc.xName = 'xInput';                27        result: function() {
27      Calc.yName = 'yInput';                28          let x = parseFloat(this.x);
28                                            29          if(isNotNumericValue(x))
29      Calc.prototype = {                    30            return this.lastResult;
30        render: function (result) {         31
31          this.output.innerText = String(result); 32          let y = parseFloat(this.y);
32        }                                   33          if(isNotNumericValue(y))
33      };                                    34            return this.lastResult;
34                                            35
35      function CalcValue(calc, x, y) {      36          this.lastResult = x + y;
36        this.calc = calc;                   37
37        this.x = x;                         38          return this.lastResult;
38        this.y = y;                         39        }
39        this.result = x + y;                40      }
40      }                                     41    });
41                                            42   </script>
```

두 애플리케이션의 가장 큰 차이점은 최종 계산을 업데이트하는 방법과 결과가 자동으로 페이지에 나타나는 방법입니다. Vue 예제를 보면 단일 바인딩인 v-model이 페이지의 모든 업데이트와 계산을 처리합니다. Vue({})를 통해 애플리케이션을 초기화하면 Vue는 자바스크립트 코드와 HTML 마크업을 검사한 후 애플리케이션이 동작할 수 있는 모든 데이터와 이벤트 바인딩을 생성합니다.

1.1.7 Vue는 어떻게 MVVM과 반응성을 사용할까?

가끔 Vue를 진보적인 프레임워크라고 부릅니다. 이는 간단한 기능의 웹 페이지에 적용할 수도 있고, 대규모 웹 애플리케이션의 기반으로 사용할 수도 있다는 것을 의미합니다.

프로젝트에 Vue를 어떻게 적용할지를 떠나서 모든 Vue 애플리케이션은 적어도 하나의 Vue 인스턴스를 가지고 있습니다. 가장 간단한 애플리케이션은 뷰-모델의 저장된 데이터와 지정된 마크업을 연결하는 바인딩을 제공하는 인스턴스를 하나 갖는 것일 수도 있습니다(그림 1-4 참고).

▼ 그림 1-4 일반적인 Vue 인스턴스는 뷰와 모델 사이에 데이터 바인딩을 생성하여 HTML 마크업에 뷰-모델 데이터를 바인딩

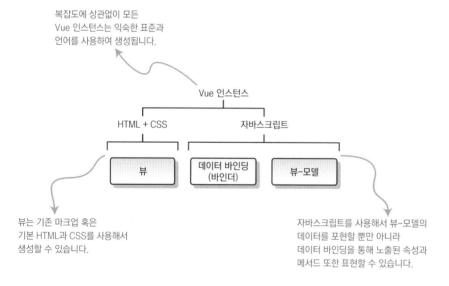

Vue는 완전히 웹 기술로 구축했기 때문에 하나의 Vue 인스턴스 또한 웹 브라우저에만 존재합니다. 결정적으로 업데이트된 뷰, 비즈니스 로직의 실행, 뷰나 뷰-모델 영역에 있는 모든 작업에 대해 서버 기반 페이지에서 새로 고침을 하는 것에 의존하지 않아도 된다는 것입니다. 이 점을 염두에 두고 다시 한 번 앞의 양식 제출을 살펴봅시다.

아마도 클라이언트 단 MVC 아키텍처의 가장 눈에 띄는 변화는 웹 브라우저가 사용자 세션을 활성화하는 중에는 새로 고침을 하지 않는다는 점입니다. 뷰, 뷰-모델, 데이터 바인딩 모두가 HTML과 자바스크립트로 구현되어 있기 때문에 애플리케이션이 작업을 비동기식으로 모델에 넘겨주어 사용자가 자유롭게 작업을 이어 나갈 수 있습니다. 모델에서 새로운 데이터가 반환되면 Vue가 생성한 바인딩이 뷰에서 필요한 업데이트를 모두 호출합니다.

여기서 알 수 있듯이 우리가 만든 뷰와 뷰-모델의 데이터 바인딩을 유지하면서 사용자와 상호 작용을 쉽게 하는 것이 Vue의 주요 역할입니다. 이 점은 이후에 만들 첫 애플리케이션에서도 볼 수 있는데, Vue는 어떤 반응형 웹 애플리케이션이든 튼튼한 암반이 되어 줄 것입니다.

1.2 왜 Vue.js를 사용할까?

새 프로젝트를 시작할 때는 많은 것을 결정해야 합니다. 그중 하나는 "어떤 프레임워크나 라이브러리를 사용할까?"에 대한 결정입니다. 외주 업체 혹은 단독 개발자에게 알맞은 도구를 선택하는 것은 굉장히 중요합니다. 운 좋게도 Vue.js는 다양한 기능을 탑재하고 있기에 여러 상황을 처리하기 좋습니다.

다음은 단독 개발자 혹은 외주 업체에서 새로운 프로젝트를 시작할 때 가장 많이 걱정하는 내용과 이러한 걱정을 직접 혹은 반응형 웹 애플리케이션에서 Vue로 어떻게 해결하는지 설명한 것입니다.

- **우리 팀은 웹 프레임워크를 잘 사용하지 못합니다**: 프로젝트에 Vue를 적용하는 이점 중 하나는 전문가가 될 필요가 없다는 것입니다. 모든 Vue 애플리케이션은 HTML, CSS, 자바스크립트 같은 친숙한 도구로 구성되어서 프로젝트 초기에도 생산적으로 작업을 진행할 수 있습니다. 프런트엔드에 경험이 별로 없는 팀도 보통은 MVC 패턴에 익숙하기 때문에 MVVM 패턴을 익힐 수 있는 좋은 발판이 되기도 합니다.

- **계속 사용하는 코드가 있습니다**: 걱정하지 마세요. 정성 들여 코딩한 CSS나 캐러셀을 지울 필요가 없습니다. 현재 프로젝트에 다양한 의존성을 탑재한 Vue를 적용하거나 새 프로젝트에 이미 익숙한 라이브러리를 사용하고 싶다고 해서 Vue가 문제되지는 않습니다. 또 CSS 프레임워크인 부트스트랩(Bootstrap), 불마(Bulma) 같은 도구를 사용하거나, 제이쿼리나 백본(Backbone) 컴포넌트 또는 HTTP 요청을 처리하는 프로미스(promise)나 다른 확장 기능에

필요한 익숙한 라이브러리를 사용해도 상관없습니다.

- **사용자 반응을 보기 위해 프로토타입은 빠르게 만들어야 합니다:** 우리가 만든 첫 번째 Vue 애플리케이션에서도 보았듯이, Vue로 개발을 시작하는 데 필요한 것은 해당 웹 페이지에 Vue.js를 포함하는 것밖에 없습니다. 복잡한 빌드 도구가 전혀 필요하지 않습니다. 사용자에게 프로토타입을 공개하기까지 개발 시작부터 일주일이나 이주일 안에 가능하기에, 빠른 피드백을 받을 수 있고 계속해서 같은 방식으로 진행할 수 있습니다.

- **우리 서비스는 모바일 기기가 중심입니다:** 간략화되고 압축된 Vue.js 파일은 24KB 정도입니다. 이는 프런트엔드 프레임워크치고는 매우 가벼운 편입니다. 휴대 전화를 인터넷에 연결하는 것만으로도 충분히 담을 수 있는 용량입니다. Vue 2의 새로운 기능에는 서버 사이드 렌더링(SSR)이 있습니다. 이것으로 자원과 뷰를 최소한으로 가져올 수 있기에 애플리케이션 초기 로딩이 최소화될 수 있습니다. SSR과 효율적인 컴포넌트 캐싱으로 데이터 소비도 더 줄일 수 있습니다.

- **우리 서비스는 고유하고 직접 만든 기능들이 있습니다:** 모듈화와 확장성을 염두에 둔 설계로 Vue 애플리케이션은 재활용 가능한 컴포넌트를 사용합니다. Vue는 상속, 믹스인과 기능 연계, 그리고 Vue 자체 플러그인과 직접 만든 지시자를 사용해서 컴포넌트를 확장할 수 있게 도와줍니다.

- **우리 서비스는 사용자가 많아 성능이 가장 걱정입니다:** 최근 의존성과 성능, 속도에 중점을 둔 업데이트로 Vue는 이제 가상 DOM을 사용합니다. 이는 웹 브라우저에 연결되지 않은 DOM 복사본에 먼저 변경 사항을 적용한 후 우리가 보는 뷰에 해당 변경 사항들을 적용하는 방식입니다. 결과적으로 Vue는 다른 프런트엔드 라이브러리보다 성능이 좋습니다. 일반화된 테스트는 너무 추상적이기 때문에 필자는 항상 클라이언트에 일반적인 사용 예와 극단적인 사용 예를 몇 개 골라 테스트 시나리오를 만들고, 직접 결과를 확인할 수 있게 합니다. 자세한 Vue의 가상 DOM 내용과 다른 경쟁자의 가상 DOM과 어떻게 다른지 알고 싶다면 https://vuejs.org/v2/guide/comparison.html을 확인하세요.

- **현재 사용하는 빌드, 테스트, 그리고/혹은 배포 과정이 있습니다:** 이 책 후반부에서 이 부분을 자세히 알아보겠지만, 조금 이야기하자면 Vue는 대부분의 유명한 빌드(웹팩(Webpack), 브라우저리파이(Browserify) 등)와 테스트(카르마(Karma), 쟈스민(Jasmine) 등) 프레임워크에 쉽게 통합할 수 있습니다. 대부분은 현재 프레임워크에 사용한 유닛 테스트도 직접 적용할 수 있습니다. 이제 막 시작한 단계에서 이러한 도구들을 사용하고 싶다면, Vue는 이 도구들을 탑재한 프로젝트 서식을 제공합니다. 간단하게 말해 현재 프로젝트에 Vue를 적용하기 쉽다는 것입니다.

- **적용 후 혹은 도중에 도움이 필요하면 어떻게 하나요?**: Vue의 엄청난 이점 중 두 가지는 커뮤니티와 지원 생태계입니다. Vue는 온라인과 코드에 모두 문서화가 잘 되어 있고, 핵심 팀이 항상 대기 중입니다. 더 좋은 점은 Vue를 사용하는 개발자 커뮤니티가 Vue만큼 강력하다는 것입니다. 기터(Gitter)와 Vue 포럼에는 도움을 줄 수 있는 사람이 많고, 거의 매일 유명한 코드를 가져와 Vue 플랫폼에 적용한 라이브러리와 여러 플러그인, 통합 확장팩을 계속 만듭니다.

필자도 이러한 질문들을 직접 한 후에야 필자 프로젝트에 Vue를 사용하기로 결정할 수 있었습니다. 여러분도 이 책으로 Vue를 숙달하면서 자신감을 얻고, 다음 프로젝트에는 더 자신 있게 Vue를 사용할 수 있길 바랍니다.

1.3 미래에 대한 생각

입문하는 장인데, 벌써 많은 내용을 다루었습니다. 웹 애플리케이션 개발이 처음이라면 MVVM 아키텍처 혹은 반응형 프로그래밍과 첫 만남이지만, 반응형 애플리케이션이 전문 용어보다는 위압감이 덜하다는 것을 알 수 있었습니다.

아마 이 장에서 가장 큰 수확은 Vue에 대한 것이 아니라, 반응형 애플리케이션이 얼마나 사용하기 쉽고 쓰기 편한지 안 것입니다. 적어야 할 상용구 인터페이스 코드가 적은 점도 아주 좋습니다. 사용자와 상호 작용하는 모든 코딩을 생략함으로써 어떻게 데이터를 설계하고 인터페이스를 설계할지에 집중할 수 있는 여유가 생깁니다. 이것을 연결하는 것은 Vue.js 입장에서는 일도 아닙니다.

필자와 같은 사람이라면 이미 우리가 만든 애플리케이션을 어떻게 하면 개선할 수 있을지 무수히 많은 생각을 하고 있을 것입니다. 좋은 현상입니다. 그렇다면 작성된 코드로 실험도 하고 이것저것 해 보길 추천합니다. 필자는 앱을 볼 때 다음 것들을 고민합니다.

- 많은 곳에서 사용되는 문자열의 반복을 어떻게 줄일 수 있을까요?
- 사용자가 입력을 시작할 때 기본값들을 없앨 수 있을까요? 입력하지 않는다면 복구는 가능할까요?
- 각각의 입력을 손으로 코딩하지 않는 방법은 무엇일까요?

2부에서는 이 질문들 외의 다른 질문들에 대한 답을 찾아보겠습니다. Vue는 코드가 발전함에 따라 개발자도 성장하도록 설계되었습니다. 그러므로 항상 다른 전략들을 살펴보고, 장단점을 비교하고, 주어진 상황에서 무엇이 가장 좋은 방법인지 결정하는 능력을 익힐 수 있도록 할 것입니다.

그러면 다음 장부터 우리가 만든 코드를 하나씩 발전시켜 보겠습니다.

1.4 요약

- 모델, 뷰, 컨트롤러가 하는 일들과 Vue.js가 어떻게 연계되었는지 그 역사를 간략하게 알아보았습니다.
- 애플리케이션을 개발할 때 Vue.js로 시간을 절약하는 방법을 알아보았습니다.
- 프로젝트에 Vue.js를 고려해야 하는 이유를 알아보았습니다.

2^장

Vue 인스턴스

이 장에서 다룰 핵심 내용

- Vue 인스턴스 생성

- Vue 생명 주기 관찰

- Vue 인스턴스에 데이터 추가

- 마크업에 데이터 바인딩

- 출력 값 서식 지정

책 전반에 걸쳐 상품 코드를 위한 웹 저장소, 관리자 인터페이스 등을 갖춘 완전한 애플리케이션을 하나 만들 것입니다. 완전한 웹 저장소라고 하면 왠지 우리 주제와 동떨어져 보입니다. 웹 애플리케이션 개발이 처음이라면 더욱 그렇게 느낄 것입니다. 하지만 Vue는 작게 시작하여 배우면서 덧붙이고, 정교한 제품을 만들기까지 과정이 완만합니다.

애플리케이션이 성장하는 단계마다 Vue에서 일관성 있게 주목해야 할 핵심은 Vue 인스턴스입니다. Vue 애플리케이션 자체가 Vue 인스턴스고, Vue 구성 요소들도 Vue 인스턴스고, 맞춤 속성 값들로 구성된 인스턴스를 직접 생성하여 Vue를 확장할 수도 있습니다.

장 하나로는 Vue 인스턴스의 모든 것을 배우기가 불가능하므로 애플리케이션이 진화하면서 우리가 세운 기초에 계속해서 쌓아 올리겠습니다. 이후 장들에서 배울 새로운 기능들을 탐색하면서 이 장에서 배울 Vue 인스턴스와 Vue 생명 주기를 계속해서 언급할 것입니다.

2.1 첫 애플리케이션

여정에 앞서 상품 정보를 생성하고, 상품 제목을 보여 주는 웹 저장소 애플리케이션의 기초를 만들겠습니다. 여기서 집중할 점은 어떻게 Vue 애플리케이션을 생성하고, 뷰-모델에서 데이터와 뷰가 이 데이터를 어떻게 표출하는지에 대한 관계입니다. 그림 2-1은 이 장 끝까지 진행하면 나오는 애플리케이션 모습입니다.

▼ 그림 2-1 웹 저장소의 시작 미리 보기

Vue.js 애완용품샵

고양이 사료, 25파운드
당신의 고양이를 위한 *거부할 수 없는*, 유기농 25파운드 사료입니다.

$20.00

Note ≡   코드 1-2에서 간단한 계산기를 만들었기에 이번 Vue 애플리케이션은 사실 두 번째입니다. 여러분은 이미
노련한 베테랑이겠군요!

시작하기 전에 웹 브라우저에서 vue-devtools 플러그인을 내려받으세요. 부록 A에서 플러그인
을 내려받는 방법을 자세히 확인할 수 있습니다.

Note ≡   **예제 파일**

[역주] 장별 예제 파일에서 index.html은 각 장 실습을 모두 끝냈을 때 코드를 기준으로 합니다. 각 코드 옆에 명시된 파
일에는 책에 실린 부분만 있으므로 웹 브라우저가 아닌 에디터에서 열어 복사하여 사용하면 됩니다. 단계별 전체 파일
이 필요할 때만 index.2.3.html처럼 따로 만들어 두었습니다.

2.1.1 Vue 인스턴스 루트

크고 작음을 떠나 모든 Vue 애플리케이션 중심에는 '루트 Vue 인스턴스'가 있습니다. 짧게는 그냥
Vue 인스턴스라고도 합니다. 루트 Vue 인스턴스는 뷰 생성자인 new Vue()로 생성할 수 있습니다.
생성자는 HTML 서식을 컴파일하고, 인스턴스 데이터를 초기화하고, 데이터를 생성하고, 애플리
케이션을 상호 작용형으로 만들어 주는 이벤트들을 바인딩하면서 애플리케이션을 가동시킵니다.

Vue 생성자는 옵션 객체(new Vue({ /* 옵션 */ }))라는 자바스크립트 객체를 하나 받습니다. 애
플리케이션을 시작하는 데 필요한 Vue 생성자의 모든 것을 객체에 채워 넣는 것은 우리가 할 일
이지만, 처음에는 el 옵션 하나에만 초점을 맞추겠습니다.

el 옵션은 Vue가 애플리케이션을 적용할 DOM 요소(즉, el)를 지정합니다. Vue는 HTML에서
해당 DOM 요소를 찾아 애플리케이션 적용 지점으로 사용합니다.

코드 2-1은 웹 저장소 애플리케이션의 시작 부분입니다. 쉽게 따라 할 수 있게 이 장에서는 내려
받을 수 있는 파일로 각 코드를 첨부했습니다. 하지만 애플리케이션을 실행시키려면 각각의 단편
코드를 합쳐 index.html 파일 하나로 만들어야 합니다. 책을 진행하면서 index.html 파일이 점
점 커지는 것은 아닌가 하는 의문이 들 수도 있습니다. 이후 장에서 애플리케이션을 여러 파일로
나누는 방법을 알아보겠습니다.

이 장 완성본 애플리케이션을 보고 싶다면 2장 폴더에 있는 index.html 파일 코드를 살펴보세요
(코드를 아직 내려받지 않았다면 부록 A를 참고하세요). 이제 우리의 첫 Vue 애플리케이션을 만
들어 봅시다.

```
<html>
  <head>
    <title>Vue.js 애완용품샵</title>
    <script src="https://unpkg.com/vue"></script> ···· Vue.js의 CDN 버전입니다.
    <link rel="stylesheet" type="text/css" href="assets/css/app.css" />  ···········
    <link rel="stylesheet"                                             내부적으로 사용할 app.css
      href="https://maxcdn.bootstrapcdn.com/bootstrap/3.3.7/css/       스타일시트와 부트스트랩
      bootstrap.min.css" crossorigin="anonymous">                     스타일시트입니다.
  </head>
  <body>
    <div id="app"></div> ···· Vue가 애플리케이션을 마운트할 요소입니다.
      <script type="text/javascript">
      var webstore = new Vue({ ···· Vue 생성자입니다.
        el: '#app'}); ···· DOM 마운트 지점을 찾는 데 사용할 CSS 선택자입니다.
      </script>
  </body>
</html>
```

마크업은 #app라는 CSS ID 선택자를 가진 하나의 div 요소입니다. Vue는 ID를 사용하여 div를 찾아내 애플리케이션을 마운트합니다. 이 선택자는 (#id, .class 같은) CSS에서 사용하는 구문과 같습니다.

> Note ≡   책 전반에서 레이아웃과 디자인에는 부트스트랩 3을 사용할 것입니다. 사용하기 좋고 Vue.js에 집중할 수 있도록 도와줍니다. 필자가 글을 쓰는 동안 부트스트랩 4가 나왔지만, 디자인이 중점이 아니기 때문에 그냥 부트스트랩 3을 사용하겠습니다. 예제들은 부트스트랩 4에서도 작동하지만 부트스트랩 4를 사용한다면 몇몇 클래스 이름은 부트스트랩 4의 새 클래스 이름으로 바꾸어야 합니다. 잊지 마세요.

우리가 쓰는 CSS 선택자가 DOM 요소 하나 이상을 가리킨다면 Vue는 선택자와 일치하는 요소 중 첫 번째 요소에 애플리케이션을 마운트합니다. div 요소를 3개 가진 HTML이 있고, new Vue({el: 'div'})로 Vue 생성자를 생성한다면 Vue는 이 3개 중 첫 div 요소에 애플리케이션을 마운트합니다.

단일 페이지에서 Vue 인스턴스를 여러 개 작동하고 싶다면 고유한 선택자를 사용해서 각각의 다른 DOM 요소에 마운트할 수 있습니다. 이상하다고 생각할 수 있는데, 이미지 캐러셀(carousel)[1]

---

1   **역주** 캐러셀(carousel)은 회전목마로, 같은 것을 주기적으로 반복한다는 의미로 생각하면 됩니다. 예를 들어 웹 페이지에서 상품 배너들이 오른쪽에서 왼쪽으로 차례로 움직이면서 돌아가고, 다시 첫 상품을 연결해서 보여 주는 것을 의미합니다.

이나 웹-폼(form) 같은 작은 컴포넌트를 여러 개 만든다고 가정하면 단일 페이지에서 루트 Vue 인스턴스가 여러 개 존재할 수 있다는 점을 이해할 수 있을 것입니다.

2.1.2 애플리케이션이 잘 작동하는지 확인

크롬에 접속하여 코드 2-1에서 만든 첫 Vue 애플리케이션을 열어 봅시다. 아직 어떤 것도 렌더링하지 않았기 때문에 메인 웹 브라우저 화면에서는 아무것도 보이지 않을 것입니다(실제로 보이는 HTML도 없습니다).

웹 페이지가 열리고 나면 아직 어떤 파일도 열지 않았으므로 자바스크립트 콘솔창에는 아무것도 보이지 않습니다(아니면 vue-devtools를 내려받지 않았다면 vue-devtools를 내려받으라는 알림 메시지나 개발자 모드에서 Vue를 실행하고 있다는 노트가 열려 있을 것입니다). 콘솔창에는 그림 2-2와 같이 아직 아무것도 보이지 않습니다.

❤ 그림 2-2 에러나 경고가 없는 자바스크립트 콘솔창

> Note ☰ 뷰 디버깅 101
>
> 아직은 간단한 애플리케이션이지만 크롬에서 파일을 열 때 문제가 있을 수 있습니다. 다음은 생각대로 되지 않을 때 있을 수 있는 두 가지 이슈입니다.
>
> • `Uncaught SyntaxError`: `Unexpected identifier`는 대부분 자바스크립트 코드에 오타가 있다는 의미로, 찾아보면 보통 쉼표나 중괄호가 빠져 있어 발생합니다. 에러 오른편에 있는 파일 이름이나 줄 번호를 클릭하면 해당 코드를 바로 확인할 수 있습니다. 오탈자를 찾을 때는 줄 번호의 위아래 몇 줄도 함께 확인해야 한다는 점을 알아 두세요.
>
> • `[Vue warn] : Property or method "propertyname" is not defined...`: 인스턴스가 생성될 때 옵션 객체에 무언가를 정의하지 않았다는 것을 의미합니다. 옵션 객체에 속성이나 함수가 있는지 확인하고, 있다면 이름에 오탈자가 있는지 확인하세요. 마크업에 바인딩된 요소 이름에 오탈자가 있는지도 확인하세요.
>
> 에러를 찾아 해결하는 것이 처음에는 조금 힘들 수 있지만 몇 번 하다 보면 이 과정이 더 친숙해질 것입니다.
>
> 문제를 도저히 해결할 수 없거나 심각한 에러를 찾았다면 https://forum.vuejs.org/c/help에 있는 도움 섹션을 확인하거나 https://gitter.im/vuejs/vue에 있는 Vue Gitter 채팅에서 물어보세요.

뷰의 초기화와 애플리케이션 마운트가 완료되면 webstore 변수에 저장된 루트 Vue 인스턴스 참조를 반환합니다. 이 변수로 자바스크립트 콘솔에서 애플리케이션을 검사할 수 있습니다. 이를 사용해서 더 진행하기 전에 먼저 애플리케이션이 잘 작동하는지 확인해 보겠습니다.

콘솔이 열린 상태에서 프롬프트에 webstore를 입력하고 Enter 를 누르면 나중에 검사할 때 사용할 수 있는 Vue 객체를 반환합니다. 지금은 개시 삼각형(▶)을 눌러 객체를 확장해서 그림 2-3과 같이 루트 Vue 인스턴스의 속성 값들을 확인해 보세요.

▼ 그림 2-3 webstore 변수를 사용하여 뷰 인스턴스 표출 및 속성 값 탐구

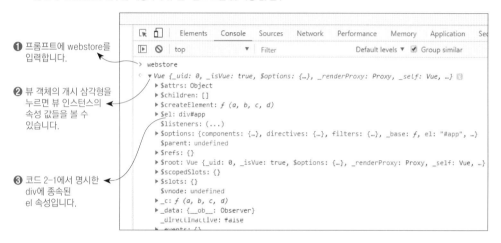

마우스 스크롤로 몇 번 왔다 갔다 하면 애플리케이션 옵션 객체의 일부로 지정했던 el 속성을 찾을 수 있을 것입니다. 이 장 이후에는 콘솔로 애플리케이션이 실행되는 도중 인스턴스에 접근하여 디버깅, 데이터 조작과 여러 행동을 직접 작동해서 예상대로 잘 움직이는지 검사해 보겠습니다. 또 vue-devtools를 사용해서 애플리케이션을 살펴볼 수도 있습니다(다시 말하지만 vue-devtools를 설치하지 않았다면 부록 A를 참고하세요). 자바스크립트 콘솔을 사용하는 것과 어떻게 다른지 비교해 봅시다. 그림 2-4는 vue-devtools의 여러 차이점을 보여 줍니다.

vue-devtools 확장 기능은 뷰 애플리케이션과 데이터, 컴포넌트 간 관계를 검사할 수 있는 많은 기능을 제공합니다. 애플리케이션이 복잡해지면서 vue-devtools의 검색 트리 뷰는 자바스크립트 콘솔에서는 나타낼 수 없는 컴포넌트 간 관계를 보여 줍니다. 뒷장에서 뷰 컴포넌트와 뷰 인스턴스의 관계를 더 살펴보겠습니다.

▼ 그림 2-4 아무것도 선택하지 않은 vue-devtools 창

❶ Vue 탭을 클릭하여 vue-devtools 확장팩 기능으로 바꾸세요.

❷ 아직은 코드 2-1에서 만든 인스턴스인 컴포넌트 루트 하나만 있습니다.

❸ Components 탭은 현재 작동 중인 앱의 모든 컴포넌트 인스턴스를 보여 줍니다.

애플리케이션을 만들면서 종종 문제가 생기면 도구를 2개 모두 사용해서 해결할 것입니다. 사실 그림 2-5와 같이 vue-devtools를 써서 자바스크립트 콘솔에서 애플리케이션 인스턴스에 접근하는 방법이 있습니다.

그림 2-5와 같이 트리뷰에서 인스턴스를 선택하면 vue-devtools는 $vm0 변수에 인스턴스에 대한 참조를 할당합니다. webstore 변수를 사용했던 것처럼 $vm0을 사용할 수 있습니다. 자바스크립트 콘솔에 $vm0을 사용해서 루트 Vue 인스턴스를 검사할 수 있는지 확인해 보세요.

▼ 그림 2-5 인스턴스에 동적으로 변수가 할당된 vue-devtools에서 선택한 루트 인스턴스

❶ 루트 요소를 클릭하여 선택합니다.

❷ vue-devtools는 콘솔에서 인스턴스에 접근할 수 있는 다른 변수를 보여 줍니다.

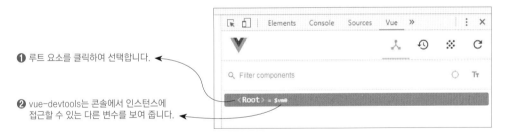

Note ≡ 왜 참조가 하나 이상 필요할까?

같은 인스턴스에 접근하는 방법이 중복되는 것처럼 보일 수 있지만, 둘 다 있으면 도움이 됩니다.

webstore 전역 변수에 루트 Vue 인스턴스를 할당했을 때 웹 페이지 내 다른 자바스크립트 코드에서 애플리케이션을 참조하는 방법을 만든 것입니다. 이렇게 하면 애플리케이션을 참조해야 하는 다른 라이브러리, 프레임워크, 우리 코드에 통합할 수 있습니다.

$vm0 변수에 할당된 뷰 인스턴스는 현재 vue-devtools에서 선택된 인스턴스를 반영합니다. 애플리케이션이 인스턴스 수백 개, 수천 개로 만들어져 있을 때 각 인스턴스에 변수를 선언하는 것은 실용적이지 않습니다. 그래서 이러한 복잡한 애플리케이션에서 검사와 디버깅을 할 때 프로그램 안에서 만들어진 특정한 인스턴스에 접근하는 방법은 무조건 있어야 합니다.

2

Vue 인스턴스

2.1.3 뷰 안에서 무언가 보여 주기

지금까지 꽤 지루했을 것입니다. 이제부터는 애플리케이션 템플릿에 애플리케이션 인스턴스에서 나온 데이터를 표현해 보겠습니다. 뷰 인스턴스는 기본으로 제공한 DOM 요소를 템플릿으로 사용한다는 점을 기억하세요.

웹 저장소에 이름을 부여하는 것부터 시작합니다. 이는 Vue 생성자에 어떻게 데이터를 전달하고, 뷰에 어떻게 데이터를 바인딩하는지 보여 줍니다. 이번에는 코드 2-1에서 만든 코드를 바꾸어 봅시다.

코드 2-2 데이터 추가와 데이터 바인딩하기: chapter-02/data-binding.html

```html
<html>
  <head>
    <title>Vue.js 애완용품샵</title>
    <script src="https://unpkg.com/vue"></script>
  </head>
  <body>
    <div id="app">
      <header>
        <h1 v-text="sitename"></h1>  ···· sitename 속성에 대한      div에 header 요소를 추가합니다.
      </header>                            데이터 바인딩입니다.
    </div>

    <script type="text/javascript">
    var webstore = new Vue({
      el: '#app',
      data: {
        sitename: 'Vue.js 애완용품샵'  ···· header에 추가된      Vue 옵션에 데이터 객체를 추가합니다.
      }                                    sitename 속성입니다.
    });
    </script>
  </body>
</html>
```

Vue 생성자에 넘겨준 옵션에 데이터 객체를 추가했습니다. 이 데이터 객체는 sitename 속성 하나를 가지며 웹 저장소 이름도 갖고 있습니다.

웹 사이트 이름에는 홈이 필요하기에 애플리케이션 루트 div 요소 내의 마크업에 header 요소를 추가했습니다. heading 요소인 <h1>에 데이터 바인딩 명칭인 v-text="sitename"을 사용했습니다.

v-text 명칭은 속성이 참조하는 문자열을 표현합니다. 이 경우 애플리케이션이 작동하기 시작하면 header에서 "Vue.js 애완용품샵"이라는 텍스트를 볼 수 있습니다.

긴 문자열 중간에 속성 값을 표현하고 싶다면 수염 구문({{property-name}})을 사용해서 속성에 연결할 수 있습니다. 문장 안에 웹 저장소 이름을 포함한다면 `<p>Welcome to {{sitename}}</p>`라고 쓰면 됩니다.

> *Tip* ✒ Vue는 모든 수염 구문(이중 중괄호) 형식을 쓰는 것이 아니라 텍스트 보간법에만 수염 구문인 {{ ... }}을 사용합니다. 이 방식의 출처를 알고 싶다면 https://mustache.github.io/mustache.5.html 온라인 매뉴얼을 방문하세요.

데이터 바인딩이 완료되었으니 이제 웹 브라우저에서 헤더가 어떻게 보이는지 확인해 봅시다.

2.1.4 Vue에서 속성 살펴보기

크롬에서 애플리케이션을 다시 로드하면 그림 2-6과 같이 sitename 속성 값을 보여 줍니다.

▼ 그림 2-6 웹 저장소 헤더에 표시된 sitename 속성

Vue.js 애완용품샵

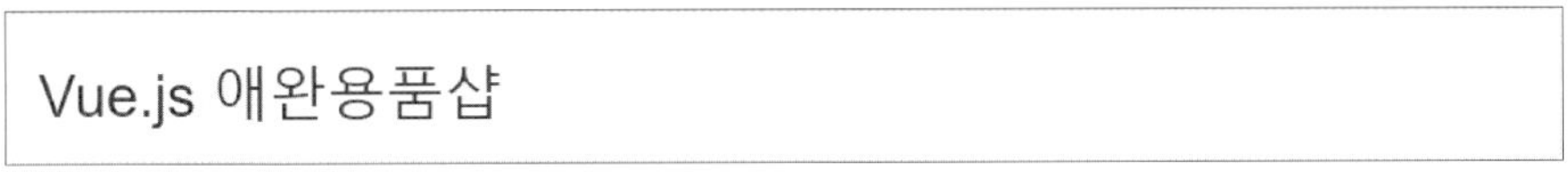

헤더의 시각적인 모습은 chapter-02/assets/css/app.css의 스타일시트가 표현하고 있습니다. 우리 스타일시트와 부트스트랩을 사용해서 애플리케이션을 디자인하겠습니다. 헤더 모습을 바꾸고 싶다면 앞 파일을 열어 header h1로 정의된 스타일을 찾으면 됩니다.

애플리케이션이 초기화될 때 Vue는 자동으로 각 데이터 객체의 속성에 getter와 setter 함수를 생성합니다. 이는 추가적인 코드를 작성하지 않아도 어떤 인스턴스 속성의 현재 값을 조회하거나 새로운 값을 설정할 수 있게 합니다. 실제로 이 함수들이 실행되는 것을 보기 위해 sitename 속성 값을 보여 주는 getter를 사용해 봅시다.

그림 2-7에서 알 수 있듯이, sitename 속성의 getter와 setter 함수는 애플리케이션 인스턴스의 가장 초기 레벨에 있습니다. 이것으로 자바스크립트 콘솔이나 애플리케이션과 연결된 모든 자바스크립트에서 속성에 접근할 수 있습니다.

▼ 그림 2-7 콘솔과 vue-devtools를 사용하여 sitename 속성 확인

❶ 자바스크립트 콘솔에서 점 표기법으로 속성에 접근하여
webstore.sitename 값을 표시할 수 있습니다.

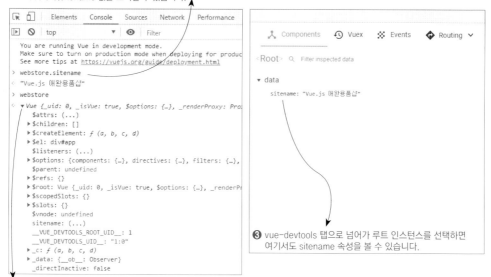

❷ 웹 저장소 인스턴스를 검사하여 Vue가 자동으로 노출하는
getter와 setter를 볼 수 있습니다(스크롤해야 보일 수도 있습니다).

❸ vue-devtools 탭으로 넘어가 루트 인스턴스를 선택하면
여기서도 sitename 속성을 볼 수 있습니다.

〈root〉 인스턴스를 선택해도 vue-devtools에 나열된 속성을 볼 수 있습니다. 이제 그림 2-8에서 자바스크립트 콘솔에 setter를 사용하여 sitename 값을 설정하면 무슨 일이 일어나는지 봅시다.

sitename에 새로운 값을 입력하고 Enter 를 누르면 헤더 요소의 결괏값이 자동으로 바뀝니다. 이 것이 바로 Vue의 이벤트 루프입니다. Vue 생명 주기를 보면서 언제, 어떻게 데이터가 웹 페이지를 변화시키는지 알아보겠습니다.

▼ 그림 2-8 Vue의 속성 getter와 setter를 사용하여 sitename을 보여 주고 변경

❷ getter를 사용해서 sitename 값을 볼 수 있고,
setter를 사용해서 새로운 값을 설정할 수
있습니다.

❶ sitename 값을 변경하면 뷰의 데이터
바인딩이 변경된 값을 자동으로 적용합니다.

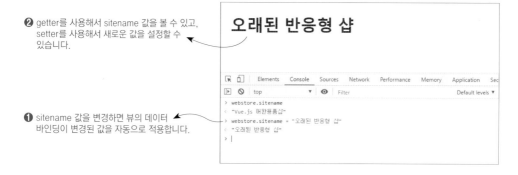

2.2 Vue 생명 주기

Vue가 처음으로 인스턴스화되면 Vue 생명 주기라고 하는 일련의 이벤트를 거칩니다. 오랫동안 작동하는 Vue 애플리케이션은 이벤트 루프를 돌면서 대부분의 시간을 보냅니다. 그러나 대부분의 라이브러리를 끌어오는 무거운 작업은 애플리케이션이 처음 생성될 때 처리합니다. 그림 2-9에서 생명 주기의 레벨별 모습을 살펴보겠습니다.

▼ 그림 2-9 네 단계로 나눈 Vue 생명 주기 다이어그램

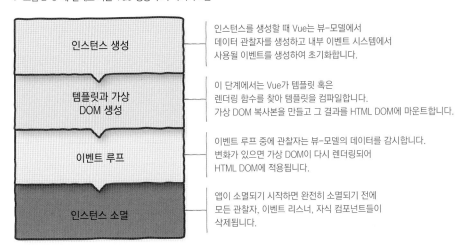

인스턴스 생성 — 인스턴스를 생성할 때 Vue는 뷰-모델에서 데이터 관찰자를 생성하고 내부 이벤트 시스템에서 사용될 이벤트를 생성하여 초기화합니다.

템플릿과 가상 DOM 생성 — 이 단계에서는 Vue가 템플릿 혹은 렌더링 함수를 찾아 템플릿을 컴파일합니다. 가상 DOM 복사본을 만들고 그 결과를 HTML DOM에 마운트합니다.

이벤트 루프 — 이벤트 루프 중에 관찰자는 뷰-모델의 데이터를 감시합니다. 변화가 있으면 가상 DOM이 다시 렌더링되어 HTML DOM에 적용됩니다.

인스턴스 소멸 — 앱이 소멸되기 시작하면 완전히 소멸되기 전에 모든 관찰자, 이벤트 리스너, 자식 컴포넌트들이 삭제됩니다.

Vue 생명 주기의 각 단계는 이전 단계를 기반으로 합니다. 가상 DOM이 무엇이고 렌더 함수가 어떻게 작동하는지 궁금할 것입니다. 가상 DOM은 DOM을 나타내는 가벼운 추상화입니다. 웹 브라우저에서 사용하는 DOM 트리를 모방합니다. Vue는 웹 브라우저 DOM보다 훨씬 빨리 가상 DOM을 업데이트할 수 있습니다. 렌더 함수는 뷰가 사용자에게 정보를 보여 주는 방법입니다. Vue 인스턴스와 생명 주기 훅에 대한 자세한 정보는 https://vuejs.org/v2/guide/instance.html에서 공식 가이드를 확인하세요.

2.2.1 생명 주기 훅 추가

애플리케이션 인스턴스가 생명 주기의 각 과정을 거치는 것을 보려면 Vue 생명 주기 훅에 콜백 함수를 작성합니다. 코드 2-3에 있는 메인 애플리케이션 파일(index.html)의 코드를 수정해 봅시다.

> Tip ☆ 　　훅은 Vue 라이브러리 코드의 일부로 '실행되는' 함수입니다. Vue가 각 실행 과정 사이에 도달하면 정의한 함수를 호출하고, 아무것도 할 것이 없으면 계속해서 진행합니다.

코드 2-3 인스턴스에 생명 주기 훅 추가하기: chapter-02/life-cycle-hooks.js

```
var APP_LOG_LIFECYCLE_EVENTS = true;  ···· 콜백을 사용 또는 중지하는 데 사용되는 변수입니다.

var webstore = new Vue({
  el: "#app",
  data: {
    sitename: "Vue.js 애완용품샵",
  },
  beforeCreate: function() {
    if (APP_LOG_LIFECYCLE_EVENTS) {
      console.log("beforeCreate");      ··· beforeCreate(생성 전) 이벤트 로그입니다.
    }
  },
  created: function() {
    if (APP_LOG_LIFECYCLE_EVENTS) {
      console.log("created");           ··· created(생성 후) 이벤트 로그입니다.
    }
  },
  beforeMount: function() {
    if (APP_LOG_LIFECYCLE_EVENTS) {
      console.log("beforeMount");       ··· beforeMount(마운트 전) 이벤트 로그입니다.
    }
  },
  mounted: function() {
    if (APP_LOG_LIFECYCLE_EVENTS) {
      console.log("mounted");           ··· mounted(마운트 후) 이벤트 로그입니다.
    }
  },
  beforeUpdate: function() {
    if (APP_LOG_LIFECYCLE_EVENTS) {
      console.log("beforeUpdate");      ··· beforeUpdate(업데이트 전) 이벤트 로그입니다.
```

```
    }
  },
  updated: function() {
    if (APP_LOG_LIFECYCLE_EVENTS) {
      console.log("updated");          ┄┄ updated(업데이트 후) 이벤트 로그입니다.
    }
  },
  beforeDestroy: function() {
    if (APP_LOG_LIFECYCLE_EVENTS) {
      console.log("beforeDestroy");     ┄┄ beforeDestroy(소멸 전) 이벤트 로그입니다.
    }
  },
  destroyed: function() {
    if (APP_LOG_LIFECYCLE_EVENTS) {
      console.log("destroyed");         ┄┄ destroyed(소멸 후) 이벤트 로그입니다.
    }
  }
});
```

코드 2-3에서 가장 먼저 눈에 띄는 점은 생명 주기 이벤트 로그를 사용하거나 중지할 수 있게 하는 APP_LOG_LIFECYCLE_EVENTS 변수를 정의했다는 것입니다. Vue 인스턴스 밖에 변수를 정의했기 때문에 루트 인스턴스나 나중에 작성할 자식 컴포넌트에서 전역적으로 사용할 수 있습니다. 이 변수를 애플리케이션 인스턴스 내에서 정의했다면 beforeCreate 콜백에서는 아직 생성되지 않았기 때문에 사용할 수 없습니다.

> Note ≡   APP_LOG_LIFECYCLE_EVENTS는 이후에 ECMAScript 6에서 상수를 만들 때 const 기능을 활용할 것이기에 상수 정의에 전형적으로 쓰는 대문자 구문을 사용했습니다. 미리 선언해 두면 나중에 코드에서 이름을 바꾸려고 변수를 찾아 헤맬 필요가 없습니다.

나머지 코드는 각 생명 주기 이벤트가 발생할 때마다 기록해 주는 함수를 정의한 내용입니다. 다시 콘솔로 돌아가서 sitename 속성을 사용하여 Vue 생명 주기에서 무슨 일이 일어나는지 봅시다.

2.2.2 생명 주기 코드 탐구

크롬에서 콘솔을 열고 앱을 새로 고침하면 그림 2-10과 같이 여러 콜백의 결괏값을 즉시 확인할 수 있습니다.

▼ 그림 2-10 콘솔에서 생명 주기 함수의 결괏값 확인

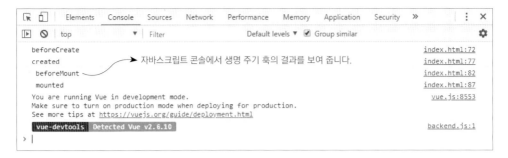

예상했듯이 생명 주기 훅 첫 4개는 Vue가 애플리케이션을 생성하고 마운트함과 동시에 실행됩니다. 다른 훅을 테스트해 보려면 콘솔을 사용해야 합니다. 일단은 우리 웹 사이트에 새로운 이름을 설정해서 업데이트 콜백이 실행되도록 하겠습니다. 그림 2-11에서 하는 방법을 볼 수 있습니다.

▼ 그림 2-11 sitename 속성 설정으로 업데이트 생명 주기 콜백 실행

sitename 속성을 변경하면 애플리케이션 헤더의 데이터 바인딩이 새로운 값으로 변경되면서 업데이트 사이클이 시작됩니다. 이제 애플리케이션을 없애겠습니다! (걱정하지 마세요. 새로 고침하면 다시 생깁니다.) 마지막 생명 주기 훅 2개를 실행시키려면 $destroy() 인스턴스 메서드를 사용해야 합니다.

Tip ✱ Vue가 인스턴스에 생성하는 특별한 메서드들은 $ 접두사를 쓰면 사용할 수 있습니다. Vue 생명 주기 인스턴스의 메서드에 대한 추가 정보는 https://vuejs.org/v2/api/#instance-Methods-Lifecycle의 API 문서를 확인하세요.

애플리케이션이 서드 파티 라이브러리의 인스턴스를 생성했다면, 라이브러리 해체 코드를 호출하거나 해당 라이브러리 참조를 수동으로 할당 해제해서 애플리케이션에 할당된 메모리 누수를 방지할 수 있습니다. 그림 2-12는 $destroy() 인스턴스 메서드를 호출하여 어떻게 소멸(destroy) 훅을 실행시키는지 보여 줍니다.

▼ 그림 2-12 인스턴스 소멸 메서드를 호출하면 마지막 생명 주기 2개에 대한 콜백 실행

❶ 인스턴스 소멸 메서드를 호출합니다.

❷ 소멸 훅을 실행합니다.

2.2.3 생명 주기 코드를 유지할까?

생명 주기 훅은 애플리케이션이 실행되면서 일어나는 일들을 살펴보기에 좋은 방법을 제공합니다. 하지만 콘솔에 메시지를 출력하려면 반복적이고 상세한 코드가 필요하다고 생각합니다. 꽤 양이 많기 때문에 이제부터는 코드에 디버깅 함수를 포함하지 않겠습니다. 가끔 애플리케이션 자체의 새로운 기능이나 기능적으로 필요할 때만 생명 주기 훅을 사용하겠습니다.

훅을 계속 사용해서 콘솔에 출력 메시지가 너무 많을 때는 APP_LOG_LIFECYCLE_EVENTS 값을 false로 설정하면 출력되는 것을 막을 수 있습니다. index.html 파일에 있는 값을 바꾸어 출력을 막거나 자바스크립트 콘솔에서 실행 시간 동안 값을 바꾸면서 로그를 켜거나 끌 수 있습니다.

VUE.JS

2.3 상품 표시

웹 저장소 이름을 출력하는 것은 좋은 시작입니다. 하지만 더 나아가기 전에 먼저 마크업에서 데이터를 표시하는 더 많은 방법을 알아야 합니다. 웹 저장소는 코드, 그리드, 특별 상품, 개별 상품 웹 페이지 중 한 가지로 상품을 보여 줄 것입니다. 각 화면을 디자인하고 마크업하면서 같은 데이터를 계속 사용하지만, 기본값이나 구조를 바꾸지 않고 각 화면을 Vue 기능성에 맞게 다르게 조정해 보겠습니다.

2.3.1 상품 데이터 정의

지금은 상품을 하나만 보여 줄 것이기에 데이터 객체에 샘플 상품을 추가해 봅시다.

코드 2-4 Vue 인스턴스에 상품 데이터 추가하기: chapter-02/product-data.js

```
data: {
  sitename: "Vue.js 애완용품샵",
  product: {  ---- 상품 데이터 객체입니다.
    id: 1001,
    title: "고양이 사료, 25파운드",
    description: "당신의 고양이를 위한 <em>거부할 수 없는</em>," +   ---- 상품 정보는 상품 객체의
                "유기농 25파운드 사료입니다.",                           속성 값들입니다.
    price: 2000,
    image: "assets/images/product-fullsize.png"
  }
},
```

데이터 옵션에 상품 객체를 추가하는 것은 비교적 간단합니다.

- id 속성은 상품을 고유하게 식별하는 데 사용합니다. 상품을 추가한다면 이 값도 증가합니다.

- title(제목)과 description(설명) 속성들은 모두 문자열이지만, description(설명) 값은 HTML 마크업으로 이루어져 있습니다. 더 자세한 의미는 상품 마크업에서 각 값들을 표시할 때 알아보겠습니다.

- price(가격) 속성은 정수로 상품의 가격을 나타냅니다. 이는 나중에 해야 할 계산을 단순화하며, 이렇게 해야 데이터베이스에 값이 소수나 문자열로 저장되어 있을 때 일어날 수 있는 잠재적 타입 변환을 방지합니다.

- image(사진) 속성은 상품의 기본 이미지 파일 경로를 제공합니다. 이것은 반복적으로 언급하므로 하드 코딩한 경로를 보더라도 겁먹지 마세요. 다른 방법들도 알아볼 것입니다.

이제 데이터를 활용해서 바로 화면을 띄워 보겠습니다.

2.3.2 상품 화면 마크업

이제 HTML에 상품 마크업을 추가하는 데 집중할 수 있습니다. 헤더 요소 밑에 애플리케이션 콘텐츠의 주 컨테이너 역할을 하는 메인 요소를 추가해 보겠습니다. 메인 요소인 <main>은 HTML5의 새로 추가된 요소로 웹 페이지나 애플리케이션의 주 콘텐츠를 담는 데 사용합니다.

Tip ☆ 더 많은 메인 요소(혹은 다른 요소) 정보를 원한다면 https://www.quackit.com/html_5/tags/html_main_tag.cfm을 방문하세요.

상품 레이아웃은 2열을 사용하여 상품 이미지가 상품 정보 옆에 표시될 수 있도록 합니다(그림 2-13 참고). 스타일시트(chapter-02/assets/css/app.css)에 이미 모든 열의 스타일이 정의되어 있으니 마크업에 적당한 클래스 이름만 부여하면 됩니다.

코드 2-5 상품 마크업 추가하기: chapter-02/product-markup.html

```html
<main>
  <div class="row product">
    <div class="col">
      <figure>
        <img v-bind:src="product.image">  ···· 상품 이미지 경로는 v-bind 지시문을 사용한
      </figure>                                 <img> 태그의 src에 연결되어 있습니다.
    </div>
    <div class="col col-expand">
      <h1 v-text="product.title"></h1>
      <p v-text="product.description"></p>   ···· 다른 상품 속성은 v-text 지시문을
      <p v-text="product.price" class="price"></p>   사용해서 표시합니다.
    </div>
  </div>
</main>
```

코드를 보았을 때 바로 알아챌 수 있는 부분은 데이터 바인딩에 자바스크립트 점 표기법을 사용한 것입니다. product(상품)는 객체이기 때문에 각 바인딩에 속성의 전체 경로를 포함해야 합니다. title(제목), description(설명), price(가격) 같은 대부분의 상품 데이터 속성은 sitename 속성을 헤더에 연결한 것처럼 v-text 지시문에 연결되어 있습니다.

상품 이미지 경로는 속성 바인딩을 보여 줍니다. 단순한 텍스트 보간법으로는 속성들을 바인딩할 수 없기 때문에 v-bind 지시문을 사용하지만, 스타일과 클래스 이름, 나중에 나올 다른 시나리오에 대한 특별한 경우가 있다는 것을 명심합니다.

Note ☰ v-bind 지시문의 약자를 사용할 수 있습니다. 필요할 때마다 매번 v-bind를 입력할 필요 없이 v-bind 를 빼고 :을 사용할 수 있습니다. v-bind:src="..." 대신 :src="..."로 쓰면 됩니다.

바인딩에서 표현식 사용

데이터 바인딩을 데이터 속성으로 제한할 필요는 없습니다. Vue에서는 바인딩 내에서 유효한 자바스크립트 표현식을 사용할 수 있습니다. 코드 2-5에 있는 코드로 예를 들면 다음과 같습니다.

```
{{product.title.toUpperCase()}} -> 고양이 사료, 25파운드(한글이므로 대문자로 변환되지 않습
니다)
{{product.title.substr(4,4)}} -> 고양이를
{{product.price - (product.price * 0.25)}} -> 1500
<img :src="product.image.replace('.png', '.jpg')"> -> <img src="//assets/images/
product-fullsize.png">
```

이렇게 표현식을 쓰면 편리한 점도 있지만, 애플리케이션 또는 컴포넌트의 자바스크립트 코드에서 처리하는 것이 대부분 더 나음에도 뷰에서 데이터를 처리하게 됩니다. 또 이 표현식을 쓰면 애플리케이션 복잡도가 높아질수록 데이터가 어디서 변경되었는지 찾기 힘듭니다.

일반적으로 인라인 표현식을 쓰는 것이 애플리케이션 안에서 해당 기능을 형식화하기 전에 테스트해 보기 좋습니다.

다음 절과 다음에 올 장에서는 뷰 또는 애플리케이션 데이터의 무결성을 깨지 않고 기존 값에서 데이터를 수정하고 걸러 내고 가져오는 모범 사례들을 보여 줄 것입니다. 무엇을 표현식으로 간주하는지에 대한 자세한 내용은 https://vuejs.org/v2/guide/syntax.html#Using-JavaScript-Expressions에서 확인하세요.

크롬으로 넘어가서 새로 고침한 후 디자인대로 상품 정보가 표시되는지 확인하세요.

▼ 그림 2-13 상품이 표시되기는 하지만 고쳐야 할 몇몇 문제 발생

고쳐야 할 문제가 2개 있습니다.

1. 정보 값에 포함된 상품 정보의 HTML이 올바르게 해석되지 않고 문자열로 출력됩니다.
2. 상품 가격이 알맞은 달러 형식이 아닌 정수 2000의 문자열 표현으로 표시됩니다.

첫 문제부터 해결해 봅시다. 우리에게는 HTML 지시자가 필요하므로 v-html 바인딩을 사용하여 상품 마크업을 수정해서 의도한 대로 상품 정보를 출력하겠습니다.

코드 2-6 상품 마크업 추가하기: chapter-02/product-markup-cont.html

```html
<main>
  <div class="row product">
    <div class="col">
      <figure>
        <img v-bind:src="product.image">
      </figure>
    </div>
    <div class="col col-expand">
      <h1 v-text="product.title"></h1>
      <p v-html="product.description"></p>  ············· HTML 지시자를 사용해서 상품 정보를
      <p v-text="product.price" class="price"></p>       일반 텍스트가 아닌 HTML로 출력합니다.
    </div>
  </div>
</main>
```

크롬에서 앱을 새로 고침하면 이제는 상품 정보 값을 HTML로 잘 렌더링하며, 강조 태그는 그림 2-14와 같이 '거부할 수 없는' 단어를 기울임꼴로 나타냅니다.

❤ 그림 2-14 v-html 바인딩을 쓰면 순수 HTML로 상품 설명 표시

고양이 사료, 25파운드
당신의 고양이를 위한 *거부할 수 없는*, 유기농 25파
운드 사료입니다.
2000

v-html 바인딩은 연결된 속성을 순수 HTML로 렌더링합니다. 편리할 수는 있지만 믿을 수 있는 값일 때만 사용하거나 거의 사용하지 않는 편이 좋습니다. 이제는 성가신 가격 값 표시를 고쳐 봅시다.

> **Note ≡ 크로스 사이트 스크립트 공격**
>
> 뷰에 직접적으로 HTML을 삽입하는 코드를 작성할 때 애플리케이션은 크로스 사이트 스크립트 공격(XSS)에 노출됩니다.
>
> 높은 수준에서는 어설픈 사람이 웹 사이트를 방문해서 잘 처리되지 않은 양식을 사용하여 데이터베이스에 악성 자바스크립트를 저장하면, HTML로 해당 코드를 출력할 때 굉장히 취약해집니다.

↻ 계속

일반적으로 가장 좋은 방법은 HTML과 콘텐츠에 대한 기본 원칙을 최소한으로 따르는 것입니다.

- HTML 보간을 사용할 때는 신뢰할 수 있는 콘텐츠만 출력합니다.
- 아무리 콘텐츠를 잘 검사했더라도 HTML 보간을 사용할 때는 절대 사용자가 제공한 콘텐츠를 출력하지 않습니다.
- 정말로 필요하다면 텍스트 입력으로 HTML 요소를 받지 않고 고유의 템플릿 컴포넌트를 사용해서 기능을 구현합니다.

XSS의 포괄적이고 명확한 개요를 원한다면 https://excess-xss.com/의 글로 시작하면 됩니다. 각 취약점 공격에 대한 샘플 코드를 살펴보거나 더 깊게 이해하고 싶다면 https://www.owasp.org/index.php/Cross-site_Scripting_(XSS)의 OWASP 위키를 참고하세요.

2.4 출력 필터 적용

마지막으로 남은 일은 상품 가격을 일반 정수 형식이 아닌 좀 더 친숙한 형식으로 표현하는 것입니다. 출력 필터는 마크업에서 값이 표시되기 전에 값을 형식화하도록 도와줍니다. 일반적인 출력 필터 형식은 {{property | filter}}입니다. 우리는 상품 가격이 2000이 아니라 $20.00로 출력되도록 할 것입니다.

2.4.1 필터 함수 작성

출력 필터는 값을 받아 형식화를 수행하고 형식화된 값을 출력하는 함수입니다. 텍스트 보간 일부로 사용되는 경우에는 바인딩하려는 속성을 필터에 전달하면 됩니다.

모든 출력 필터는 Vue 인스턴스에 전달하는 옵션들의 filters 객체에 존재합니다. 그러므로 코드 2-7에서는 해당 위치에 가격 형식화 코드를 추가해 보겠습니다.

코드 2-7 formatPrice 필터 추가하기: chapter-02/format-price.js

```
var webstore = new Vue({
  el: '#app',
  data: { ... },
  filters: {  ···· 필터 옵션은 출력 필터를 포함합니다.
```

```
formatPrice: function(price) {  ---- formatPrice 정수를 받아 가격 값을 형식화합니다.
  if (!parseInt(price)) { return ""; }  ---- 정수를 받지 못한다면 즉시 반환합니다.
  if (price > 99999) {  ---- $1,000 이상의 값들을 형식화합니다.
    var priceString = (price / 100).toFixed(2);  ---- 값을 소수로 변환합니다.
    var priceArray = priceString.split("").reverse();
    var index = 3;
    while (priceArray.length > index + 3) {
      priceArray.splice(index + 3, 0 , ",");          ---- 세 자리마다 쉼표를 삽입합니다.
      index += 4;
    }
    return "$" + priceArray.reverse().join("");  ---- 형식화된 값을 반환합니다.
  } else {
    return "$" + (price / 100).toFixed(2);  ---- $1,000 미만이라면 형식화된 십진수 값을 반환합니다.
  }
}
    }
  }
});
```

formatPrice 함수는 정수를 받아 미국 달러처럼 보이게 문자열을 형식화합니다. 일반적으로
$12,345.67 같은 값을 반환합니다. 처리해야 하는 정수 값의 크기에 따라 함수는 다음과 같이 분
기합니다.

1. 입력 값이 99,999보다 크면($999.99와 동일), 출력 값은 소수점 왼쪽부터 세 자리마다 쉼표
   가 필요하므로 이에 알맞게 처리합니다.

2. 그렇지 않으면 입력 값은 쉼표가 필요 없기에 .toFixed로 변환해서 반환할 수 있습니다.

> Note ☰   아마 더 효율적이고 간결한 (혹은 원하는 방식으로) 달러를 형식화할 수 있는 수많은 방법을 찾을 수 있을
> 것입니다. 여기서는 편의보다는 명확하게 표현하는 것에 좀 더 집중했습니다. 이 문제가 얼마나 복잡하고 많은 해답이
> 있는지 알고 싶다면 http://bit.ly/2m41Uo7에서 포스트를 읽어 보세요.

2.4.2 마크업에 필터를 추가하고 여러 값 테스트

우리가 만든 필터 함수를 쓰려면 상품 가격 바인딩에 이를 추가해야 합니다. 또 수염 스타일의 바
인딩을 사용하여 필터를 적용하려면 가격 바인딩을 업데이트해야 합니다(코드 2-8 참고). 필터는
v-text 바인딩 구문을 쓰지 않습니다.

코드 2-8 상품 마크업 추가하기: chapter-02/v-text-binding.html

```
<main>
  <div class="row product">
    <div class="col">
      <figure>
        <img v-bind:src="product.image">
      </figure>
    </div>
    <div class="col col-expand">
      <h1>{{product.title}}</h1>
      <p v-html="product.description"></p>
      <p class="price">
        {{product.price | formatPrice}}
      </p>
    </div>
  </div>
</main>
```

상품 가격 값을 형식화하는 데 새로운 출력 필터를 사용합니다.

명심하세요. 필터가 있는 바인딩은 {{property | filter}}의 일반 표현식을 가집니다. 그에 따라 {{product.price | formatPrice}}처럼 가격 바인딩을 업데이트했습니다.

▼ 그림 2-15 작성한 가격 형식화는 가격 속성 값을 표시하는 곳에 달러 사인과 알맞은 구두점 추가

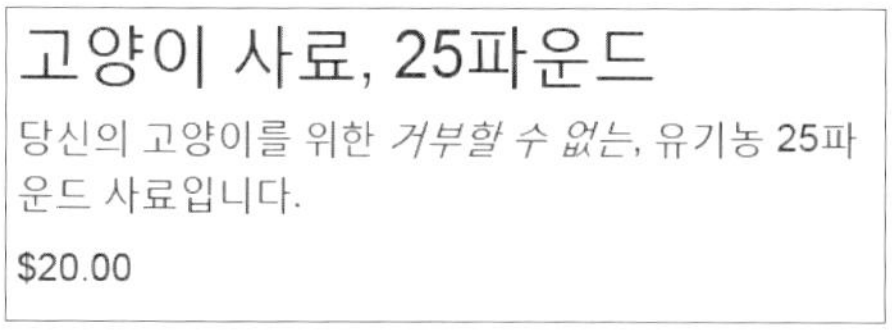
고양이 사료, 25파운드
당신의 고양이를 위한 *거부할 수 없는*, 유기농 25파운드 사료입니다.
$20.00

크롬으로 이동해서 새로 고침한 후 확인해 보세요. 그림 2-15와 같이 형식화된 가격이 나타나는 것을 볼 수 있습니다.

콘솔에서 데이터를 수정하면 실시간으로 어떻게 필터가 다른 상품 가격 값에 반응하는지 볼 수 있습니다. 다른 값들을 넣고 싶으면 콘솔을 열어 `webstore.product.price = 150000000`을 입력해서 값을 설정해 보세요.

그림 2-16은 상품 가격이 변경된 후에 무슨 일이 일어나는지 보여 줍니다. 작은 값(< 100)과 큰 값(> 10000000)을 넣어 올바르게 형식화되는지 확인해 보세요.

▼ 그림 2-16 상품 가격은 필터 함수를 사용하여 변경될 뿐만 아니라, 생명 주기 이벤트도 실행(아직 끄지 않았다면)

2.5 연습 문제

이 장에서 배운 내용을 바탕으로 다음 질문에 답하세요.

- 2.4절에서 가격 필터를 만들어 보았습니다. 다른 도움이 될 만한 필터가 있을까요?

부록 B에서 답을 확인하세요.

2.6 요약

- Vue는 애플리케이션에 상호 작용을 추가할 수 있는 기능을 제공합니다.
- 언제든지 Vue 생명 주기를 이용해서 특정 함수들을 실행할 수 있습니다.
- Vue.js는 정보를 특정 방식으로 표시하는 데 도움이 되는 강력한 필터를 제공합니다.

제 **2** 부

뷰와 뷰-모델

이 책 핵심은 뷰와 뷰-모델에 있습니다. 이 장부터는 Vue를 더 깊이 살펴보고 Vue 애플리케이션을 이루는 모든 요소와 조각을 알아볼 것입니다. 그다음 입력과 양식, 조건문, 반복문을 살펴보겠습니다.

몇몇 중요한 개념은 6장과 7장에 있습니다. 이 두 장에서 컴포넌트를 자세히 살펴볼 것입니다. 컴포넌트는 애플리케이션의 기본 요소입니다. Vue.js 도구함의 가장 강력한 도구인 단일 파일 컴포넌트를 볼 수 있는 첫 장입니다.

마지막 두 장은 트랜지션과 애니메이션을 살펴보고 Vue를 확장하는 방법을 알아볼 것입니다. 이는 더 효율적이고 예쁜 애플리케이션을 만들 수 있게 합니다.

3^장

상호 작용성 추가

이 장에서 다룰 핵심 내용

- 계산된(computed) 속성으로 새로운 결괏값 추출
- DOM에 이벤트 바인딩 추가
- 사용자 상호 작용에 대한 응답
- 조건부로 마크업 렌더링

믿기지 않겠지만 첫 상품을 올렸으니 웹 저장소에 상호 작용을 추가할 준비가 되었습니다. 애플리케이션에 상호 작용성을 추가한다는 것은 DOM 이벤트를 연결하고, 이를 애플리케이션 코드 내에서 응답하고, 사용자에게 해당 행동에 대한 피드백을 제공하는 것을 의미합니다. Vue는 모든 이벤트와 데이터 바인딩을 생성하고 관리하지만, 애플리케이션에서 어떻게 데이터를 조작하고 어떻게 인터페이스로 사용자 기대를 충족시킬지 결정해야 합니다.

우리가 올린 상품 하나를 사용자가 장바구니에 담는 것으로 시작하겠습니다. 진행하면서 각 작업이 Vue 애플리케이션의 전반적인 그림에 어울리는지도 확인하겠습니다.

그림 3-1은 이 장에서 진행하는 모든 작업이 끝난 최종 애플리케이션 모습입니다.

❤ 그림 3-1 새로운 요소를 사용한 상품 리스트: 장바구니와 〈장바구니 담기〉 버튼(index.html)

3.1 장바구니 데이터는 배열 추가로 시작

멋진 장바구니 기능을 만들기 전에 먼저 애플리케이션 인스턴스에서 모든 상품을 담을 컨테이너가 필요합니다. 다행히 이 단계에서 필요한 것은 간단한 배열이므로, 여기에 상품을 추가하겠습니다.

이전 장에서 한 것처럼 코드를 작은 조각으로 나누었습니다. 이것들을 이전 장에서 만든 index.html 파일에 추가해야 애플리케이션을 실행할 수 있습니다. 필요하면 언제든 길벗출판사 깃허브(https://github.com/gilbutITbook/007024)에서 이 장에서 사용할 코드를 내려받을 수 있습니다.

```
data: {
  sitename: "Vue.js 애완용품샵",
  product: {
    id: 1001,
    title: "고양이 사료, 25파운드",
    description: "당신의 고양이를 위한 <em>거부할 수 없는</em>,      ⌐ 참고용으로 기존 상품 데이터를
                 유기농 25파운드 사료입니다.",                        표시합니다.
    price: 2000,
    image: "assets/images/product-fullsize.png",
  },
  cart: [] ···· 카트 아이템을 담은 배열을 표시합니다.
},
```

이것으로 장바구니를 완료했습니다. 앗, 장난입니다! 실제로 간단한 배열을 사용해서 이것저것 많은 것을 할 예정이지만, 마지막에는 내부적으로 콘텐츠를 관리하는 장바구니 컴포넌트를 만들 것입니다.

> Note ☰ 장바구니 배열을 추가하기 전에 코드 3-1에서 product 다음에 쉼표를 추가해야 합니다. 깜빡하고 잊으면 콘솔에서 에러가 뜨는데, 매우 자주 있는 일입니다(필자에게는 굉장히 익숙한 에러입니다).

3.2 DOM 이벤트에 바인딩

애플리케이션의 상호 작용 요소를 추가하려면 Vue 인스턴스에서 정의한 함수를 DOM 요소에 연결해야 합니다. 이벤트 바인딩을 사용해서 click, mouseup, keyup 등 기본 DOM 이벤트와 요소를 연결할 수 있습니다.

3.2.1 이벤트 바인딩 기초

이벤트 바인딩은 그림 3-2와 같이 v-on 지시자를 사용해서 단편 자바스크립트 코드나 함수를 DOM 요소에 연결합니다. 해당 코드나 함수는 DOM 이벤트가 트리거될 때 실행됩니다.

```
<p v-on:eventname="some javascript"></p>
```
v-on 지시자 ┘   └ 일반적인   └ 자바스크립트 표현식 혹은 함수 이름
               DOM 이벤트 이름

자바스크립트에서 이벤트 바인딩은 다음 두 가지 공통된 패턴이 있습니다.

1. 함수 이름을 사용해서 인스턴스에서 정의한 함수를 이벤트에 연결할 수 있습니다. v-on:click="clickHappened" 같은 바인딩이 있다면, 요소를 클릭했을 때 clickHappened 함수가 호출됩니다.

2. 노출된 속성 역할을 하는 인라인 자바스크립트를 작성할 수 있습니다. 이때는 바인딩이 v-on:keyup="charactersRemaining -= 1"처럼 보이는데, 이 이벤트는 characterRemaining 속성 값을 1씩 감소시킵니다.

애플리케이션에서 각 패턴을 써야 하는 위치가 있지만 일단은 함수를 사용해서 이벤트를 처리하는 방법을 알아보겠습니다.

> Note ≡ v-on 지시자를 더 간략하게 사용하는 방법이 있는데, v-on을 @로 쓰면 됩니다. 예를 들어 v-on:click= "..."을 쓴다고 하면 @click="..."으로 대체할 수 있습니다. 나중에 이 방법을 사용해 보겠습니다.

3.2.2 〈장바구니 담기〉 버튼에 이벤트 연결

사용자가 장바구니에 상품을 담으려면 버튼이 필요합니다. cart 배열에 '상품 추가'를 처리하는 함수를 해당 버튼 클릭 이벤트에 연결하겠습니다.

마크업에 버튼을 추가하기 전에 함수를 먼저 작성해야 합니다. 그러려면 애플리케이션 옵션에 method 객체를 추가해야 합니다. filters 객체 다음에 코드 3-2를 삽입하세요(filters 객체 이후에 쉼표 넣는 것을 잊지 마세요).

코드 3-2 장바구니 담기 메서드: chapter-03/add-to-cart.js

```
methods: {
  addToCart: function() {            ┈ addToCart 함수를
    this.cart.push(this.product.id);   정의합니다.              메서드 객체는 새 함수를 포함합니다.
  }
}
```

아직까지 장바구니에 상품을 추가하는 것은 cart 배열에 상품 데이터에서 가져온 상품 .id 속성을 추가하는 것을 의미합니다. 기억하세요. this 키워드를 추가해야 모든 데이터 속성 값에 접근할 수 있습니다.

Note ≡ **객체가 아니라 id 넣기**

코드 3-2의 this.cart.push(this.product);처럼 cart 배열에 전체 상품 객체를 넣는 것이 더 간단해 보이지만, 그렇게 하면 조금 이상할 수 있습니다. 자바스크립트는 순수 참조-전달 언어도 아니고 복사-전달 언어도 아니기 때문에 어느 쪽이 언제 일어나는지 알려면 연습이 좀 필요합니다.

cart 배열에 상품을 추가하면 복사된 객체가 아니라 데이터에 정의된 상품 객체 참조가 들어갑니다. 서버에서 새로운 상품 데이터를 가져온 후 데이터 상품 정의가 달라지면, 장바구니 상품이 바뀌거나 참조가 undefined 될 수 있습니다.

그 대신에 cart 배열에 상품 id를 넣어 참조가 아닌 상품 id의 값 복사본을 추가할 수 있습니다. 상품 정의가 바뀌어도 cart 배열 값은 바뀌지 않습니다.

기술적으로 보면 자바스크립트는 공유 호출(call-by-sharing) 언어입니다. https://en.wikipedia.org/wiki/Evaluation_strategy#Call_by_sharing에서 공유 호출이 다른 방식들과 어떻게 다른지 확인할 수 있습니다.

이제 장바구니에 상품을 담는 함수가 준비되었으니 계속해서 버튼 마크업을 추가해 봅시다. 상품 div의 가격 마크업 바로 다음에 코드 3-3과 같이 버튼을 추가하세요.[1]

코드 3-3 장바구니에 상품을 추가할 버튼: chapter-03/button-product.html

```
<button class="btn btn-primary btn-lg"
        v-on:click="addToCart">  ···· addToCart 함수에 버튼          〈장바구니 담기〉 버튼을
                                      클릭 이벤트를 연결합니다.       표시합니다.
    장바구니 담기
</button>
```

자, 이제 방문자가 버튼을 누르면 addToCart 함수가 호출됩니다. 한번 해 보세요.

크롬에 접속해서 콘솔이 열려 있는지 확인하고, 장바구니에 추가된 데이터를 확인하기 위해 Vue 탭으로 이동하세요. cart 배열은 비어 있어야 하므로 그림 3-3에 있는 Array[0]이 보이지 않는다면 웹 페이지를 새로 고침하세요.

---

1 **역주** 코드에서 btn btn-primary btn-lg는 〈장바구니 담기〉 버튼에 스타일을 적용합니다.

▼ 그림 3-3 상품이 추가되기 전에 빈 배열이 보여야 하는데, 그렇지 않다면 웹 페이지를 새로 고침

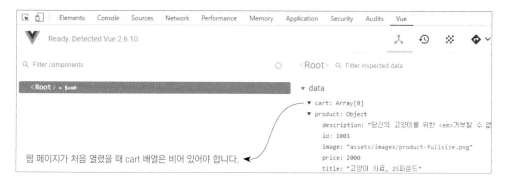

이제 **장바구니 담기** 버튼을 몇 번 눌러 보세요. vue-devtools를 열어 〈Root〉를 클릭해 보세요. 그림 3-4와 같이 상품 id가 배열에 추가되는 것을 볼 수 있습니다.

▼ 그림 3-4 장바구니에 아이템을 담을 때마다 배열이 채워짐

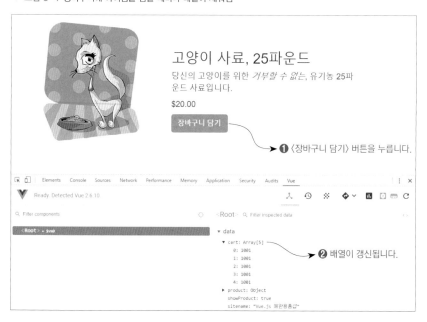

개발자는 상관없지만, 사용자에게는 vue-devtools나 콘솔에서 장바구니에 얼마나 많은 상품이 담길 수 있는지 뷰 자체에서 피드백이 필요합니다. 이제 상품 카운터를 만들 시간입니다.

3.3 〈장바구니 담기〉 버튼을 추가하고 개수 세기

사용자가 장바구니에 담은 상품 개수를 보여 주려고 계산된 속성(computed property)을 사용할 것입니다. 계산된 속성은 다른 속성과 마찬가지로 인스턴스에서 정의되며, DOM에 묶여 있습니다. 하지만 일반적으로는 애플리케이션의 현재 상태에서 새로운 정보를 가져오는 기능을 제공합니다. 추가로 체크아웃 장바구니를 보여 주는 장바구니 항목도 추가해 보겠습니다.

장바구니에 상품 개수를 추가하기 전에 계산된 속성의 좀 더 일반적인 모습을 먼저 살펴보고 어떻게 작동하는지 봅시다.

3.3.1 계산된 속성은 언제 사용할까?

data 객체의 속성을 데이터베이스에 저장하는 대표 데이터로 생각하고, 계산된 속성을 뷰 맥락에서 주로 사용되는 역동적인 값으로 생각하는 것이 이해하기 쉽습니다. 지나치게 광범위한 특징일 수 있지만, 통상적으로 괜찮은 첫 번째 법칙입니다.

코드 3-4와 같이 사용자의 성과 이름을 표시하는 계산된 속성 예를 살펴봅시다. 일반적으로는 누군가의 성과 이름을 개별적인 엔터티로 데이터베이스에 저장하겠지만, 이름 전체를 저장하기에는 반복적이고 오류가 생길 수도 있습니다. 사용자 성명(성+이름)을 표시해야 할 때는 현재 데이터에서 성과 이름을 합치는 것이 계산된 속성을 표현하는 완벽한 예입니다.

코드 3-4 사용자 성명 계산하기: chapter-03/computed.js

```
computed: {
  fullName: function() {
    return [this.firstName, this.lastName].join('');
  }
}
```
> fullName은 사용자의 성과 이름 중간에 한 번 띄어 쓴 후 문자열 하나로 반환합니다.

fullName 함수에서 반환한 결과는 개념적으로는 데이터 객체에 성명(fullName) 속성을 가지는 것과 같습니다. 이는 마크업에서 해당 속성에 쉽게 연결할 수 있다는 의미입니다(그림 3-5 참고).

```
데이터베이스
(모델)

firstName = Summer
lastName = Winters
prefix = Ms
email = sw@vue.js
password = s3cr3t
```

```
뷰 인스턴스
(뷰-모델)

data: {
 firstName: 'Summer',
 lastName: 'Winters',
 prefix: 'Ms',
 email: 'sw@vue.js'
}
computed: {
fullName: function() {
  return [
   this.firstName,
   this.lastName
  ].join(' ')
 }
}
```

```
HTML 마크업
(뷰)

<div id="app">
 <p>{{fullName}}</p>
</div>
```

계산된 속성을 사용할 때 또 다른 이점은 애플리케이션에서 다른 혹은 추가 데이터를 사용하는 함수의 내부를 바꿀 수 있다는 것입니다. 그림 3-5를 예로 들면 접두사 prefix 속성을 사용해서 사용자 성명에 더 많은 형식을 추가할 수 있습니다.

이렇게 계산된 속성을 사용하면 백엔드나 데이터베이스를 바꿀 필요 없이 어떤 인스턴스 데이터라도 합치거나 조작할 수 있습니다.

3.3.2 계산된 속성으로 업데이트 이벤트 살펴보기

계산된 속성은 보통 인스턴스 데이터를 사용해서 계산되므로, 기본 데이터가 변경되면 값이 자동으로 업데이트됩니다. 그래서 계산된 속성에 연결된 모든 뷰 마크업은 새 값을 반영하기 위해 업데이트됩니다.

더 넓은 인스턴스 생명 주기 맥락에서 보면 이 동작은 업데이트 주기의 핵심입니다. 업데이트 주기가 어떻게 작동하는지 이해하기 위해 계산된 속성을 언제 사용하는 것이 가장 적합한지 예로 한번 살펴보겠습니다. 가로와 세로 길이로 사각형 넓이를 계산하는 작업을 살펴봅시다.

코드 3-5 사각형 넓이 계산하기: chapter-03/computed-rect.js

```
new Vue({
  data: {
    length: 5,    ┈┈┈ 가로와 세로 속성을 포함한 데이터 객체를 보여 줍니다.
    width: 3 ┈┈┈
```

```
    },
    computed: {
      area: function() {              ┐   데이터 속성과 동일한 넓이를 표시하는
        return this.length * this.width;  ├─  계산된 속성을 보여 줍니다.
      }                               ┘
    }
  });
```

계산된 속성인 area는 초깃값으로 15를 가집니다. 이후 애플리케이션에 가로나 세로 길이가 변경될 때 다음과 같은 순서로 업데이트됩니다.

1. 가로 혹은 세로 길이가 변경된 경우

2. … 계산된 속성 값 area가 재계산됩니다.

3. …… 이 속성에 연결된 마크업이 업데이트됩니다.

그림 3-6은 애플리케이션의 업데이트 주기입니다.

▼ 그림 3-6 인스턴스 데이터 변화는 애플리케이션 업데이트 주기의 단계적인 행동을 트리거

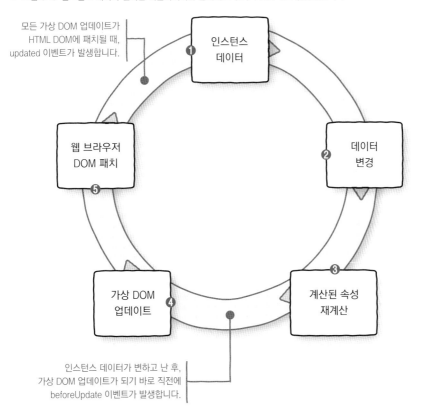

코드 3-6은 완전한 애플리케이션 맥락에서 넓이 계산을 보여 줍니다. 또 애플리케이션은 가로세로 혹은 넓이가 변할 때마다 콘솔에 메시지를 기록하는 감시 함수 3개와 업데이트 주기가 시작될 때를 기록하는 함수 1개를 가집니다. 이 함수들을 사용하려면 뷰 인스턴스의 감시(watch) 옵션에 명시해야 합니다.

Tip 이 장에서 제공하는 샘플 중 chapter-03/area.html 파일에서 코드 3-6을 찾을 수 있습니다. 독립적인 파일이므로 크롬에서 바로 열어도 됩니다.

코드 3-6 계산된 속성과 업데이트 이벤트 기록하기: chapter-03/area.html

```html
<html>
  <head>
    <title>넓이 계산 - Vue.js 공작소</title>
    <script src="https://unpkg.com/vue/dist/vue.js"
        type="text/javascript"></script>
  </head>
  <body>
    <div id="app">
      <p>
        넓이: {{area}} ---- 넓이 값을 보여 주는 데이터 바인딩을 나열합니다.
      </p>
      <p>
        <button v-on:click="length += 1">세로 추가</button> ---  각각 가로 혹은 세로 길이를 1만큼
        <button v-on:click="width += 1">가로 추가</button> ---   증가시키는 버튼을 보여 줍니다.
      </p>
    </div>
    <script type="text/javascript">
    var app = new Vue({
      el: '#app',
      data: {
        length: 5,    ---
        width: 3      ---- 가로와 세로 기본값을 보여 줍니다.
      },
      computed: {
        area: function() {
          return this.width * this.length;   ---- 넓이(area)에 계산된 속성을 부여합니다.
        }
      },
      watch: {
        length: function(newVal, oldVal) {
          console.log('이전 세로 길이: '
```

```
                  + oldVal +
                '\n새 세로 길이: '
                  + newVal);          ----- 세로 길이의 변경을 기록하는 함수를 보여 줍니다.
      },
      width: function(newVal, oldVal) {
        console.log('이전 가로 길이: '
                  + oldVal +
                '\n새 가로 길이: '        ----- 가로 길이의 변경을 기록하는 함수를 보여 줍니다.
                  + newVal);
      },
      area: function(newVal, oldVal) {
        console.log('이전 넓이: '
                  + oldVal +
                '\n새 넓이: '             ----- 넓이의 변경을 기록하는 함수를 보여 줍니다.
                  + newVal);
      }
    },
    beforeUpdate: function() {
      console.log('데이터 변경은 '          ····· beforeUpdate 생명 주기
              + '결괏값 변경 이전에 이루어졌습니다.');   훅 함수를 나열합니다.
    }
  });
  </script>
 </body>
</html>
```

▼ 그림 3-7 넓이 계산 애플리케이션의 초기 상태

크롬에서 이 파일을 열면, 그림 3-7과 같이 넓이(area)의 초깃값인 15가 보입니다. 자바스크립트 콘솔이 열려 있는지 확인하고, **가로 추가**와 **세로 추가** 버튼을 눌러 업데이트 주기를 트리거해 보세요. **세로 추가**와 **가로 추가** 버튼을 누를 때마다 콘솔에서 애플리케이션 데이터에 대한 메시지를 출력합니다(그림 3-8 참고).

▼ 그림 3-8 버튼 클릭에 따라 바뀌는 속성 보기

❸ 데이터가 변경된 후 넓이가 재계산되고,
가상 DOM이 업데이트되고,
HTML DOM이 패치됩니다.

❶ 버튼을 누르면 해당 버튼에
연결된 함수가 실행됩니다.

❷ 버튼에 연결된 함수로 세로(length)와 가로(width) 값이 변경됩니다.
둘 중 하나라도 값이 변경되면 업데이트 주기를 트리거합니다.

이제 애플리케이션이 어떻게 작동하는지 보았으니 코드 3-6의 데이터와 함수를 그림 3-9의 업데이트 생명 주기 다이어그램과 연결해 보겠습니다.

마지막으로 샘플 코드에서 {{area}} 바인딩을 삭제하고 웹 브라우저에서 새로 고침을 하면 콘솔창에서 버튼을 눌렀을 때의 차이점을 볼 수 있습니다(그림 3-10 참고).

출력할 계산된 속성이 없어 업데이트할 것이 없기 때문에 업데이트가 시작되지 않습니다. beforeUpdate 함수는 실행되지 않고, 이에 해당하는 메시지 또한 콘솔창에 출력되지 않습니다.

▼ 그림 3-9 인스턴스 데이터 변화는 애플리케이션 업데이트 주기의 단계적인 행동 실행

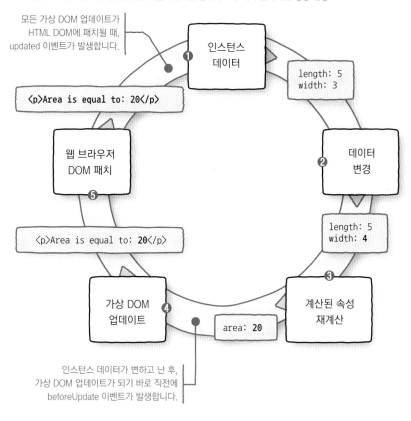

▼ 그림 3-10 아무것도 업데이트되지 않으면 메시지도 출력되지 않음

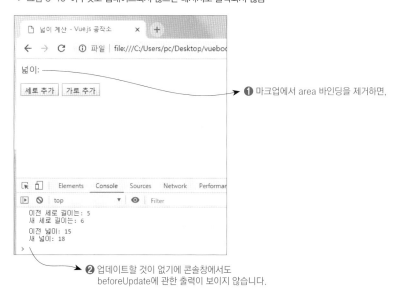

❶ 마크업에서 area 바인딩을 제거하면,

❷ 업데이트할 것이 없기에 콘솔창에서도
beforeUpdate에 관한 출력이 보이지 않습니다.

3.3.3 장바구니에 담긴 상품 개수 표시 및 테스트

계산된 속성을 어느 정도 이해했으니, 장바구니 예제를 다시 살펴보겠습니다. 코드 3-7에서 볼 수 있듯이, 장바구니에 담긴 상품 개수를 표시하는 계산된 속성을 Vue 인스턴스에 추가합시다. 옵션 (options) 객체에 계산된(computed) 객체를 추가해야 한다는 것을 잊지 마세요. 그래야 함수를 실행할 공간이 생깁니다.

코드 3-7 cartItemCount의 계산된 속성: chapter-03/cart-item-count.js, index3.7.html

```
computed: {
  cartItemCount: function() {          ---- 장바구니 배열에 있는      계산된 객체를 추가합니다.
    return this.cart.length || '';     ---- 상품 개수를 반환합니다.
  }
},
```

코드 3-7은 계산된 속성을 직접 사용하는 방법입니다. 굳이 장바구니에서 개수를 세는 메커니즘을 구현할 필요가 없기 때문에 기존 자바스크립트의 속성인 배열 길이 --length--를 사용했습니다.

코드 3-7은 데이터 객체의 속성으로 이러한 데이터를 저장하는 것이 왜 부적합한지 보여 주는 좋은 예이기도 합니다. cartItemCount 값은 사용자 행동에 대한 결과이지 데이터베이스에서 가져오는 값이 아니기 때문에 데이터 객체에서 찾지는 않습니다.

가끔 데이터 객체에 상품 개수가 들어 있을 수도 있습니다. 예를 들어 사용자가 이전 상품 목록 페이지를 보고 있었다면, 각각의 주문에 관한 상품 개수가 있을 수 있습니다. 주문이 처리되고 저장된 이후 데이터는 데이터베이스에 있기 때문에 여기까지는 우리가 생각한 것이 맞습니다.

함수가 제자리를 찾았으니, 애플리케이션 헤더에서 HTML을 추가하여 장바구니와 상품 개수를 표시할 자리를 만들 준비가 되었습니다. 코드 3-8과 같이 헤더의 마크업을 수정하세요.

코드 3-8 장바구니 지시자 추가하기: chapter-03/cart-indicator.html

```
<header>
  <div class="navbar navbar-default">
    <h1>{{sitename}}</h1>
  </div>
  <div class="nav navbar-nav navbar-right cart"> ---- 장바구니를 오른쪽 정렬합니다.
    <span class="glyphicon glyphicon-shopping-cart">
      {{cartItemCount}} ---- 계산된 속성을 표시하는 데이터 바인딩을 보여 줍니다.
    </span>
  </div>
</header>
```

헤더에 div 요소를 추가해서 장바구니 자리를 만들고, 계산된 속성 값을 표시하기 위해 cartItemCount 바인딩을 사용했습니다. 바인딩은 카운터 옆에 장바구니 아이콘을 추가할 수 있는 스타일 훅으로 사용할 span 요소로 감쌌습니다. 이제 테스트해 볼 시간입니다.

크롬에서 웹 스토어를 새로 고침한 후 **장바구니 담기** 버튼을 누를 때마다 지시자가 증가할 것입니다. 콘솔에서 장바구니(cart) 배열을 확인하면 개수가 정확한지 다시 한 번 확인할 수 있습니다(그림 3-11 참고).

❤ 그림 3-11 애플리케이션 헤더에서 변화 확인 및 콘솔에서 장바구니 검사

3.4 버튼에 사용자 편의 추가

VUE.JS

사람들은 웹 애플리케이션을 사용하거나 웹 사이트를 방문할 때 이미 다른 웹 사이트를 사용한 경험이 많기 때문에 어느 정도 기대치를 가지고 있습니다. 가장 근본적이고 깊게 뿌리 박힌 생각 중 하나는 상호 작용적 요소가 생각과 다르게 작동해서 상품이 깨지거나 잘못된 것처럼 느낄 수 있다는 것입니다. 사용자 편의(user affordance)를 쓰는 이유는 시각적인(혹은 다른) 큐와 피드백을 사용자에게 제공해서 사용자 기대치에 맞는 애플리케이션을 유지하려는 것입니다.

현재 버튼은 사용자가 상품 개수에 제한 없이 무한으로 장바구니에 담을 수 있습니다. 제한된 상품 개수, 사용자별 구매 제한, 대량 구매 할인 등 사용자가 구매할 수 있는 상품 숫자를 제한해야 하는 이유는 많습니다. 개수가 제한되어 있다면 **장바구니 담기** 버튼을 누르는 시점에서 막거나 사용자에게 클릭이 불가능하다는 것을 알려 주어야 합니다.

이렇게 하려면 사용 가능한 재고를 추적하고, 장바구니에 담겨 있는 상품의 인스턴스 개수와 비교하고, 사용자가 가능한 재고보다 더 많은 상품을 담는 것을 막아야 합니다. 재고를 추적하는 것부터 시작해 보겠습니다.

3.4.1 재고 주시

사용자가 주어진 상품을 초과해서 구매하는 것을 방지하려면 코드 3-9와 같이 상품 객체에 새로운 속성을 추가해야 합니다. 사용 가능한 재고(availableInventory) 속성은 우리 스토어에서 가진 상품의 개체별 개수를 표시할 것입니다.

코드 3-9 상품에 availableInventory 추가하기: chapter-03/available-inventory.js

```
data: {
  sitename: "Vue.js 애완용품샵 ",
  product: {
    id: 1001
    title: "고양이 사료, 25파운드",
    description: "당신의 고양이를 위한 <em>거부할 수 없는</em>,
                 유기농 25파운드 사료입니다.",
    price: 2000,
    image: "assets/images/product-fullsize.png",
    availableInventory: 5  ···· 다른 상품 데이터 다음에 availableInventory 속성을 추가합니다.
  }
  cart: []
}
```

구매하는 도중에 다른 사용자가 이미 하나 이상의 같은 상품을 구매했을 수도 있기 때문에 상품 구매를 완료하기 전에 다시 한 번 확인할 필요가 있습니다. 하지만 **장바구니 담기** 버튼을 막거나 숨겨서 나중에 사용자가 실망할 수 있는 가능성을 줄이는 방법으로 간단하게 해결할 수도 있습니다.

> ⚠ Warning 거래나 돈, 다른 어떤 것에 관해서도 클라이언트에서 오는 값들에 의존하면 안 됩니다. 애플리케이션 백엔드는 항상 들어오는 데이터를 실제가 아닌 사용자 의도로 해석해야 합니다.

3.4.2 계산된 속성과 재고 작업

availableInventory 값은 고정된 값으로 실제 재고를 관리하는 과정에서만 업데이트되기 때문에 이 값을 변경하지는 않을 것입니다(한참 뒤에서 다시 다룹니다). availableInventory 값으로 사용자가 장바구니에 담을 수 있는 상품의 양을 제한할 것입니다.

그러려면 가능한 상품 개수와 사용자 장바구니에 담긴 상품 개수를 계속해서 비교해야 합니다. 사용자가 장바구니에 상품을 담을 때, 계산된 속성을 사용해서 실시간으로 비교해 볼 것입니다.

코드 3-10 남아 있는 재고에 대한 계산된 속성: chapter-03/computed-remaining.js

```
computed: {
  cartItemCount: function() {
    return this.cart.length || '';
  },
  canAddToCart: function() { ---- canAddToCart 계산된 속성을 사용합니다.
    return this.product.availableInventory > this.cartItemCount; ----
  }                                                           이미 장바구니에 담겨 있는 상품 개수를
}                                                            availableInventory와 비교합니다.
```

객체 데이터의 속성을 사용하는 것과 동일하게 계산된 속성을 사용할 수 있기 때문에 계산된 속성인 cartItemCount를 활용할 수 있습니다. 새로 계산된 속성은 장바구니에 현재 남아 있는 재고 개수가 이미 담겨 있는 상품 개수보다 더 많은지 확인합니다. 그렇지 않다면 고객이 장바구니에 상품 최대치를 담았다는 의미로, 더 담지 못하게 막아야 합니다.

이미 눈치챘겠지만 자바스크립트에서 한 표현의 진릿값을 찾는 것이 꽤 까다롭습니다. 다음은 콘솔에서 직접 시도할 수 있는 간단한 예입니다.

엄격하지 않은(non-strict) 항등 연산자 ==를 사용할 때 정수 값 1과 문자열 값 "1"을 비교하면 true를 반환합니다. 이는 자바스크립트가 비교 연산을 하기 전에 타입 변환을 해서 '도움'이 되고자 하기 때문입니다. 엄격한(strict) 항등 연산자 ===를 사용하면 예상한 것과 같은 false 결과를 반환합니다.

canAddToCart 함수에서는 초과 연산자인 >을 사용해서 두 정수 값을 비교합니다. 이 두 값의 출처가 의심스럽거나 실제로 정수라면, parseInt 메서드를 사용해서 변환하거나 값들이 정수인지 직접 확인하는 방법으로 강제할 수 있습니다.

자바스크립트의 타입 변환과 항등 연산자에 관한 많은 글이 있지만, 가장 참고할 만한 것은 https://dorey.github.io/JavaScript-Equality-Table/에 있는 다이어그램입니다. ==와 === 탭을 꼭 비교해 보세요.

3.4.3 v-show 지시자 기초

이제 사용자가 장바구니에 담을 수 있는지 결정하는 메커니즘을 알았으니, 알맞은 인터페이스를 만들어 보겠습니다. v-show 지시자는 지정된 조건이 참(true)일 때만 마크업을 렌더링합니다. 여기서 보듯이 현재 버튼에 이를 추가하면 canAddToCart 속성이 거짓일 때 버튼이 사라지는 것을 볼 수 있습니다.

코드 3-11 v-show 지시자를 적용한 버튼: chapter-03/button-v-show.html

```
<button class="btn btn-primary btn-lg"
    v-on:click="addToCart"
    v-show="canAddToCart" ···· v-show 지시자는 canAddToCart 계산된 속성에 연결되어 있습니다.
    >장바구니 담기</button>
```

크롬에서 애플리케이션을 새로 고침하고 장바구니에 상품을 6개 담아 보세요. 아마 다섯 번째 클릭에서 버튼이 사라질 것입니다. 그림 3-12와 같이 CartItemCount 값이 availableInventory 값과 같아져서 거짓(false)이 되기 때문입니다.

❤ 그림 3-12 재고가 비면 〈장바구니 담기〉 버튼이 사라짐

v-show 지시자는 우리가 지금까지 본 지시자들과 조금 다르게 작동합니다. 표현식이 거짓이면, Vue는 인라인으로 CSS의 display 속성을 none으로 지정합니다. 이는 뷰에서 요소(그리고 해당 요소의 콘텐츠)를 효과적으로 숨길 수 있지만, DOM에는 여전히 남아 있습니다. 나중에 표현식이 참(true)을 반환하면 인라인 스타일이 제거되고, 사용자는 다시 해당 요소를 볼 수 있습니다.

> Note ☰   이 동작의 한 가지 부작용은 인라인으로 정의한 display 속성이 덮어 쓰인다는 것입니다. 걱정하지 마세요. Vue가 입력한 display:none을 제거할 때 원상 복귀됩니다. 그래도 스타일시트에 클래스를 정의하고 인라인 스타일을 피하는 것이 가장 좋습니다.

또 염두에 두어야 할 점은 v-show 지시자는 여러 근접한 요소보다 하나에 연결되어 있을 때 가장 효율적이라는 것입니다. 다음과 같이 예를 들어 보겠습니다.

코드 3-12 v-show로 콘텐츠 감싸기: chapter-03/wrap-content.html

```
// 이것보다는
<p v-show="showMe">Some text</p>
<p v-show="showMe">Some more text</p>     근접한 요소에서 v-show 지시자 사용은 피하세요.
<p v-show="showMe">Even more text</p>


// 이것이 낫습니다.
<div v-show="showMe">
  <p>Some text</p>
  <p>Some more text</p>     그 대신에 근접한 요소를 묶어 하나의 v-show 지시자를 사용하세요.
  <p>Even more text</p>
</div>
```

정확하게는 애플리케이션 어디에서나 v-show를 사용해도 됩니다. 성능을 더 좋게 하는 것과 코드 요소를 같이 변경하는 것을 깜빡할 수 있기 때문에 가능하면 데이터에 반응하는 여러 요소를 합치면 가장 좋습니다. 재고가 다 떨어졌을 때 **장바구니 담기** 버튼을 없애는 방법은 확실히 잘 작동합니다만 조금 과감하기도 합니다. 다른 방법을 시도해 보겠습니다.

3.4.4 v-if와 v-else를 사용해서 버튼 비활성화

장바구니 담기 버튼을 없애서 사용자가 너무 많은 객체를 장바구니에 담는 것은 막을 수 있었지만 지나치게 일이 많습니다. 사용자에게 비활성화된 버튼을 렌더링해서 보여 주는 것이 더 유익할 수 있습니다. 이렇게 해야 최대한 인터페이스의 연속성을 흐리지 않고, 레이아웃을 유지하기 때문입니다.

v-if와 v-else 지시자는 주어진 표현식의 진릿값에 따라 두 가지 선택 중 하나를 표시하는 데 사용됩니다. 코드 3-11과 같이 canAddToCart를 조건으로 사용하겠습니다.

그림 3-13에서 v-if 지시자가 어떻게 작동하는지 볼 수 있습니다. canAddToCart가 참이면 버튼이 생기고, 아니면 버튼이 생기지 않습니다.

❤ 그림 3-13 v-if 지시자 조건이 작동하는 방법을 설명하는 다이어그램

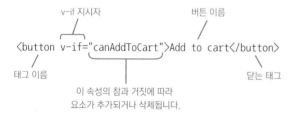

코드 3-13에서는 v-if와 v-else 지시자가 어떻게 함께 작동하는지 볼 수 있습니다.

코드 3-13 v-if와 v-else 지시자를 사용한 버튼: chapter-03/v-if-and-v-else.html

v-if와 v-else를 같이 사용할 때 마크업에는 조건이 참일 때 사용할 것과 거짓일 때 사용할 요소가 2개 필요합니다. 추가로 이 두 요소는 마크업에 나란히 나열해야 Vue가 올바르게 바인딩할 수 있습니다.

코드 3-13에서는 다른 버튼 요소를 2개 사용합니다.

- canAddToCart가 참이면 우리가 사용한 버튼을 addToCart 이벤트 바인딩과 기본 CSS 클래스와 함께 렌더링합니다.
- canAddToCart가 거짓이면 이벤트 바인딩이 없는 버튼을 렌더링해서 클릭이 불가능하게 하고, 비활성화(disabled) CSS 클래스를 사용해서 이에 알맞은 모습으로 만들어 줍니다.

이제 크롬에서 애플리케이션을 실행하면 장바구니에 상품을 5개 담았을 때 활성화되던 버튼(그림 3-14 참고)이 비활성화되는 것을 볼 수 있습니다.

v-if와 v-else 지시자를 사용해서 Vue.js는 (거짓일 때) DOM에서 한 요소를 제거하고, (참일 때) 다른 요소를 제거합니다. 이 모든 과정은 DOM에 단일 혹은 동시 업데이트의 일부로 이루어집니다. 콘솔에서 availableInventory 값으로 이것저것 해 보면서 해당 요소의 display 속성을 주시하세요.

❤ 그림 3-14 v-if와 v-else를 사용해서 재고가 비었을 때 버튼을 완전히 없애지 않고 비활성화된 버튼을 렌더링할 수 있음

v-show 지시자를 사용할 때와 마찬가지로 v-if와 v-else를 붙일 수 있는 단일 컨테이너 요소에 붙이는 게 좋습니다. 특히 여기서 볼 수 있듯이, v-else 마크업은 무조건 v-if 마크업에 붙여야 합니다.

```
// 이렇게 하면 안 됩니다.
<p v-if="showMe">The if text</p>          ┐
<p>Some text related to the if text</p>    ├─── 이렇게 하면 안 됩니다.
<p v-else>The else text</p>                ┘    v-if와 v-else가 두 번째 문단 요소
                                                때문에 나뉘어 있습니다.


// 이렇게도 안 됩니다.
<div>                                 ┐
  <p v-if="showMe">The if text</p>    │
</div>                                ├─── 이렇게 하면 안 됩니다.
<div>                                 │    v-if와 v-else가 서로 붙어 있지 않습니다.
  <p v-else>The else text</p>         │
</div>                                ┘


// 그 대신에 그룹화하세요.
<div v-if="showMe">                          ┐
  <p>The if text</p>                          │
  <p>Some text related to the if text</p>     │─── 이렇게 하면 됩니다.
</div>                                         │    관련된 콘텐츠를 요소 하나로 감싼 후
<div v-else>                                   │    v-if와 v-else를 해당 요소에 연결합니다.
  <p>The else text</p>                         │
</div>                                         ┘
```

여기서 목표는 그룹화 컨테이너의 역할로 바깥 요소에서 주어진 조건에 대한 DOM 요소를 담아 두는 것입니다. 나중에는 템플릿이나 컴포넌트를 사용해서 조건에 대한 마크업을 분리하는 전략들을 살펴볼 것입니다. 이것으로 메인 애플리케이션 자체의 마크업양을 크게 줄일 수 있습니다.

3.4.5 토글 기능이 있는 〈장바구니 담기〉 버튼 추가

체크아웃 페이지에 사용할 버튼을 추가하겠습니다. 애플리케이션에 새 메서드와 속성을 추가하는 것으로 시작해 봅시다.

```
data: {
  showProduct: true,  ···· 이 속성은 상품 페이지를 보여 줄지 체크합니다.
  ...
},
methods: {
```

```
...
  showCheckout() {  ···· showCheckout 메서드는 〈장바구니 담기〉 버튼을 누른 후 실행됩니다.
    this.showProduct = this.showProduct ? false : true;  ···· 참과 거짓을 전환하는
                                                               삼항 연산을 보여 줍니다.
  },
}
```

새로운 속성인 showProduct는 체크아웃 페이지 표시를 전환할 것입니다. 더 자세히 알아봅시다. showCheckout 메서드는 자바스크립트의 삼항 연산을 사용해서 showProduct 속성을 전환합니다. 삼항 연산자(ternary operator)는 if 문의 단축문이며 매개변수가 3개 있습니다. 첫 번째 매개변수는 조건으로, 여기서는 this.showProduct에 해당합니다. 참이면 첫 번째 표현식(False)을 반환합니다. 거짓이면 마지막 표현식(True)을 반환합니다. 삼항 조건 연산자는 빠르게 조건문을 만들어야 할 때 아주 유용합니다.

showCheckout() 이후에 메서드 정의에 function() 정의가 빠져 있는 것을 볼 수 있습니다. ES2015라고도 하는 ES6 문법에서는 더 짧은 구문의 메서드 정의가 가능합니다. 앞으로는 메서드 정의에 이 구문을 사용하겠습니다.

이제 뷰에 버튼을 추가하고 클릭 이벤트를 연결하겠습니다.

코드 3–16 〈장바구니 담기〉 버튼 추가하기: chapter–03/add–cart–button.html

```html
<div class="nav navbar-nav navbar-right cart">
  <button type="button"
      class="btn btn-default btn-lg"
      v-on:click="showCheckout">
    <span class="glyphicon glyphicon-shopping-cart">
      {{cartItemCount}}
    </span>
    <span>체크아웃</span>
  </button>
</div>
```

버튼을 누르면 showCheckout 메서드가 실행되고, showProduct 메서드가 상태를 전환 혹은 뒤집습니다. 체크아웃 정보를 어딘가에는 넣어야 하므로 여기서 **체크아웃** 버튼은 중요합니다. 다음 절에서 자세히 알아보겠습니다.

3.4.6 v-if를 사용해서 체크아웃 페이지 표시

애플리케이션이 너무 밋밋합니다. 웹 페이지 하나에 상품을 하나만 보여 주고 있죠. 더 완벽하게 만들려면 체크아웃 정보를 보여 주는 다른 웹 페이지가 필요합니다. 여러 방법을 사용할 수 있습니다. 7장에서는 애플리케이션을 더 작은 재활용 가능한 조각으로 나누는 방법을 배울 것입니다. 이는 체크아웃 페이지를 추가하는 방법 중 하나입니다.

다른 방법으로는 v-if 지시자로 뷰를 묶어 일전에 만든 showProduct 속성에 연결하는 것입니다. 코드 3-17과 같이 v-if 지시자를 index 파일 상단에 main과 div 요소 다음에 추가합니다.

코드 3-17 v-if를 사용해서 체크아웃 페이지 표시하기: chapter-03/v-if-checkout.html

```
<main>
  <div class="row product">
    <div v-if="showProduct">  ···· showProduct가 참일 때 표시할 v-if 지시자입니다.
    ...  ···· 상품 그림과 설명을 포함한 뷰의 상품 리스트를 보여 줍니다.
    </div>
    <div v-else>
    ...  ···· 체크아웃 페이지가 들어갈 자리입니다.
    </div>
  </div>
</main>
```

앞서 **체크아웃** 버튼을 만들었습니다. 버튼을 누르면 showProduct 속성이 참에서 거짓 혹은 거짓에서 참으로 전환됩니다. 이는 코드 3-17의 v-if 지시자를 실행합니다. 이 장에서 계속 만드는 상품 정보가 표시되거나 상단에 내비게이션만 있는 빈 화면이 표시됩니다(그림 3-15 참고).

▼ 그림 3-15 〈체크아웃〉 버튼을 누른 후의 웹 스토어 뷰(〈체크아웃〉 버튼을 다시 누르면 상품 페이지를 보여 준다)

지금은 그림 3-15의 빈 화면은 걱정하지 마세요. 다음 장에서 다양한 입력 바인딩을 알아보면서 처리하겠습니다.

3.4.7 v-show와 v-if/v-else 비교

사용자와 개발자 모두에게 v-show와 v-if/v-else는 둘 다 장단점이 있습니다. 알다시피 v-show 지시자는 CSS를 사용해서 요소를 숨기거나 보여 주는 반면, v-if/v-else 지시자는 DOM에서 콘텐츠를 제거합니다. 그렇다면 언제 무엇을 쓸지는 무엇을 하고 싶은지에 달려 있습니다. 이 둘을 비교하는 가장 좋은 방법은 각각의 사용 예를 생각해 보는 것입니다.

v-show 지시자는 '다른(else)' 사례가 없을 때 가장 적합합니다. 조건이 참일 때 보여 줄 마크업은 있는데, 거짓일 때 보여 줄 콘텐츠가 없을 때를 의미합니다. 다음은 v-show가 올바른 선택일 수 있는 사용 사례입니다.

- 세일 발표나 이용 약관의 변화 같은 일시적인 메시지 배너
- 사용자가 로그인하지 않았을 때 가입이나 기타 유도 광고
- 여러 웹 페이지에 걸쳐 있는 리스트의 페이징 요소(한 페이지에 들어갈 때는 필요 없음)

v-if와 v-else 지시자는 마크업 덩어리 2개 중 하나가 렌더링되어야 할 때 적합한 선택입니다. 하지만 둘 중에 적어도 하나는 무조건 보여야 합니다. 다른 사례가 없다면 v-show가 더 적합합니다. 다음은 v-if와 v-else를 사용하는 몇 가지 시나리오입니다.

- 로그아웃된 사용자에게 로그인 링크를 보여 주거나 로그인된 사용자에게 로그아웃 링크를 보여 줄 때
- 사용자 선택에 따른 국가별 주소 입력란 같은 조건적인 형식 입력 섹션을 렌더링할 때. 예를 들어 미국 주소 입력 형식은 '주(state)' 입력란을 보여 주고, 캐나다 주소 입력 형식은 '지방(province)' 입력란을 보여 주는 것
- 검색 결과 리스트 혹은 검색하지 않았을 때 입력 콘텐츠(이후 장에서 v-else-if를 사용해서 세 번째 상태를 추가하는 예를 살펴보겠습니다)

하나의 조건부 또는 다른 하나를 사용해야 하는 시나리오는 무한히 존재합니다. 어떤 것이 가장 적합한지 판단하는 가장 좋은 방법은 표시하고 싶은 예외나 기본 콘텐츠가 있는지 생각해 보는 것입니다. 다음 장부터는 고양이 사료 이외의 상품들도 추가해서 잠재적인 사용자에게 좀 더 유용한 웹 스토어를 만들어 보겠습니다.

3.5 연습 문제

이 장에서 배운 내용을 바탕으로 다음 문제에 답하세요.

- 초기 장에서 계산된 속성과 메서드를 알아보았습니다. 이 둘은 어떤 차이점이 있나요?

부록 B에서 답을 확인하세요.

3.6 요약

- 계산된 속성으로 데이터 객체 안에 없는 데이터를 표시합니다.
- v-if와 v-else 지시자를 사용해서 조건에 따른 애플리케이션 일부를 보여 줍니다.
- 메서드를 사용해서 애플리케이션에 더 많은 기능을 추가합니다.

4^장

폼과 입력

이 장에서 다룰 핵심 내용

- DOM에 값 바인딩
- 텍스트 바인딩 사용
- 수식어

1장 이후로 애플리케이션에 변화가 많았습니다. 상품을 만들고, 사용자가 장바구니에 상품을 담을 수 있게 했습니다. 이제 사용자가 체크아웃하고 필요한 정보를 입력할 방법이 필요합니다. 애플리케이션에 입력 폼을 추가해서 사용자가 주소와 결제 정보를 입력할 수 있게 하겠습니다. 그리고 나중을 위해 해당 정보를 저장하겠습니다.

일단은 애플리케이션 모델에 폼 데이터를 연결해야 합니다. v-model 지시자는 바로 이럴 때 사용합니다.

Note ≡ v-model 지시자는 폼 혹은 텍스트 영역 입력과 템플릿에 양방향 데이터 바인딩을 생성합니다. 이것으로 애플리케이션 모델의 데이터가 UI와 항상 동기화할 수 있습니다.

Note ≡ **양방향 데이터 바인딩 vs. 단방향 데이터 바인딩**

실제로 양방향 데이터 바인딩(그림 4-1 참고)이 해결책이 될 수도 있고, 그렇지 않을 수도 있습니다. 몇몇 상황에서 사용자 입력으로 받은 데이터는 절대 변하지 않습니다. 리액트(React)와 앵귤러 2(Angular 2) 같은 프레임워크는 기본적으로 단방향 데이터 바인딩입니다. 앵귤러 1(Angular 1)은 양방향으로 시작했다가 성능 관리를 이유로 앵귤러 2에서는 단방향으로 바뀌었습니다. 단방향 데이터 바인딩은 입력 내용이 바뀌어서 가지고 있는 데이터가 모델에서 뷰로 동기화되지 않았을 때 일어납니다. 모델 혹은 뷰에서 값을 변경하려면 추가적인 로직이 필요합니다. 엠버(Ember.js)는 양방향 데이터 바인딩을 고수합니다. 데이터는 v-model 지시자를 사용해서 양방향으로 연결됩니다. 또 Vue에서는 v-once 지시자를 사용해서 특정 속성을 단방향으로 지정할 수도 있습니다.

v-once 지시자는 하나의 요소나 컴포넌트를 딱 한 번 렌더링합니다. 추가적으로 렌더링할 때는 이미 만든 요소나 컴포넌트를 정적인 콘텐츠로 인식하여 건너뜁니다. v-once 지시자를 더 알고 싶으면 https://vuejs.org/v2/api/#v-once에서 공식 API 문서를 확인하세요.

책 후반에는 여러 컴포넌트 속성과 이 속성들이 다른 컴포넌트로 어떻게 전달되는지 알아보겠습니다. 이 속성은 부모 속성과 자식 속성 사이의 단방향 바인딩을 형성합니다. 나중에 유용하게 사용할 것입니다.

v-model 지시자는 텍스트 박스, 텍스트 영역, 체크 박스, 라디오 버튼, 셀렉트 드롭다운을 포함하는 여러 종류의 폼 입력을 위해 만들었습니다. 체크아웃 폼을 만들 때 이 모든 요소를 사용할 것입니다. v-model 지시자를 사용해 보고, 바인딩 입력과 함께 작동하는 방법을 살펴보겠습니다.

❤ 그림 4-1 뷰가 모델을 업데이트하면서 모델이 뷰를 업데이트

양방향 데이터 바인딩

뷰 | 모델

뷰의 변화는 모델을 업데이트합니다.

모델의 변화는 뷰를 업데이트합니다.

4.1 v-model 바인딩 사용

애플리케이션의 모델 바인딩은 템플릿을 사용하여 사용자 입력 데이터의 업데이트를 도와줍니다. 지금까지는 주로 Vue 데이터 객체를 사용해서 정적 정보를 보여 주었습니다. 애플리케이션과 상호 작용은 버튼을 몇 번 누른 것이 전부입니다. 사용자가 체크아웃할 때 배송 정보를 입력할 방법이 필요합니다. v-model 지시자를 사용해서 폼 입력을 계속 주시하고, 기본 입력 바인딩을 사용해서 애플리케이션에 반응성을 추가하겠습니다.

들어가기에 앞서 2장에서 사용한 v-model과 v-bind 지시자가 어떤 차이점이 있는지 궁금할 수 있으니 한번 살펴봅시다. v-model은 주로 입력과 폼 바인딩에 사용됩니다. 이 장에서는 v-model을 사용해서 체크아웃 페이지의 텍스트 입력을 바인딩할 것입니다. v-bind는 주로 HTML 속성 바인딩에 사용됩니다. 예를 들어 <img> 태그의 src 속성이나 <div> 태그의 클래스 속성에 v-bind를 사용할 수 있습니다. 둘 다 유용하지만, 서로 전혀 다른 상황에서 사용합니다. 이 장 후반부에서 v-bind 지시자를 더 알아보겠습니다.

v-model 지시자는 사실 v-bind 지시자를 사용합니다. <input v-model="something">이 있다고 합시다. v-model 지시자는 <input v-bind:"something" v-on:input="something=$event.target">의 문법적 설탕[1]입니다. 어찌 되었든 v-model 지시자가 훨씬 입력하기도 쉽고 이해하기도 쉽습니다.

시작하려면 일단 새로운 HTML을 애플리케이션에 추가해야 합니다. 이전 장에서 만든 index.html 파일을 열고 v-else 지시자를 찾아보세요(3장의 index.html 파일을 내려받아도 됩니다). 이 장에서는 <div> 태그 내에 HTML 코드를 삽입하겠습니다. 7장에서는 애플리케이션을 여러 컴포넌트로 분리하는 방법을 알아볼 것입니다. 지금은 v-if 지시자를 사용해서 체크아웃 페이지를 표시해 봅시다.

▼ 그림 4-2 v-model 지시자 자세히 보기

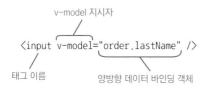

---

1 **역주** 사람이 이해하기 쉽고 표현하기 쉽게 컴퓨터 언어를 디자인해 놓은 문맥을 의미합니다(출처: 제타위키).

이전 장들과 마찬가지로 각 코드 스니펫은 자체 파일로 분할됩니다. 코드 4-1을 index.html 파일과 합쳐야 완전한 애플리케이션이 됩니다.

코드 4-1 성과 이름 입력의 v-model 지시자: chapter-04/first-last.html

```html
<div class="col-md-6">
  <strong>이름:</strong>
  <input v-model="order.firstName"    ---- firstName과 lastName이 v-model을 사용해서 바인딩되어 있습니다.
      class="form-control" />
</div>
<div class="col-md-6">
  <strong>성:</strong>
  <input v-model="order.lastName"
      class="form-control" />
</div>
<div class="col-md-12 verify">
  <pre>
    이름: {{order.firstName}} ---
    성: {{order.lastName}} --- firstName과 lastName 속성은 입력 값이 변할 때마다 실시간으로 표시됩니다.
  </pre>
</div>
```

코드 4-1에서는 성과 이름을 입력하는 텍스트 박스가 2개 있고, 각 텍스트 박스는 실시간으로 동기화된 속성과 연결되어 있습니다. 이 속성은 데이터 객체에서 생성됩니다. 간단하게 order 속성을 사용해서 해당 속성을 Vue 인스턴스 데이터 객체에 저장합시다.

데이터 객체 내에서 새로운 order 속성을 추가해야 합니다. 이 속성으로 성과 이름 값을 계속해서 주시할 것입니다. 코드 4-2를 이전 장에서 사용한 index.html 파일의 데이터 객체에 추가하세요.

코드 4-2 Vue 인스턴스 데이터 객체 order 속성: chapter-04/data-property.js

```js
data: {
  sitename: 'Vue.js 애완용품샵',
  showProduct: true,
  order: {
    firstName: '',
    lastName: ''
  },
```

코드 4-2의 order 객체는 Vue 생성자 내에 있는 데이터 객체에 속해 있습니다. 2장에서 배운 수염 구문 {{ }}을 사용해서 코드 내 어디에서든 order 객체를 참조할 수 있습니다. 예를 들어

{{order.firstName}}을 사용하면 안의 내용이 order 객체의 firstName으로 바뀝니다. 객체 내에 order 정보를 담아 둠으로써 나중에 데이터가 어디 있는지 쉽게 알아낼 수 있습니다.

사실 firstName과 lastName 속성을 명시적으로 정의하지 않고, 빈 order 객체를 사용할 수도 있습니다. Vue.js는 암묵적으로 해당 속성을 추가합니다. 헷갈릴 수 있고 코드도 깔끔하게 유지하기 위해 여기서는 해당 속성을 추가해서 전체적으로 어떻게 작동하는지 살펴보겠습니다.

체크아웃 폼에 데이터를 입력하면, 박스에 실시간으로 값들이 보입니다(그림 4-3 참고). 이것이 양방향 데이터 바인딩의 꽃입니다. 별다른 로직 없이도 값들이 자동으로 동기화됩니다.

▼ 그림 4-3 하단에 있는 박스에 텍스트를 실시간으로 업데이트

여기까지가 체크아웃 페이지의 시작 부분입니다. index.html 파일에 폼 입력을 추가해서 사용자가 주소 정보를 입력할 수 있게 하겠습니다. 코드 4-1에 추가한 HTML 코드 뒤에 코드 4-3을 추가하면 됩니다.

코드 4-3 텍스트 입력과 셀렉트 박스 추가하기: chapter-04/text-input.html

```
<div class="form-group">
  <div class="col-md-12"><strong>주소:</strong></div>
  <div class="col-md-12">
    <input v-model="order.address" ····· v-model로 연결한 입력 텍스트입니다.
        class="form-control" />
  </div>
</div>
<div class="form-group">
  <div class="col-md-12"><strong>도시:</strong></div>
  <div class="col-md-12">
    <input v-model="order.city" ····· v-model로 연결한 입력 텍스트입니다.
        class="form-control" />
```

```
    </div>
  </div>
  <div class="form-group">
    <div class="col-md-2">
    <strong>주:</strong>
      <select v-model="order.state"  ···· v-model로 연결한 셀렉트 입력입니다.
          class="form-control">
        <option disabled value="">주</option>
        <option>AL</option>
        <option>AR</option>
        <option>CA</option>
        <option>NV</option>
      </select>
    </div>
  </div>
  <div class="form-group">
    <div class="col-md-6 col-md-offset-4">
    <strong>우편번호:</strong>
      <input v-model="order.zip"  ···· v-model로 연결한 입력 텍스트입니다.
          class="form-control" />
    </div>
  </div>
  <div class="col-md-12 verify">
    <pre>  ···· <pre> 태그는 데이터를 표시합니다.
      이름: {{order.firstName}}
      성: {{order.lastName}}
      주소: {{order.address}}
      도시: {{order.city}}
      우편번호: {{order.zip}}
      주: {{order.state}}
    </pre>
  </div>
```

주소, 도시, 주, 우편번호 폼 필드를 추가했습니다. 주소, 도시, 우편번호는 v-model 지시자를 사용하여 바인딩한 텍스트 입력입니다. 주를 선택하는 것은 조금 다릅니다. 텍스트 박스가 아닌 셀렉트 드롭다운을 사용합니다. 셀렉트 요소에 v-model을 추가했습니다.

셀렉트 드롭다운에 주를 추가할 때는 어떻게 해야 할지 궁금할 수 있습니다. 이번 예제에서는 간단하게 주 4개를 모두 직접 입력해도 괜찮습니다. 주 50개를 모두 추가해야 한다면 동적으로 셀렉트 박스를 생성해야 합니다. 다음 절에서는 값 바인딩을 사용해서 동적 옵션을 생성해 보겠습니다.

더 나아가기 전에 Vue 인스턴스 데이터 객체에 새 속성을 추가하는 것을 잊지 마세요.

코드 4-4 새 속성으로 Vue 인스턴스 데이터 객체 업데이트하기: chapter-04/data-new-properties.js

```
data: {
  sitename: "Vue.js 애완용품샵",
  showProduct: true,
  order: {
    firstName: '',
    lastName: '',
    address: '',
    city: '',
    zip: '',
    state: ''
  },
```

그림 4-3과 같이 폼 요소의 속성이 변하면 밑에 있는 ⟨pre⟩ 태그 내 값을 업데이트합니다. 웹 브라우저를 새로 고침하면 그림 4-4와 같은 새로운 폼의 모습을 볼 수 있습니다.

▼ 그림 4-4 체크아웃 페이지에 주소, 도시, 주, 우편번호 폼 필드 추가

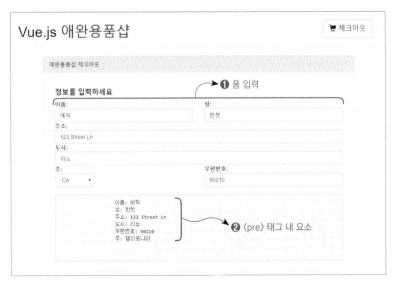

지금까지 체크아웃 페이지도 좋지만, 추가해야 할 것이 2개 더 있습니다. 사용자에게 상품을 선물로 보낼 수 있는 옵션을 줍시다. 일단 간단한 체크 박스를 추가하겠습니다. 체크 박스가 체크되어 있으면 해당 상품을 선물로 보내고, 체크되어 있지 않으면 선물로 보내지 않도록 하겠습니다. order.gift 속성을 사용하여 계속해서 바인딩을 주시합니다.

다음으로 사용자에게 집 혹은 직장 주소로 보낼 수 있는 옵션을 제공할 것입니다. 라디오 버튼을 추가합시다. Vue에서는 각각의 체크 박스 값에 모두 같은 v-model 지시자를 설정하지 않으면 라디오 버튼을 클릭해도 업데이트되지 않습니다.

마지막으로 코드 4-5와 같이 〈pre〉 태그를 order.method와 order.gift로 업데이트하겠습니다. 코드 4-5를 index.html 파일에 있는 코드 4-3에 추가하세요.

코드 4-5 체크 박스와 라디오 버튼 추가하기: chapter-04/adding-buttons.html

```
<div class="form-group">
  <div class="col-md-6 boxes">
    <input type="checkbox"
        id="gift"
        value="true"
        v-model="order.gift">  ···· v-model을 포함한 체크 박스를 추가합니다.
    <label for="gift">선물로 보내기?</label>
  </div>
</div>
<div class="form-group">
  <div class="col-md-6 boxes">
    <input type="radio"
        id="home"
        value="Home"
        v-model="order.method">
    <label for="home">자택</label>          v-model을 포함한 라디오 버튼을 추가합니다.
    <input type="radio"
        id="business"
        value="Business"
        v-model="order.method">
    <label for="business">직장</label>
  </div>
</div>
<div class="col-md-12 verify">
  <pre>  ···· order.method와 order.gift로 〈pre〉 태그를 업데이트합니다.
    이름: {{order.firstName}}
    성: {{order.lastName}}
    주소: {{order.address}}
    도시: {{order.city}}
    우편번호: {{order.zip}}
    주: {{order.state}}
    주소지: {{order.method}}
    선물: {{order.gift}}
  </pre>
</div>
```

코드 4-6을 추가해서 데이터 객체에 속성을 추가하겠습니다.

```
data: {
  sitename: "Vue.js 애완용품샵",
  showProduct: true,
  order: {
    firstName: '',
    lastName: '',
    address: '',
    city: '',
    zip: '',
    state: '',
    method: '자택',
    gift: false
  },
```

method와 gift를 기본값으로 추가했습니다. 이유는 간단합니다. 기본적으로 라디오 버튼은 체크 되어 있지만, 체크 박스는 그렇지 않습니다. 따라서 지금은 초깃값을 설정하는 것이 맞습니다.

마지막으로는 **주문하기(제출)** 버튼을 추가해야 합니다. 지금은 추가만 하고 나중에 사용하도록 하 겠습니다. **주문하기** 버튼을 만드는 데는 두 가지 방법이 있습니다. 모든 입력을 포함하는 폼 요소 에 액션을 부여할 수 있습니다(6장에서 다시 살펴봅니다). 그 대신에 3장에서는 배운 v-on 지시자 를 사용해 봅시다. v-on 지시자는 DOM 요소에 함수를 바인딩할 수 있습니다. **주문하기** 버튼에 클릭 이벤트를 추가하세요. 코드 4-5 다음에 코드 4-7을 추가하면 됩니다.

```
<div class="form-group">
  <div class="col-md-6">
    <button type="submit"
        class="btn btn-primary submit"
        v-on:click="submitForm">주문하기</button> ---- 〈주문하기〉 버튼에 v-on 지시자가 있습니다.
  </div>
</div>
```

이후 장에서 **주문하기** 버튼에 기능을 추가할 예정입니다. 지금은 간단한 함수를 만들어 알림창 을 추가해서 버튼이 잘 작동하는지만 확인하겠습니다. 코드 4-8과 같이 index.html 파일에 있는 methods 객체에 submitForm 함수를 추가하세요.

```
methods: {
  submitForm() {
    alert('제출 완료');
...
  }
},
```

Vue 생성자는 애플리케이션 안에서 트리거되는 모든 함수를 포함한 methods 객체를 가지고 있습니다. submitForm 함수가 실행되면 알림창을 띄울 것입니다. 웹 브라우저에서 **주문하기** 버튼을 누르면 submitForm 함수가 띄운 해당 팝업창을 볼 수 있습니다(그림 4-5 참고).

▼ 그림 4-5 submitForm 함수가 실행되면 팝업창 띄우기

이 페이지 내용:

제출 완료

확인

주문하기 버튼이 있는 폼을 만들었으니 모든 코드를 합치면 그림 4-6과 같습니다.

▼ 그림 4-6 모든 폼 요소를 포함하는 체크아웃 완성 페이지

폼 안의 각 속성은 Vue.js 모델에 연결되어 있습니다. 이제 더 쉽게 입력 바인딩하는 방법을 살펴보겠습니다.

4.2 값 바인딩 살펴보기

지금까지 v-model 지시자를 사용하여 아주 유용하게 기본적인 입력을 바인딩했습니다. 하지만 문제가 있습니다. 어떻게 체크 박스, 라디오 버튼, 셀렉트 드롭다운에 값을 바인딩할 수 있을까요? 일전에 체크 박스와 라디오 버튼의 값을 직접 작성했던 것을 기억할 것입니다. 셀렉트 박스에는 아무 값도 넣지 않았습니다. 모든 HTML 요소의 셀렉트 옵션에는 값이 있어야 합니다. 직접 값을 작성하지 않고, 데이터 객체에서 가져온 속성을 이용해서 셀렉트 박스, 체크 박스, 라디오 버튼을 다시 작성하겠습니다. v-bind 지시자를 사용해서 체크 박스를 업데이트하는 것으로 시작해 봅시다.

4.2.1 체크 박스에 값 바인딩

첫 번째 예제에서 체크 박스는 order.gift 속성에 바인딩되어 참(true) 혹은 거짓(false) 값을 줄 수 있었습니다. 사실 사용자는 참 혹은 거짓을 보고 싶지 않습니다. 주문 상품이 선물로 배송되는지에 대한 메시지를 보고 싶을 것입니다. 추가해 봅시다.

v-bind 지시자는 HTML 요소의 속성에 값을 바인딩합니다. 여기서는 true-value 속성을 연결하겠습니다. true-value 속성은 v-bind 지시자에 유일하며, 체크 박스의 체크 여부에 따라 속성을 참 혹은 거짓 값으로 바인딩할 수 있습니다. 이는 order.gift 값을 바꿉니다. 코드 4-9에서는 true-value가 order.sendGift 속성에 바인딩되어 있습니다. 체크 박스가 체크되어 있으면 order.dontSendGift 속성이 표시됩니다. index.html 파일에서 코드 4-9를 코드 4-8 다음에 추가하세요.

코드 4-9 선물 체크 박스에 참, 거짓 값 바인딩하기: chapter-04/true-false.html

```
<div class="form-group">
  <div class="col-md-6 boxes">
    <input type="checkbox"
        id="gift" value="true"
        v-bind:true-value="order.sendGift"    ···· 체크 박스에 체크하면 order.sendGift 속성으로 설정합니다.
```

```
          v-bind:false-value="order.dontSendGift"  ·············
          v-model="order.gift">  ···· 입력에 order.gift를 바인딩합니다.    체크 박스에 체크를 취소하면
    <label for="gift">선물로 보내기?</label>                            order.dontSendGift 속성으로
  </div>                                                               설정합니다.
</div>
```

바인딩이 제대로 작동하려면 코드 4-10과 같이 order 객체에 새로운 속성을 추가해야 합니다. index.html 파일에 있는 order 객체를 sendGift와 dontSendGift 속성 값으로 업데이트하세요.

코드 4-10 order 객체에 sendGift 속성 추가하기: chapter-04/prop-gift.js

```
order: {
  firstName: '',
  lastName: '',
  address: '',
  city: '',
  zip: '',
  state: '',
  method: '직장',
  gift: '선물로 보내기',  ···· 체크 박스의 기본값은 '선물로 보내지 않기'입니다.
  sendGift: '선물로 보내기',  ···· order.sendGift 속성은 체크 박스가 체크되어 있을 때 보이는 문자 메시지입니다.
  dontSendGift: '선물로 보내지 않기'  ···· order.dontSendGift 속성은 체크 박스가 체크되어
},                                         있지 않을 때 보이는 문자 메시지입니다.
```

데이터 객체가 점점 커지고 있습니다. 이제는 체크 박스의 체크 여부에 다른 텍스트 값도 넣을 수 있습니다. 웹 페이지를 새로 고침하고 **선물로 보내기** 체크 박스 선택을 취소하세요. 하단에 있는 상자를 보겠습니다(그림 4-7 참고). UI에서 {{order.gift}}에 새로운 값이 나타난 것을 볼 수 있습니다.

❤ 그림 4-7 {{order.gift}} 속성 표시

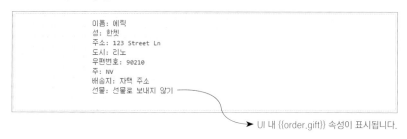

```
이름: 에릭
성: 한켓
주소: 123 Street Ln
도시: 리노
우편번호: 90210
주: NV
배송지: 자택 주소
선물: 선물로 보내지 않기
```

➤ UI 내 {{order.gift}} 속성이 표시됩니다.

체크 박스를 선택하고 취소함에 따라 '선물로 보내지 않기' 혹은 '선물로 보내기' 문자열로 값이 변합니다. order.gift 속성 값을 '선물로 보내기'로 설정했기 때문에 체크 박스가 기본적으로 체크

되어 있습니다. 필요하면 다른 값으로 설정할 수도 있습니다. 그렇게 하면 체크 박스가 체크되어 있지 않은 상태로 표시됩니다.

4.2.2 값 바인딩과 라디오 버튼 작업

체크 박스와 마찬가지로 라디오 버튼에도 값을 지정할 수 있습니다. 값을 직접 바인딩하면 됩니다. 이 기능은 애플리케이션에 유용할 수 있습니다. 사용자가 '자택' 라디오 버튼을 선택하면 사용자에게 '자택 주소'를 표시하고, '직장' 라디오 버튼을 선택하면 '직장 주소'를 표시합니다. index.html 파일에서 코드 4-11을 코드 4-9 다음에 추가하세요.

코드 4-11 라디오 버튼에 값 바인딩하기: chapter-04/radio-bind.html

```
<div class="form-group">
  <div class="col-md-6 boxes">
    <input type="radio"
        id="home"
        v-bind:value="order.home"      ····  첫 번째 라디오 버튼으로 입력 요소의 값 속성에
        v-model="order.method">              v-bind 지시자를 설정합니다.
    <label for="home">자택</label>
    <input type="radio"
        id="business"
        v-bind:value="order.business"  ····  두 번째 라디오 버튼으로 입력 요소의 값 속성에
        v-model="order.method">              v-bind 지시자를 설정합니다.
    <label for="business">직장</label>
  </div>
</div>
```

v-bind 지시자는 첫 번째 라디오 버튼에 order를 바인딩하고, 두 번째 라디오 버튼에 order.business를 바인딩합니다. 이제 언제든지 동적으로 값을 바꿀 수 있습니다.

코드 4-12와 같이 index.html 파일의 order 객체 데이터에 새 속성을 추가하면서 이번 예제를 마무리하겠습니다.

코드 4-12 order 객체의 business와 home 업데이트하기: chapter-04/update-order.js

```
order: {
  firstName: '',
  lastName: '',
  address: '',
```

```
    city: '',
    zip: '',
    state: '',
    method: '자택',  ---- '자택' 라디오 버튼을 기본값으로 설정합니다.
    business: '직장 주소',  ---- 첫 번째 라디오 버튼이 선택되면 order.business 속성 문자 메시지를 표시합니다.
    home: '자택 주소',  ---- 두 번째 라디오 버튼이 선택되면 order.home 속성 문자 메시지를 표시합니다.
    gift: '',
    sendGift: '선물로 보내기',
    dontSendGift: '선물로 보내지 않기'
  },
```

새로운 order 객체는 이제 라디오 버튼에 연결된 새로운 home과 business 속성 2개를 가집니다.
둘 중 하나를 선택하면, 하단에 있는 박스에 선택된 속성에 따라 '자택 주소' 혹은 '직장 주소'를 표
시합니다(그림 4-8 참고).

▼ 그림 4-8 라디오 버튼에 따라 배송지 업데이트

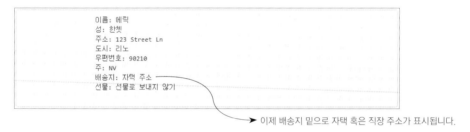

이제 배송지 밑으로 자택 혹은 직장 주소가 표시됩니다.

사용자가 주문한 상품이 직장 주소(에릭에게, 123 Street Ln, 리노, NV)로 배송 중이고, 선물 상
품이 아닌 것을 알 수 있습니다. 폼 속성 값에 필요한 속성을 바인딩하고 나니 한결 나아졌습니다.
다음 절에서 미국 주를 선택하는 셀렉트 박스를 살펴보겠습니다.

4.2.3 v-for 지시자 알아보기

현재 셀렉트 박스는 사용자가 선택할 수 있는 주를 나열합니다. 셀렉트 드롭다운을 업데이트해서
새로 고침했을 때 하단에 있는 상자에 선택한 주를 표시하겠습니다. 어떻게 주 값을 바인딩하는지
살펴봅시다. index.html 파일에서 도시 입력 다음에 있는 주 드롭다운을 코드 4-13의 마크업으
로 바꾸세요.

코드 4-13 셀렉트 박스에 값 바인딩하기: chapter-04/bind-select.html

```
<div class="form-group">
  <div class="col-md-2">
    <strong>State:</strong>
    <select v-model="order.state" class="form-control">
      <option disabled value="">State</option>
      <option v-bind:value="states.AL">AL</option>
      <option v-bind:value="states.AR">AR</option>
      <option v-bind:value="states.CA">CA</option>
      <option v-bind:value="states.NV">NV</option>
    </select>
  </div>
</div>
```

states.AL 속성에 v-bind 지시자 값 속성을 설정합니다.

states.AR 속성에 v-bind 지시자 값 속성을 설정합니다.

states.CA 속성에 v-bind 지시자 값 속성을 설정합니다.

states.NV 속성에 v-bind 지시자 값 속성을 설정합니다.

전에도 보았듯이, v-bind 지시자로 값 속성을 설정합니다. 이번에는 새로운 데이터 속성인 states를 만들었습니다. states 속성 내부에 미국 주를 나열했습니다. states 객체는 값을 4개 가지고 있습니다. 해당 값들은 셀렉트 박스에서 v-bind 지시자로 접근할 수 있습니다. index.html 파일을 업데이트하고 데이터 객체에 states 객체를 추가하세요.

코드 4-14 Vue 인스턴스 데이터 객체에 states 속성 추가하기: chapter-04/states.html

```
states: {
  AL: '알라바마',
  AR: '애리조나',
  CA: '캘리포니아',
  NV: '네바다'
},
```

여기까지 진행하면 템플릿 페이지 하단에 있는 박스에서 해당 값들을 볼 수 있습니다(그림 4-9 참고). 보다시피 주 알파벳 약자에 주 이름을 넣어 알아보기 쉽게 했습니다.

▼ 그림 4-9 주 텍스트 속성이 선택된 상태를 올바르게 표시

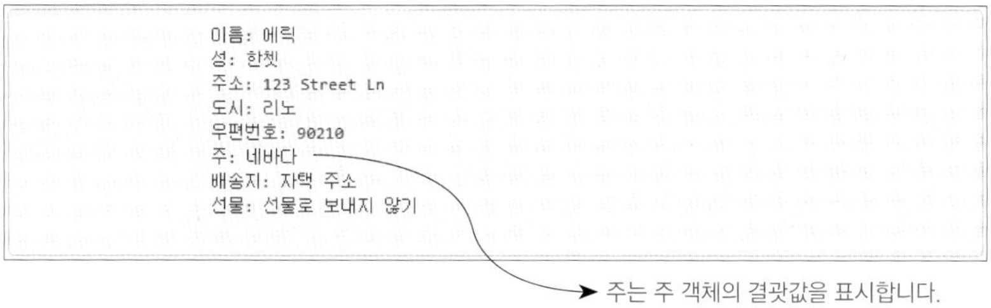
이름: 에릭
성: 한쳇
주소: 123 Street Ln
도시: 리노
우편번호: 90210
주: 네바다
배송지: 자택 주소
선물: 선물로 보내지 않기
주는 주 객체의 결괏값을 표시합니다.

이 장 초반부에 드롭다운의 치명적인 문제점을 언급했습니다. 현재 예제에는 주 4개만 나열되어 있습니다. 주 개수를 늘리려면 각각 `<option>` 태그를 만들어야 합니다. 그렇게 하면 굉장히 지루하고 반복적일 수 있습니다. 운 좋게도 Vue에는 이를 위한 해결책이 있는데, 바로 v-for 지시자입니다.

v-for 지시자는 코드나 객체 내 값을 쉽게 나열할 수 있게 합니다. 현재 상황에 쓰기 아주 완벽한 기능입니다. 일단 states 객체에 모든 주를 정의합니다. 그다음 v-bind 지시자를 사용하면서 모든 주를 나열하겠습니다. 한번 해 봅시다!

많은 것이 일어나고 있기에 나누어 살펴보겠습니다. v-for 지시자는 `state in states.states` 형식의 특별한 문법이 필요합니다. states는 소스 데이터 배열이고, state는 순환하고 있는 배열 요소의 별칭입니다. 현재 경우에 state는 알라바마, 애리조나, 캘리포니아 등을 지칭합니다. index.html 파일에서 주 입력 다음에 있는 주 셀렉트 드롭다운을 코드 4-15로 바꾸세요.

코드 4-15 v-for로 셀렉트 드롭다운 업데이트하기: chapter-04/select-drop-down.html

```
<div class="form-group">
  <div class="col-md-2">
    <strong>주:</strong>
    <select v-model="order.state"
        class="form-control">
      <option disabled value="">주</option>
      <option v-for="(state, key) in states"    ···· 각 키와 키 값으로 주 객체를 순환하고 있는 v-for 지시자입니다.
        v-bind:value="state">    ···· 주 속성에 v-bind 지시자 값 속성을 설정합니다.
        {{key}}    ···· 키 속성이 표시됩니다.
      </option>
    </select>
  </div>
</div>
```

키(key) 값은 현재 아이템의 인덱스 값을 나타내는 별도의 인수입니다. 여기서 키 값은 주를 알파벳 약식으로 사용하면서 실제 값은 주 이름으로 나타낼 수 있기 때문에 굉장히 중요합니다.

v-bind 지시자는 코드 4-16과 같이 주 값을 `<option>` 태그 값에 바인딩합니다. 해당 코드를 수정한 후 index.html 파일과 웹 브라우저를 열면서 생성되는 HTML을 살펴보면 `<option>` 태그가 states 속성의 모든 주를 표시하고 있습니다.

```
<option value="알라바마">
  AL
</option>
<option value="알래스카">
  AK
</option>
<option value="애리조나">
  AR
</option>
<option value="캘리포니아">
  CA
</option>
<option value="네바다">
  NV
</option>
```

아주 좋습니다. 값을 바인딩하고 v-for를 사용해서 순환할 수 있으니 이제 각 주를 직접 입력할 일은 없습니다. 셀렉트 박스는 states 객체를 어떻게 생성하는지에 따라 동적으로 늘어날 수 있습니다.

4.2.4 키 옵션 없는 v-for 지시자

이전에 키 값은 선택 사항이라고 언급했었습니다. 그러면 v-for 지시문은 키 값 없이 어떻게 표시될까요? 빠르게 작동 방식을 살펴보도록 하겠습니다. 빈 detour.html 파일을 시작으로 새로운 애플리케이션을 생성하세요. Vue 생성자를 만들고 상태 배열과 함께 데이터 객체를 추가하세요.

코드 4-17 states 객체의 데이터 업데이트하기: chapter-04/detour.html

```
<div id="app">
  <ol>
    <li v-for="state in states">  ···· state in states 문법을 사용한 v-for 지시자입니다.
      {{state}}
    </li>
  </ol>
</div>
<script src="https://unpkg.com/vue/dist/vue.js"></script>
<script type="text/javascript">
```

```
var webstore = new Vue({
  el: '#app',
  data: {
    states: [
      '알라바마',
      '알래스카',
      '애리조나',
      '캘리포니아',
      '네바다'
    ]
  }
})
</script>
```

v-for 지시자는 states 배열을 순환하면서 리스트의 각 주(state)를 표시합니다. state는 순환하고 있는 배열 요소의 별칭이고, states는 배열 자체를 의미한다는 점을 명심하세요. 헷갈릴 수 있지만 항상 별칭이 먼저 오고, 그다음 키 값, 그리고 순환하고 있는 객체 배열 순서입니다.

렌더링이 완료되고 나면 다음과 같이 주가 번호 순서로 나열된 리스트를 볼 수 있습니다.

1. 알라바마

2. 알래스카

3. 애리조나

4. 캘리포니아

5. 네바다

이제 템플릿을 직접 바꾸지 않고 states 객체에 값을 추가해서 리스트를 늘릴 수 있습니다.

> Note ☰ 가끔 DOM에서 직접 조작해야 할 때가 있는데, v-model 지시자를 쓰고 싶지 않다면 Vue.js에서 $el을 사용하면 됩니다. this.$el을 사용해서 Vue 인스턴스 내부의 $el을 사용할 수 있습니다. 이는 Vue 인스턴스가 관리하는 루트 DOM 요소입니다. 여기서 원하는 모든 Document 메서드를 실행할 수 있습니다. 예를 들어 querySelector()를 사용해서 원하는 요소를 가져올 수 있습니다. DOM을 조작해야 할 때는 가능하면 Vue.js 지시자를 사용하도록 하세요. 아마 훨씬 쉽게 조작할 수 있을 것입니다. 더 많은 $el과 API 정보는 https://vuejs.org/v2/api/의 공식 API 문서를 확인하세요.

4.3 수식어 살펴보기

이 장 초반에도 이야기했듯이, v-model은 입력 값에 바인딩할 수 있습니다. 해당 값은 각각의 입력 이벤트에 따라 업데이트됩니다. v-model 지시자를 사용한 수식어로 작동 방식을 바꿀 수 있습니다. 예를 들어 .number를 사용해서 값을 숫자로 타입 변환하거나 입력에 .trim을 사용할 수 있습니다(더 많은 수식어 정보를 원한다면 https://vuejs.org/v2/guide/forms.html#Modifiers를 살펴보세요). 수식어에 또 다른 수식어를 추가해서 사용할 수도 있습니다(예를 들어 v-model.trim). 체크아웃 페이지에 수식어를 몇 개 추가해 보겠습니다.

4.3.1 .number 수식어 사용

.number 수식어는 v-model 지시자 값을 숫자로 자동 타입 변환할 때 사용합니다. **우편번호** 입력 박스에 사용하기 좋습니다(.number 지시자는 앞에 있는 0을 모두 없애기 때문에 우편번호가 0으로 시작하지 않는다고 가정하겠습니다). index.html 파일에 있는 우편번호를 .number 수식어를 사용하여 코드 4-18에서 무슨 일이 일어나는지 살펴보겠습니다.

코드 **4-18** 우편번호 폼 요소의 .number 수식어: chapter-04/number-mod.html

```
<div class="form-group">
  <div class="col-md-6 col-md-offset-4">
    <strong>우편번호:</strong>
    <input v-model.number="order.zip"  ···· .number 수식어가 있는 v-model 지시자입니다.
        class="form-control"
        type="number" />
  </div>
</div>
```

HTML 입력은 type="number"를 추가해도 항상 문자열을 반환합니다. .number 수식어를 사용하면 해당 현상을 방지하고 숫자를 반환합니다. 확인을 위해 템플릿에는 order.zip 속성을 표시하면서 index.html 파일을 typeof 연산자로 바꾸어 보겠습니다.

```
<div class="col-md-12 verify">
  <pre>
    이름: {{order.firstName}}
    성: {{order.lastName}}
    주소: {{order.address}}
    도시: {{order.city}}
    우편번호: {{typeof(order.zip)}}  ···· 자바스크립트 typeof 연산자는 계산되지 않은
    주: {{order.state}}                    피연산자 형식을 반환합니다.
    주소지: {{order.method}}
    선물: {{order.gift}}
  </pre>
</div>
```

.number 수식어를 추가하기 전에는 문자열로 표시했지만 이제는 숫자를 반환합니다. **우편번호** 입력 박스에 아무 숫자나 넣고 그림 4-10과 같은 새로운 결괏값을 확인하세요.

그림 4-10에서 우편번호 행이 숫자를 표시하는 것을 볼 수 있습니다. 우편번호를 typeof 연산자로 감쌌기 때문에 해당 속성의 타입을 보여 줍니다. 해당 기능은 나중에 사용하도록 하고, 지금은 typeof 연산자를 없애 우편번호를 반환하겠습니다. order.zip 속성에서 typeof 연산자를 지우고 {{order.zip}}만 남기세요.

▼ 그림 4-10 우편번호 속성에 입력된 값 타입

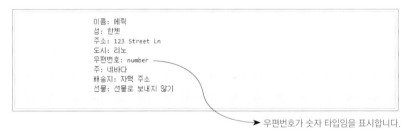

우편번호가 숫자 타입임을 표시합니다.

4.3.2 입력 값 다듬기

폼 정보를 가져올 때 보면 보통 문자열 앞이나 뒤에 있는 여백은 사용하지 않습니다. 사용자가 실수로 이름을 입력하기 전에 공백을 넣었다면 해당 공백을 없애야 합니다. Vue.js는 입력에서 자동으로 공백을 없애는 좋은 수식어를 제공합니다.

애플리케이션에서 이름, 성, 주소, 도시를 입력받을 때 텍스트 박스를 사용합니다. 코드 4-20에서 index.html 파일의 이름과 성을 업데이트하여 .trim 수식어가 어떻게 작동하는지 살펴보겠습니다.

4
영화 마음

코드 4-20 성과 이름에 .trim 수식어 사용하기: chapter-04/trim-mod.html

```html
<div class="form-group">
  <div class="col-md-6">
    <strong>이름:</strong>
    <input v-model.trim="order.firstName"      ···· v-model 지시자는 order.firstName 속성에
        class="form-control" />                        .trim 수식어를 사용합니다.
  </div>
  <div class="col-md-6">
    <strong>성:</strong>
    <input v-model.trim="order.lastName"      ···· v-model 지시자는 order.lastName 속성에
        class="form-control" />                       .trim 수식어를 사용합니다.
  </div>
</div>
```

.trim 수식어를 추가하려면 v-model 지시자 끝에 .trim만 추가하면 됩니다. 자동으로 모든 여백을 없앨 것입니다. 이제 index.html 파일에 있는 주소와 도시 입력에도 추가할 수 있습니다.

코드 4-21 주소와 도시에 .trim 수식어 사용하기: chapter-04/trim-mod-add.html

```html
<div class="form-group">
  <div class="col-md-12">
    <strong>주소:</strong>
  </div>
  <div class="col-md-12">
    <input v-model.trim="order.address"      ···· v-model 지시자는 order.address 속성에
        class="form-control" />                       .trim 수식어를 사용합니다.
  </div>
</div>
<div class="form-group">
  <div class="col-md-12">
    <strong>도시:</strong>
  </div>
  <div class="col-md-12">
    <input v-model.trim="order.city"      ···· v-model 지시자는 order.city 속성에 .trim 수식어를 사용합니다.
        class="form-control" />
  </div>
</div>
```

새로 고침한 후 웹 페이지 하단 결과를 보면 모든 공백이 제거되어 있습니다(그림 4-11 참고).

❤ 그림 4-11 v-model 지시자에 .trim 수식어를 사용한 예

이름 입력 박스에는 에릭이라는 이름과 함께 앞뒤로 공백이 많습니다. 그리고 하단 결과는 공백이 제거된 모습입니다. 텍스트 박스 이외의 공간을 클릭하면 **이름** 항목의 값이 공백이 제거된 값에 동기화됩니다. 이것이 .trim 수식어의 힘입니다.

4.3.3 .lazy v-model 수식어

마지막으로 알아볼 수식어는 .lazy입니다. 이전에도 언급했듯이, v-model 지시자는 각 입력 이벤트 이후에 동기화합니다. 실제로는 텍스트 박스에서 글자를 입력할 때마다 일어나므로 값이 키 입력마다 동기화되는 것입니다. .lazy 수식어는 대신 on change 이벤트에 동기화합니다. change 이벤트는 폼 요소의 사용 방식에 따라 다양한 상황에서 일어납니다. 체크 박스나 라디오 버튼을 클릭하면 change 이벤트가 일어납니다. 입력 박스에서 포커스가 사라지면 change 이벤트가 발생합니다. 모든 웹 브라우저가 같은 상황에서 change 이벤트를 호출하지 않으니 명심하세요.

일반적으로 v-model에 .lazy 수식어를 사용할 때는 다음과 같은 모습입니다.

```
<input v-model.lazy="order.firstName" class="form-control" />
```

4.4 연습 문제

이 장에서 배운 내용을 바탕으로 다음 질문에 답하세요.

- 양방향 데이터 바인딩은 어떻게 작동하나요? Vue.js 애플리케이션에서 언제 사용해야 할까요?

부록 B에서 답을 확인하세요.

4.5 요약

- v-model 지시자는 입력, 셀렉트, 텍스트 영역, 컴포넌트 바인딩에 사용합니다. 이는 폼 입력 요소와 컴포넌트에 양방향 데이터 바인딩을 생성합니다.
- v-for 지시자는 주어진 데이터에 따라 데이터를 여러 번 렌더링합니다. 순환하고 있는 현재 요소의 표현식에 별칭을 사용할 수 있습니다.
- v-model 지시자에는 .trim, .lazy, .number 수식어가 있습니다. .trim 수식어는 공백을 제거하고 .number 수식어는 문자열을 숫자로 타입 변환합니다. .lazy 수식어는 데이터가 동기화되면 변경됩니다.

5^장

조건부, 반복, 리스트

이 장에서 다룰 핵심 내용

· v-if와 v-if-else 조건부 활용

· v-for를 사용한 반복

· 배열의 변화 관찰

이전 장에서 v-model 지시자의 기능과 이를 사용해서 애플리케이션에 입력을 연결하는 방법을 알아보았습니다. 또 사용자에게서 필요한 정보를 입력받을 모든 입력 폼을 표시하는 체크아웃 페이지를 만들었고, 해당 페이지를 표시하려고 조건문을 사용했습니다.

3장에서는 클릭 이벤트 메서드에 연결된 **체크아웃** 버튼을 만들었습니다. 이 메서드는 showProduct 속성을 토글합니다. 템플릿에는 v-if와 v-else 지시자를 사용했습니다. showProduct가 참(true)이면 상품 페이지가 표시되고, showProduct가 거짓(false)이면 체크아웃 페이지가 나타났습니다. **체크아웃** 버튼을 눌러 사용자는 손쉽게 페이지를 전환할 수 있습니다. 이후 장에서는 코드를 리팩토링해서 컴포넌트와 라우트를 사용하는 방법을 알아볼 것입니다.

앱을 확장하기 위해 다른 조건부들도 살펴보겠습니다. 예를 들어 사용 가능한 목록을 기반으로 사용자에게 메시지를 표시하는 기능이 필요합니다. 추가로 상품 페이지에 더 많은 상품을 추가해야 합니다. 이 내용은 5.2절에서 자세히 살펴보겠습니다.

5.1 사용 가능한 목록 메시지 표시

장바구니에 새로운 아이템이 추가될 때마다 계산된 속성을 나타내는 cartItemCount가 업데이트됩니다. 사용자에게 상품이 얼마나 남았는지 보여 주고 싶다면 어떻게 해야 할까요? 목록에 상품이 얼마 남지 않았을 때는 메시지를 띄우도록 하겠습니다. 여기서는 v-if, v-else-if, v-else 지시자를 사용하여 구현할 것입니다.

5.1.1 v-if로 남은 재고 수 추가하기

시작하기에 앞서 상품을 추가해 봅시다. 이렇게 해야 사용자가 장바구니에 상품을 담을 때 메시지를 띄우기 편합니다. 상품을 추가하려면 데이터 객체의 상품 속성을 바꾸어야 합니다. index. html 파일에서 availableInventory 상품 속성을 수정하세요. 코드 5-1과 같이 5에서 10으로 바꾸세요. 지금은 이 정도로도 충분할 것입니다.

첫 장부터 계속 따라왔다면 index.html 파일이 하나 있을 것입니다. 없다면 지금까지 진행한 코드와 CSS가 모두 적용된 4장의 완성된 index.html 파일을 내려받아 시작해도 됩니다. 실습을 진행하면서 각 스니펫을 index.html 파일에 추가하는 것을 잊지 마세요.

코드 5-1 목록 업데이트하기: chapter-05/update-inventory.js

```
product: {
  id: 1001,
  title: "고양이 사료, 25파운드",
  description: "당신의 고양이를 위한 <em>거부할 수 없는</em>,
               유기농 25파운드 사료입니다.",
  price: 2000,
  image: "assets/images/product-fullsize.png",
  availableInventory: 10 ···· 목록을 추가합니다.
},
```

이제 목록이 업데이트되었으니 사용 가능한 목록을 적을 때 표시할 조건부를 추가하겠습니다. 사용자가 장바구니에 담을 수 있는 남은 목록 개수를 보여 주는 메시지를 띄워 봅시다. 코드 5-2에서 v-if 지시자가 달린 새로운 <span> 태그를 볼 수 있습니다. inventory-message 이름의 클래스도 추가되었습니다. 해당 CSS는 메시지를 더 뚜렷하게 보여 주고 올바른 위치를 잡아 줍니다. 기본적인 서식을 추가해서 메시지를 좀 더 세련되게 표현해 보았습니다. v-if 지시자는 유연합니다. 3장에서 showProduct를 사용한 방법처럼 특정한 속성을 사용하지 않습니다. 그 대신에 표현식을 사용합니다.

장바구니 담기 버튼을 누르면 상단에 체크아웃 개수가 증가합니다. 남은 목록의 개수가 5 미만이 되면(product.availableInventory - cartItemCount) 남은 목록의 개수를 보여 주는 메시지가 나타나고, 버튼을 누를 때마다 목록이 0이 될 때까지 감소합니다.

템플릿에서 **장바구니 담기** 버튼을 찾아 코드 5-2와 같이 v-if 지시자를 포함한 새로운 <span> 태그를 index.html 파일에 추가하세요.

코드 5-2 목록에 따른 새로운 메시지 추가하기: chapter-05/add-message.html

```
<button class="btn btn-primary btn-lg"
    v-on:click="addToCart"
    v-if="canAddToCart">장바구니 담기</button>
<button disabled="true" class="btn btn-primary btn-lg"
    v-else>장바구니 담기</button>
<span class="inventory-message" ···· span 클래스는 메시지와 inventory-message 클래스를 추가합니다.
    v-if="product.availableInventory - cartItemCount < 5"> ···· v-if 지시자는 조건부가
    {{product.availableInventory - cartItemCount}} 남았습니다!       참일 때만 표시합니다.
</span>
```

여기서 v-if 지시자의 계산된 속성을 사용할 수도 있지만, 간단하게 하려면 표현식을 사용하는 것도 괜찮습니다. 표현식이 점점 더 길어진다면 계산된 속성을 사용하는 것이 더 낫습니다.

Note ☰　**v-show 짧게 살펴보기**

v-show 지시자는 v-if 지시자의 가까운 친척입니다. 이 둘을 사용하는 방법은 다음과 같이 <span v-show="product.availableInventory - cartItemCount < 5">Message</span>으로 서로 비슷합니다. 차이점이라고 한다면 v-show 지시자는 항상 DOM에서 렌더링된다는 것입니다. Vue.js는 CSS에서 간단한 토글을 사용해서 요소를 표시합니다. 무엇을 사용해야 할지 잘 모르겠다면, v-else 혹은 v-else-if가 필요할 때는 v-if를 사용하면 됩니다. 그리고 웹 페이지가 활성화된 시간 동안 특정 요소의 가시성이 한 번 이상 변하거나 대부분의 경우 렌더링되거나 보여야 한다면 v-show 지시자를 사용하세요.

지금까지 내용을 살펴보겠습니다(그림 5-1 참고).

▼ 그림 5-1 v-if 지시자를 사용한 결과로 상품이 4개밖에 남지 않았을 때 상품 페이지

114

5.1.2 v-else와 v-else-if를 사용해서 메시지 더 추가

목록이 0이 되었을 때 "0개밖에 남지 않았습니다."라는 메시지가 표시되는 문제가 있습니다. 논리적으로 맞지 않는 말이니 코드를 업데이트해서 목록이 0일 때 좀 더 나은 메시지를 출력하도록 하고 싶습니다. 사용자가 지금 바로 구매하게 할 만한 메시지를 추가합니다. 여기서 v-else-if와 v-else 지시자를 소개합니다. 먼저 우리가 원하는 것이 무엇인지와 어떻게 할 것인지를 분리합니다. v-if 지시자는 목록 개수 − 장바구니 상품의 개수 = 0일 때를 표시합니다. 장바구니에 모든 상품을 담는다면 상품 목록이 빕니다.

그림 5-2는 상품 목록이 모두 팔렸을 때 메시지(품절)를 보여 주는 기능을 완전히 구현한 모습입니다.

▼ 그림 5-2 목록이 비었을 때 상품 페이지가 '품절' 메시지 표시

상품이 매진되지 않았다면 v-else-if 지시문을 계속 진행합니다. 남아 있는 목록이 거의 없어 5개 이하로 남았다면 그림 5-1과 같은 메시지가 표시됩니다. 그림 5-3을 봅시다.

그림 5-3은 '지금 구매하세요!' 메시지를 표시합니다. **장바구니 담기** 버튼을 누를 때 메시지가 변하는 것을 볼 수 있습니다. 남아 있는 목록 개수가 5 이하일 때는 그림 5-1과 같이 보이고, 목록이 비고 나면 그림 5-2와 같이 보입니다.

마지막 v-else는 v-if와 v-else-if가 거짓(false)일 때만 작동합니다. v-else 지시자는 모든 조건이 만족하지 않을 때를 포함합니다. 여기서는 **장바구니 담기** 버튼 옆에 '지금 구매하세요!' 메시지가 나타나게 하겠습니다. index.html 파일에 코드 5-3을 삽입해서 〈span〉 태그를 업데이트하세요.

코드 5-3 여러 목록 메시지 추가하기: chapter-05/multiple-inventory.html

```
<button class="btn btn-primary btn-lg"
    v-on:click="addToCart"
    v-if="canAddToCart">장바구니 담기</button>
  <button disabled="true" class="btn btn-primary btn-lg"
      v-else>장바구니 담기</button>
  <span class="inventory-message"
      v-if="product.availableInventory - cartItemCount === 0">   ⋯⋯ 목록이 비었을 때만 표시하는
                                                                      v-if 지시자입니다.
    품절!
  </span>
  <span class="inventory-message"
      v-else-if="product.availableInventory - cartItemCount < 5">  ⋯⋯ 이 지시자는 첫 v-if가
                                                                       거짓일 때만 작동합니다.
    {{product.availableInventory - cartItemCount}} 남았습니다!
  </span>
  <span class="inventory-message"
      v-else>지금 구매하세요!  ⋯⋯ v-else는 v-if와 v-else-if가 거짓일 때만 작동합니다.
  </span>
```

Note ≡ 조건부 사용

v-if, v-else, v-else-if를 사용할 때는 몇 가지 알아 두어야 할 점이 있습니다. v-else를 사용할 때마다 v-if
혹은 v-else-if가 바로 따라야 한다는 점입니다. 이 중간에 다른 요소가 있으면 안 됩니다. v-else와 마찬가지
로 v-else-if 역시 v-if 혹은 v-else-if 요소가 반드시 따라와야 합니다. 이렇게 하지 않으면 v-else-if 혹은
v-else가 인식되지 않습니다.

v-else-if 지시자는 같은 블록에서 한 번 이상 사용할 수 있다는 점을 명심하세요. 예를 들어 애플리케이션에서 상
품이 거의 다 팔렸을 때 메시지를 여러 개 포함할 수 있는데, v-else-if 지시자를 사용하면 가능합니다.

템플릿에 너무 많은 조건부나 로직을 사용하지 않도록 주의하세요. 그 대신에 필요할 때 계산된 속성과 메서드를 사용
하세요. 코드를 읽고 이해하기 쉽게 할 것입니다.

VUE.JS

5.2 상품 반복

2장에서 애완용품샵을 소개한 이후로 한 상품만 다루고 있습니다. 이전 장들의 예제에서는 괜찮
았지만, 상품을 더 추가했으니 모든 상품을 표시할 방법이 필요합니다. 추가로 각 상품 하단에 간
단한 별점을 보여 주고 싶습니다. 다재다능한 v-for 지시자를 사용하면 두 가지 시나리오를 모두
처리할 수 있습니다.

5.2.1 v-for 범위를 이용한 별점 추가

Vue.js에는 4장에서 간략하게 알아보았듯이, 상품을 순환할 수 있는 v-for 지시자가 있습니다.
객체, 배열, 컴포넌트와 함께 사용할 수 있습니다. v-for 지시자를 사용하는 가장 간단한 방법 중
하나는 정수 값을 설정하는 것입니다. 정수 값을 요소에 추가하면 해당 값만큼 반복하게 되는데,
이를 보통 v-for 범위라고 합니다.

상품에 별 5개 등급 시스템을 추가하는 것으로 시작하겠습니다. 간단하게 〈span〉 태그에 v-for 지
시자를 추가해서 사용하겠습니다. v-for 구문은 항상 item in items 모습입니다. items는 순환하
려는 배열 데이터의 출처를 의미하고, item은 순환되는 요소의 별칭을 의미합니다. 그림 5-4와 같
이 v-for 지시자는 items의 별칭으로 item을 사용합니다. items는 배열입니다.

▼ 그림 5-4 v-for 별칭의 작동 방법을 보여 주는 다이어그램

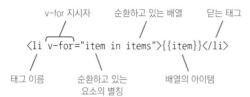

v-for 범위를 사용할 때 출처 데이터는 범위의 상한치입니다. 이는 요소가 얼마큼 반복될지를 의미합니다. 그림 5-5에서 n이 다섯 번 반복되는 것을 볼 수 있습니다.

▼ 그림 5-5 v-for 범위의 작동 방법을 보여 주는 다이어그램

```
              v-for 지시자          별 기호
      <span v-for="n in 5">☆</span>
        태그 이름      순환할 범위        닫는 태그
                        설정
```

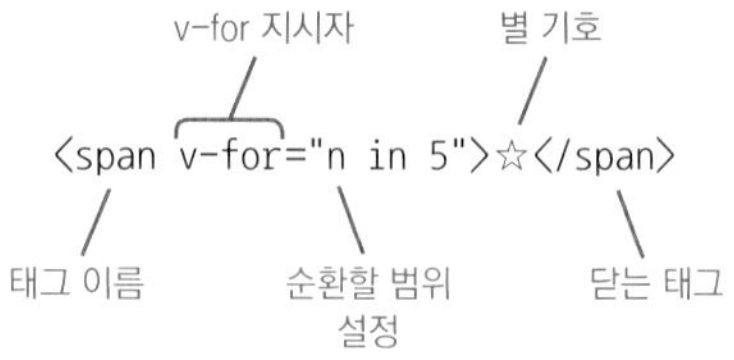

코드 5-4에서는 ☆ 기호를 다섯 번 반복할 것입니다. 이름이 rating인 클래스를 가진 div도 추가하겠습니다. (책에서 사용하는 chapter-05/assets/css/app.css 파일을 꼭 내려받으세요. 부록 A에서 더 많은 정보를 찾을 수 있습니다.) 코드 5-4와 같이 5.1절에서 index.html 파일에 추가한 목록 메시지 다음에 해당 span을 추가하세요.

코드 5-4 v-for를 사용한 별 기호 추가하기: chapter-05/star-symbol.html

```
<span class="inventory-message"
    v-else>지금 구매하세요!
</span>
<div class="rating">
  <span v-for="n in 5">☆</span> ···· 별 기호를 다섯 번 반복합니다.
</div>
```

템플릿에 별을 추가한 후 웹 브라우저를 새로 고치세요. 그림 5-6과 같아야 합니다.

보다 시피 별이 비어 있기 때문에 별점으로 보여 줄 수 있는 것은 거의 없습니다. CSS에 동적으로 클래스를 바인딩해서 채운 별을 보여 줄 방법이 필요합니다.

▼ 그림 5-6 별점 표시

▶ v-for에서 만든 별점

5.2.2 별점에 HTML 클래스 바인딩

Vue.js는 템플릿의 HTML 요소에 동적으로 클래스를 추가하거나 제거하는 방법을 제공합니다. 데이터 객체, 배열, 표현식, 메서드, 심지어 계산된 속성을 전달해서 어떤 클래스들이 보여야 하는지 정할 수 있습니다.

시작하기에 앞서 먼저 상품 데이터 객체 속성을 수정하고 점수(rating)를 추가해야 합니다. 해당 점수는 각 상품이 별을 몇 개 표시해야 하는지 결정합니다. index.html 파일을 열고 order 밑의 product 속성을 찾으세요. 코드 5-5와 같이 상품 속성 밑에 rating을 추가하세요.

코드 5-5 product 속성에 추가하기: chapter-05/add-product.js

```
product: {
  id: 1001,
  title: "고양이 사료, 25파운드",
  description: "당신의 고양이를 위한 <em>거부할 수 없는</em>,
              유기농 25파운드 사료입니다.",
  price: 2000,
  image: "assets/images/product-fullsize.png",
  availableInventory: 10,
  rating: 3 ---- 새로운 rating 속성을 추가합니다.
},
```

다음으로 스크린에 별점을 표시해야 합니다. 가장 간단한 방법은 CSS와 약간의 자바스크립트를 사용하는 것입니다. 간단한 CSS를 사용해서 span 요소에 클래스가 추가되었을 때 검은색 별을 만들도록 하겠습니다. 예제에서 처음 별 3개는 검은색으로 보여야 합니다. 나머지 2개는 하얀색입니다. 그림 5-7은 작업이 완료된 후의 예입니다.

이전에도 언급했듯이, 메서드를 사용해서 클래스가 보여야 하는지 결정할 수 있습니다. v-for 범위를 사용하기 때문에 메서드에 범위를 넘겨주어야 합니다.

▼ 그림 5-7 고양이 사료 상품에 별점 채우기

상품에서 점수를 읽고 span에 클래스를 추가해야 한다면 참(true)을 반환하는 새로운 메서드를 만들어 보겠습니다. 해당 클래스는 별을 검은색으로 채웁니다.

이를 위해서는 메서드에 n 변수를 넘겨주어야 합니다. v-for 범위 지시자인 <span v-for="n in 5">☆</span>에서 n 변수를 넘겨받습니다. 템플릿에 표시하지는 않았지만, n은 1부터 5까지 증가합니다. 첫 번째 반복의 n은 1이고, 다음 반복의 n은 2 등으로 증가합니다. n이 반복되면서 1, 2, …, 5 순으로 증가하는 것을 알 수 있습니다. 간단한 수학을 이용해서 별을 채워야 하는지 결정할 수 있습니다.

우리 예제에서는 첫 반복의 n은 1이고 this.product는 항상 3입니다. 3 - 1 = 2는 0 이상이므로 참(true)을 반환하고 클래스를 추가합니다. 다음 반복의 n은 2입니다. 3 - 2 = 1은 0 이상이므로 다시 참을 반환합니다. 다음 반복은 3입니다. 3 - 3 = 0이므로 클래스가 다시 한 번 추가됩니다.

다음 반복의 n은 4가 됩니다. 3 − 4 = −1이므로 메서드는 거짓(false)을 반환합니다. 방법은 간단합니다. 코드 5-6과 같이 메서드 객체 상단에 checkRating이라는 새로운 메서드를 추가하면 됩니다.

코드 5-6 클래스가 추가되어야 하는지를 체크하는 메서드 추가하기: chapter-05/check.js

```js
methods: {
  checkRating(n) {
    return this.product.rating - n >= 0; ···· 점수(rating)와 n에 따라 참 혹은 거짓을 반환합니다.
  },
```

새로운 별점을 모두 합치려면 span 요소에 v-bind:class 구문을 추가해야 합니다. 이는 메서드가 참을 반환하면 rating-active라는 새로운 클래스를 추가하고, 아니면 무시합니다. 이번 예제에서는 v-bind:class에 객체를 전달합니다. checkRating은 rating-active 클래스가 추가되어야 하는지 결정합니다. 반복문 안에 있기 때문에 일전에도 말했듯이 반복마다 n 값을 전달해야 합니다.

index.html 파일의 점수 span을 업데이트하고 코드 5-7과 같이 새로운 v-bind:class 지시자를 추가합니다. rating-active에 따옴표를 꼭 추가하세요. 따옴표가 없으면 콘솔에서 에러를 출력합니다.

코드 5-7 클래스 바인딩 추가하기: chapter-05/add-class-bind.html

```html
<span class="inventory-message"
    v-else>지금 구매하세요!
</span>
<div class="rating">
  <span v-bind:class="{'rating-active': checkRating(n)}" ···· rating-active의 바인딩은
      v-for="n in 5">☆                                      checkRating이 결정합니다.
  </span>
</div>
```

코드 5-7은 HTML 클래스 바인딩의 기초입니다. Vue.js는 여러 클래스를 추가하고 배열과 컴포넌트를 사용할 수 있도록 합니다. 클래스를 바인딩하는 방법에 대한 더 많은 정보는 https://vuejs.org/v2/guide/class-and-style.html의 클래스와 스타일 바인딩에 관한 Vue.js 공식 가이드를 확인하세요.

5.2.3 상품 셋팅

지금까지 상품 1개로만 진행했습니다. 실제 애완용품샵 앱이라면 수백 개, 수천 개의 상품이 있어야 합니다. 이 정도로는 만들지 않을 것입니다. 새로운 상품 5개만 추가해 보고 상품 페이지에서 해당 상품 배열을 순환하는 데 무엇이 필요한지 살펴보겠습니다.

시작하기에 앞서 먼저 상품 객체를 살펴보겠습니다. 이미 index.html 파일의 한 공간을 차지하고 있으며, 현재 시점에서는 별도의 파일로 만드는 것이 쉽습니다.

새로운 products.json 파일을 만들고 chapter-05 폴더에 추가해야 합니다. 이렇게 해야 메인 애플리케이션에서 데이터를 손쉽게 정리할 수 있습니다. 원한다면 데이터 객체에 한 것처럼 나만의 상품을 만들어 추가해도 됩니다. 직접 만들고 싶지 않으면 책에 있는 코드의 products.json 파일을 복사해서 chapter-05 폴더에 붙여 넣으면 됩니다. 부록 A에서 책에 사용된 코드를 내려받는 방법을 찾을 수 있습니다. 코드 5-8은 products.json 파일의 상품을 보여 줍니다.

코드 5-8 products.json 파일의 상품: chapter-05/products.json

```
{
  "products":[  ···· 상품 배열을 JSON으로 보여 줍니다.
    {
      "id": 1001,  ···· 첫 번째 상품을 보여 줍니다.
      "title": "고양이 사료, 25파운드",
      "description": "당신의 고양이를 위한 <em>거부할 수 없는</em>,
                      유기농 25파운드 사료입니다.",
      "price": 2000,
      "image": "assets/images/product-fullsize.png",
      "availableInventory": 10,
      "rating": 1
    },
    {
      "id": 1002,  ···· 두 번째 상품을 보여 줍니다.
      "title": "실뭉치",
      "description": "실뭉치로 당신의 고양이에게 <strong>오랜</strong> 놀이 시간을 주세요!",
      "price": 299,
      "image": "assets/images/yarn.jpg",
      "availableInventory": 7,
      "rating": 1
    },
    {
      "id": 1003,  ···· 세 번째 상품을 보여 줍니다.
      "title": "고양이 배변판",
```

```
        "description": "당신의 고양이를 위한 프리미엄 고양이 배변판.",
        "price": 1100,
        "image": "assets/images/cat-litter.jpg",
        "availableInventory": 99,
        "rating": 4
      },
      {
        "id": 1004, ---- 네 번째 상품을 보여 줍니다.
        "title": "고양이 집",
        "description": "고양이가 놀 수 있는 장소!",
        "price": 799,
        "image": "assets/images/cat-house.jpg",
        "availableInventory": 11,
        "rating": 5
      },
      {
        "id": 1005, ---- 다섯 번째 상품을 보여 줍니다.
        "title": "레이저 포인터",
        "description": "이 <em>놀라운</em> 상품으로 고양이와 놀아주세요.",
        "price": 4999,
        "image": "assets/images/laser-pointer.jpg",
        "availableInventory": 25,
        "rating": 1
      }
    ]
  }
```

products.json 파일을 추가하거나 내려받아 5장의 루트 폴더에 추가한 후에는 별도의 리팩토링이 필요합니다. 계속 따라 했다면 서버를 사용하지 않고 로컬 하드 드라이브에서 모든 파일을 불러오고 있을 가능성이 높습니다. 한 가지만 빼면 이렇게 해도 괜찮습니다. 실제로는 웹 브라우저 제작자의 보안 문제 때문에 products.json 파일을 불러오기가 쉽지 않습니다. 제대로 불러오려면 서버를 만들어야 합니다.

> **Note ☰** 로컬 서버를 사용하는 웹 사이트를 구동할 때는 하드 드라이브에서 문제없이 JSON 파일을 불러올 수 있고 어떤 보안 문제도 없습니다. 이후 장에서는 Vue-CLI를 사용할 것입니다. 이 명령어 도구가 서버를 만들어 줍니다. 그 전까지는 http-server라는 npm 모듈을 사용할 수 있습니다. 부록 A에서 npm을 설치하는 방법을 설명합니다. 이 가벼운 모듈은 손가락 튕기는 것만큼 간단히 서버를 만들 수 있게 합니다.

우리는 npm을 사용해서 서버를 만들겠습니다. 터미널 창을 열고 명령 프롬프트에 다음 명령어를 입력해서 http-server 모듈을 설치하세요.[1]

```
$ npm install http-server -g
```

설치가 완료되면 디렉터리를 5장 폴더로 바꾸세요. 다음 명령어를 사용하여 포트 8000에서 index.html 파일을 실행하는 서버를 시작하세요.

```
$ http-server -p 8000
```

해당 명령어를 실행했는데 에러가 발생한다면 포트 8000에 다른 프로그램이 실행 중인지 확인하세요. 8000이 사용 중이라면 대신 포트 8001을 사용하세요.

서버가 시작된 후 웹 브라우저를 열고 http://localhost:8000[2]으로 가서 웹 페이지를 띄우세요. 웹 페이지가 나오지 않으면 명령어에 에러가 없는지 다시 한 번 확인하세요. 앞서 설정한 포트 번호로 접속해야 합니다.

5.2.4 products.json에서 상품 정보 가져오기

2장에서 Vue.js 생명 주기 훅을 배웠는데, 기억하나요? 우리는 웹 페이지를 불러오자마자 JSON 파일을 불러와야 합니다. 이 경우 훅 중 하나가 완벽한 해결책이 될 수 있습니다. 어떤 것인지 알겠나요? 생성 후(created) 생명 주기 훅이라고 생각했다면 정답입니다. 생성 후 생명 주기 훅은 인스턴스가 생성된 후에 작동합니다. 해당 훅을 사용해서 JSON 파일을 불러오도록 하겠습니다. 이를 위해서는 다른 라이브러리가 필요합니다.

Axios는 웹 브라우저와 Node.js를 위한 약속 기반의 HTTP 클라이언트입니다. 이것은 나중에 유용하게 쓰일 JSON 데이터 자동 변환 같은 몇몇 유용한 기능을 가지고 있습니다. 프로젝트에 해당 라이브러리를 추가합시다. 코드 5-9와 같이 index.html 파일의 헤드 태그 내에 Axios를 위한 새로운 스크립트 태그를 추가하세요.

---

1 **역주** 윈도에서 설치했는데 딱히 이유 없이 에러가 발생한다면 설치한 http-server를 삭제(npm uninstall http-server -g)한 후 npm install -g http-server@0.9.0 명령어로 이전 버전을 설치하고 테스트해 보세요.
2 **역주** 경우에 따라 127.0.0.1:8000으로 접속될 때도 있습니다.

```
<link rel="stylesheet" href="https://maxcdn.bootstrapcdn.com/bootstrap/3.3.7/css/
   bootstrap.min.css" integrity="sha384-BVYiiSIFeK1dGmJRAkycuHAHRg320mUcww7on3RYdg4Va+
   PmSTsz/K68vbdEjh4u" crossorigin="anonymous">
<script src="https://cdnjs.cloudflare.com/ajax/libs/axios/0.16.2/axios.js"></script>
</head>                                                   ┈┈┈┈┈ Axios CDN 스크립트 태그를 보여 줍니다.
```

해당 태그를 추가한 후 생성 후 생명 주기 훅에 Axios를 사용할 수 있습니다. index.html 파일
안의 필터 객체 바로 다음에 생성 후 생명 주기를 추가하세요. 하드 드라이브에서 products.json
파일을 가져와 현재 상품 데이터를 덮어 쓰는 코드를 추가해야 합니다. index.html 파일을 업데
이트하고 Axios 코드를 추가하세요.

```
...
},
created: function() {
  axios.get('./products.json') ┈┈ products.json 파일을 가져옵니다.
    .then((response) => {
      this.products=response.data.products; ┈┈ 상품에 응답 데이터를 추가합니다.
      console.log(this.products);
    });
},
```

axios.get 명령은 위치를 받는데, 우리 경우는 로컬 파일입니다. 그리고 .then 메서드를 가진 프
로미스를 반환합니다. 프로미스는 이행 혹은 실패 상태를 가지고 응답 객체를 반환합니다. Axios
문서에 따르면 이 객체는 데이터 속성을 가집니다. 우리는 response.data.products 참조를 this.
products에 복사할 것입니다(this는 Vue 인스턴스를 의미합니다). 잘 되는지 확인하기 위해 출력
값을 콘솔에 출력하세요.

코드 5-10을 유심히 살펴보면 this.product가 아닌 this.products에 JSON 파일에서 데이터를
할당받는 것을 알 수 있습니다. 코드를 조금 정리하기 위해 데이터 객체에 새로운 products 속성
을 만들 필요가 있습니다.

index.html 파일을 열고 파일 중간 즈음에 있는 데이터 객체를 보세요. 코드 5-11과 같이 새로운
products 속성을 추가하고 기존 product 속성을 제거하세요. 더는 필요하지 않습니다.

```
business: '직장 주소',  ···· 변경 사항이 없는 주문(Orders) 객체입니다.
  home: '자택 주소',
  gift: '',
  sendGift: '선물로 보내기',
  dontSendGift: '선물로 보내지 않기'
},
products: [],  ···· product 객체를 대체할 새로운 products 배열을 보여 줍니다.
```

5.2.5 v-for 지시자로 앱 리팩토링

상품 배열을 순환하기 전에 먼저 CSS를 관장하는 div 클래스를 조금 변경해야 합니다. 현재 부트스트랩 3을 사용하고 있으며, 이제는 하나 이상의 상품을 동반하기에 각 행이 상품을 나타내면 좋을 것 같습니다. 이 작업을 끝내고 나면 그림 5-8과 같습니다.

❤ 그림 5-8 최신 상품 정보가 반영된 모습

index.html 파일을 갱신하고 체크아웃 페이지를 표시하는 v-else 지시자를 찾으세요. 코드 5-12와 같이 새 행을 위해 〈div〉 태그를 추가합니다.

코드 5-12 부트스트랩 CSS 고치기: chapter-05/bootstrap-fix.html

```
<div v-else>
  <div class="row"> ···· 새로운 부트스트랩 행을 보여 줍니다.
```

showProduct v-if 지시자 바로 전에 있는 row 클래스 div의 위치를 이동해야 합니다. 코드 5-13과 같이 해당 div 클래스의 위치를 showProduct 밑으로 이동합니다. index.html 파일을 최신화하세요.

코드 5-13 부트스트랩 CSS 고치기: chapter-05/bootstrap-fix-v-if.html

```
<div v-if="showProduct">
  <div class="row product"> ···· 행 div를 showProduct 밑에 위치시킵니다.
```

CSS/HTML 문제가 해결되었으니 상품을 순환하는 v-for 지시자를 추가할 수 있습니다. 여기서는 웹 페이지에 모든 상품을 표시할 것입니다. 예제에서는 product in products 구문을 사용하겠습니다. products는 일전에 불러온 객체고, 이제는 products 안에 있는 개별 상품의 별칭입니다. 또 부트스트랩을 이용하여 열 넓이를 변경해서 상품을 좀 더 세련되게 표시하겠습니다.

index.html 파일의 showProduct v-if 지시자 밑에 v-for 지시자를 추가하세요. 코드 5-14와 같이 웹 페이지 하단에 〈div〉 태그를 달아 주는 것도 잊지 마세요.

코드 5-14 products를 위한 v-for 지시자 추가하기: chapter-05/v-for-product.html

```
<div v-if="showProduct">
  <div v-for="product in products"> ···· v-for 지시자를 사용하여 상품을 순환합니다.
    <div class="row">
      <div class="col-md-5 col-md-offset-0"> ···· 오프셋 없이 열 넓이를 5로 바꿉니다.
        <figure>
          <img class="product" v-bind:src="product.image">
        </figure>
      </div>
      <div class="col-md-6 col-md-offset-0 description"> ···· 오프셋 없이 열 넓이를 바꿉니다.
...
    </div><!-- end of row -->
    <hr /> ···· 가로 규칙 태그를 추가합니다.
  </div><!-- end of v-for --> ···· v-for 지시자에 대한 닫기 태그를 표시합니다.
</div><!-- end of showProduct -->
```

v-for 지시자를 추가했지만 작은 문제가 몇 가지 있습니다. checkRating 메서드와 canAddToCart 계산된 속성이 아직도 this.product를 참조하고 있습니다. this.products 배열을 참조하도록 바꾸어야 합니다.

조금 까다로울 수 있습니다. checkRating 메서드를 수정하는 것으로 시작하겠습니다. 이 메서드는 각 상품이 별을 몇 개 가졌는지 판단합니다. 이는 상품 별칭을 메서드에 전달함으로써 해결할 수 있습니다. 코드 5-15와 같이 index.html 파일에서 checkRating 메서드를 수정하세요.

코드 5-15 상품 정보로 checkRating 수정하기: chapter-05/check-rating.js

```
methods: {
  checkRating(n, myProduct) {  ---- 하나의 상품을 받는 새로운 checkRating 메서드를 보여 줍니다.
    return myProduct.rating - n >= 0;
  },
```

코드 5-16 점수를 위한 템플릿 업데이트하기: chapter-05/update-template.html

```
<span class="inventory-message"
    v-else>지금 구매하세요!
</span>
<div class="rating">
  <span v-bind:class="{'rating-active': checkRating(n, product)}"  ---- 상품 하나를 받도록
      v-for="n in 5">☆                                                 checkRating 메서드를
  </span>                                                              업데이트합니다.
</div>
```

아직 하지 않았다면 내려받은 예제 파일에서 chapter-05/assets/images 폴더의 사진을 로컬 assets/images 폴더로 옮기세요. 마찬가지로 chapter-05/assets/css/app.css 파일도 assets/css 폴더로 옮기세요.

앱 리팩토링을 위해 마지막으로 해야 할 일은 계산된 속성인 canAddToCart를 수정하는 것입니다. 이 속성은 장바구니에 가능한 목록 개수를 초과했을 때 **장바구니 담기** 버튼을 회색으로 표시합니다.

어떻게 해야 하는지 궁금할 수 있습니다. 이전에는 상품이 1개였기 때문에 해당 상품의 목록이 초과했는지 알기 쉬웠습니다. 상품이 여러 개일 때는 장바구니의 각 상품을 순환하면서 새 아이템을 추가할 수 있는지 계산해야 합니다.

생각보다 쉽습니다. canAddToCart 계산된 속성을 옮기고 메서드로 만들면 됩니다. 그리고 해당 메서드를 업데이트해서 상품을 받을 수 있게 합니다. 마지막으로는 조건부를 업데이트해서 상품 숫자를 가져올 수 있게 하겠습니다.

상품 숫자를 가져오기 위해 ID를 받고 해당 ID의 아이템 개수를 반환하는 새로운 cartCount 메서드를 만들겠습니다. cartCount는 간단한 for 반복문을 이용하여 장바구니 배열을 순환합니다. 일치할 때마다 count 변수를 증가시키고 마지막에는 해당 변수를 반환합니다.

index.html 파일에 canAddToCart 메서드를 추가합니다. 계산된 속성 칸에서 메서드로 옮기면 됩니다. cartCount 메서드도 만드세요.

5

조건부, 반복, 리스트

코드 5-17 canAddToCart 메서드를 업데이트하고, cartCount 메서드 추가하기: chapter-05/update-cart.js

```
canAddToCart(aProduct) {
  return aProduct.availableInventory > this.cartCount(aProduct.id); ┈┐
},                                                                    │
cartCount(id) { ┈┈┈ 장바구니에 해당 ID에 대한 아이템 개수를
  let count = 0;       반환하는 새 cartCount 메서드를 보여 줍니다.
  for (var i = 0; i < this.cart.length; i++) { ┈┈ 장바구니의 모든 아이템을 검사하는
    if (this.cart[i] === id) {                      반복문을 보여 줍니다.
      count++;
    }
  }
  return count;
}
```

장바구니에 있는 아이템 개수가 남아 있는 목록 개수보다 많은지 또는 적은지(참 혹은 거짓)를 반환합니다.

canAddToCart 수정의 마지막으로 템플릿을 최신화하고 템플릿에 상품을 전달해야 합니다. 이와 동시에 addToCart 메서드를 수정해서 상품을 받도록 하겠습니다. index.html 파일을 수정하고 canAddToCart와 addToCart 메서드에 상품 별칭을 넘겨주세요.

코드 5-18 canAddToCart 템플릿 수정하기: chapter-05/update-can-add-cart.html

```
<button class="btn btn-primary btn-lg"
    v-on:click="addToCart(product)" ┈┈ addToCart를 수정해서 상품을 받도록 합니다.
    v-if="canAddToCart(product)">장바구니 담기</button> ┈┈ canAddToCart를 수정해서
                                                              상품을 받도록 합니다.
```

둘 다 간단한 수정이었습니다. 템플릿에 addToCart를 추가했으니 메서드가 상품 ID를 추가하도록 수정해야 합니다. 코드 5-19와 같이 이번 수정은 푸시 변경 메서드를 사용하겠습니다.

Note ☰   변경 메서드

Vue는 배열을 사용할 수 있는 변경 메서드가 많습니다. 또 Vue는 관습에 따라 관찰자로 배열을 감쌉니다. 배열에 어떤 변화라도 생기면 템플릿에 이를 알리고 업데이트합니다. 변경 메서드는 호출한 원본 배열을 변형시킵니다. 이러한 변경 메서드는 push, pop, shift, splice, sort, reverse를 포함합니다.

조심하세요. Vue가 감지할 수 없는 특정한 배열의 변화가 있습니다. 이는 this.cart[index] = newValue처럼 아이템을 직접 설정하거나 this.item.length = newLength처럼 길이를 변경하는 것들을 포함합니다. 변형을 더 알고 싶다면 https://vuejs.org/v2/guide/list.html#Mutation-Methods에서 공식 가이드를 확인하세요.

코드 5-19 addToCart 메서드 업데이트하기: chapter-05/update-add-cart.js

```
addToCart(aProduct) {
  this.cart.push(aProduct.id); ⋯⋯ 장바구니에 상품 ID를 추가합니다.
},
```

이제 문제없이 **장바구니 담기** 버튼을 누를 수 있습니다. 버튼을 누를 때마다 상품 ID가 장바구니에 추가되고, 스크린 상단에 장바구니 개수가 자동으로 업데이트됩니다.

마지막 리팩토링 단계는 이전에 만든 상품 목록의 메시지를 수정하는 것입니다. 문제는 아직도 전체 장바구니 아이템 개수로 어떤 메시지를 표시할지 결정한다는 점입니다. 해당 코드를 수정해서 이제는 장바구니의 특정 아이템 개수를 기반으로 메시지를 표시해 봅시다.

문제를 해결하기 위해 cartItemCount 메서드를 상품 ID를 받는 cartCount 메서드로 바꿉니다. index.html 파일을 업데이트하고 목록 메시지를 찾으세요. 코드 5-20과 같이 cartCount를 사용하는 새로운 표현식으로 v-if와 v-else-if 지시자를 업데이트하세요.

코드 5-20 목록 메시지 업데이트하기: chapter-05/update-inventory.html

```
<span class="inventory-message"
    v-if="product.availableInventory - cartCount(product.id) === 0"> ⋯⋯
  품절!                                                                   cartCount로 v-if 지시자의
</span>                                                                   새 표현식을 나열합니다.
<span class="inventory-message"
    v-else-if="product.availableInventory - cartCount(product.id) < 5"> ⋯⋯
  {{product.availableInventory - cartCount(product.id)}} 남았습니다!
</span>                                                                   cartCount로 v-else-if 지시자의
<span class="inventory-message"                                          새 표현식을 나열합니다.
    v-else>지금 구매하세요!
</span>
```

다 되었습니다! 이제 웹 페이지를 불러와 결과를 확인할 수 있습니다. http-server -p 8000 명령어로 http-server가 돌아가는지 확인하고, 웹 브라우저를 새로 고침하세요. products.json 파일에서 가져온 모든 아이템이 나열된 웹 페이지를 볼 수 있습니다. 그림 5-9는 products 객체를 순환하는 v-for 지시자를 사용하여 완전히 리팩토링된 앱을 보여 줍니다.

웹 브라우저에서 예상한 대로 잘 작동하는지 확인하세요. **장바구니 담기** 버튼을 누르고 메시지 변화를 확인하세요. 아이템 개수가 0이 되었을 때 버튼이 비활성화되는지 확인하세요. products.json 파일을 수정해서 웹 브라우저를 새로 고침해 보세요. 모든 것이 정상적으로 업데이트될 것입니다.

▼ 그림 5-9 products.json 파일을 순환하는 몇몇 아이템 표시

5.3 레코드 정렬

가끔 배열이나 객체를 v-for 지시자를 사용해서 표시할 때 값들을 정렬하고 싶을 수 있습니다. Vue는 이를 아주 쉽게 해결해 줍니다. 지금 같은 경우는 정렬된 결과를 반환하는 계산된 속성을 만들어 주면 됩니다.

우리 앱에서는 JSON 파일에서 상품 목록을 가져옵니다. 표시된 상품 순서는 파일 순서와 일치합니다. 정렬 순서를 수정해서 상품 이름을 가나다 순으로 표시하겠습니다. 이를 위해 계산된 속성 sortedProducts를 만들겠습니다. 일단은 템플릿을 업데이트합시다.

index.html 파일을 업데이트하고 템플릿에서 상품을 나열하는 v-for 지시자를 찾으세요. products 객체가 아닌 sortedProducts를 사용하도록 v-for를 수정하세요.

코드 5-21 템플릿에 정렬 추가하기: chapter-05/add-in-sort.html

```
<div v-if="showProduct">
  <div v-for="product in sortedProducts"> ···· 새로운 sortedProducts 계산된 속성을 추가합니다.
    <div class="row">
```

sortedProducts도 추가했으니 계산된 속성을 생성합니다. 그런데 문제가 하나 있습니다. 앱을 불러오면서 생성 후 생명 주기 훅 내에서 프로미스로부터 products.json 파일 정보를 불러오기 때문에 this 데이터가 없을 수도 있습니다. 이를 해결하기 위해 코드를 if 블록으로 감싸 상품이 존재하는지 판단하겠습니다.

코드 5-22와 같이 상품 이름으로 정렬하는 비교 함수를 정의합시다. 그리고 넘겨받은 비교 함수와 함께 자바스크립트의 배열 정렬을 사용해서 상품 이름을 가나다 순으로 정렬하겠습니다.

코드 5-22 sortedProducts 계산된 속성: chapter-05/sort-products-comp.js

```
sortedProducts() {
  if (this.products.length > 0) {
    let productsArray = this.products.slice(0); ···· 자바스크립트 slice를 사용해서 객체를 배열로 변환합니다.
    function compare(a, b) { ···· 상품 이름에 따라 비교하는 비교 함수입니다.
      if (a.title.toLowerCase() < b.title.toLowerCase())
        return -1;
      if (a.title.toLowerCase() > b.title.toLowerCase())
        return 1;
      return 0;
    }
    return productsArray.sort(compare); ···· 새로운 상품 배열을 반환합니다.
  }
}
```

이 정도면 될 것 같습니다. 웹 브라우저를 새로 고침하면 상품 이름을 가나다 순으로 나열한 모습을 볼 수 있습니다. 그림 5-10은 정렬된 배열 결과를 보여 줍니다. 마우스 스크롤을 내리면 모든 상품이 나열되어 있습니다. 제대로 작동하는지 다시 한 번 확인해 보세요.

▼ 그림 5-10 정렬된 상품 배열

VUE.JS

5.4 연습 문제

이 장에서 배운 내용을 바탕으로 다음 질문에 답하세요.

- v-for 범위는 무엇이고 일반적인 v-for와 어떤 차이점이 있나요?

부록 B에서 답을 확인하세요.

5.5 요약

- Vue의 조건부는 v-if, v-else-if, v-else 지시자를 사용하여 생성합니다. 가끔 v-show 지시자를 사용하지만 자주 사용하지는 않습니다.

- v-for 지시자는 매우 다재다능합니다. 양의 정수, 배열 요소 혹은 객체 속성 값과 키를 순환하면서 HTML 마크업, Vue 템플릿 혹은 Vue 컴포넌트를 복제할 수 있습니다. 모든 유형의 표현식을 사용하여 항목을 반복할 수 있습니다.

- 계산된 속성을 이용하여 쉽게 값들을 정렬할 수 있습니다. 계산된 속성을 v-for 지시자와 함께 사용해서 결과를 정렬할 수 있습니다.

6장

컴포넌트 사용

이 장에서 다룰 핵심 내용

- 컴포넌트 부모와 자식의 관계 이해
- 지역과 전역 컴포넌트 등록
- 속성과 속성 검증 사용
- 사용자 지정 이벤트 추가

이전 장에서 조건부, 반복문, 리스트를 배웠습니다. 코드를 반복하지 않고 반복문을 사용하여 단순화했고, 조건부로는 사용자 행동에 따라 다른 메시지를 보여 주었습니다. 여기까지 좋습니다. 하지만 애플리케이션 코드가 이제 300줄이 넘었습니다. 매 장마다 업데이트한 index.html 파일은 계산된 속성, 필터, 메서드, 생명 주기 훅, 데이터 속성들을 포함하고 있습니다. 이렇게 많은 정보에서 특정 정보를 찾기란 쉽지 않습니다.

이를 해결하려면 코드를 분리하고 컴포넌트화해야 합니다. 코드의 각 부분은 재활용이 가능해야 하고 속성과 이벤트를 넘겨줄 수 있어야 합니다.

Vue.js 컴포넌트는 이를 쉽게 해결합니다. 시작하기에 앞서 몇몇 컴포넌트의 기본 사항과 컴포넌트가 어떻게 작동하는지 예를 들어 살펴보겠습니다. 그리고 컴포넌트의 지역 혹은 전역 등록도 알아볼 것입니다. 이후에는 어떻게 속성을 넘겨주고 검증하는지 그 예도 살펴봅니다. 이 장 마지막에서는 나만의 템플릿과 사용자 지정 이벤트를 정의하는 것으로 마무리하겠습니다.

지금까지 만든 애완용품샵은 다음 장에서 단일 파일 컴포넌트, 빌드 도구, Vue-CLI와 함께 다시 살펴볼 것입니다.

6.1 컴포넌트란?

Vue.js에서 컴포넌트는 코드 베이스를 줄이고 단순화하는 강력한 구성 요소입니다. 대부분의 Vue.js 앱은 하나 이상의 컴포넌트로 이루어져 있습니다. 컴포넌트로 코드에서 반복되는 부분을 가져와 이해하기 쉬운 작은 논리적 부분으로 분리할 수 있습니다. 각 컴포넌트는 애플리케이션 내에서 재사용할 수 있습니다. 컴포넌트는 단일 요소를 이용하여 접근할 수 있는 요소의 집합체로 정의합니다. 어떤 경우에는 특별한 is 요소를 사용하는 순수 HTML 요소로 나타날 수 있습니다 (이 장 후반에서 해당 연산자를 알아보겠습니다).

그림 6-1은 몇몇 HTML 태그를 컴포넌트 하나로 전환하는 간단한 예입니다. <div> 태그의 시작 태그와 종료 태그 내에 있는 모든 HTML은 my-component라는 컴포넌트 하나로 캡슐화되어 있습니다. 또 웹 브라우저가 지원하거나 이 장 후반에 알아볼 단일 파일 컴포넌트를 사용한다면 스스로 닫는 태그인 <my-component />를 사용할 수 있습니다.

▼ 그림 6-1 코드를 컴포넌트로 캡슐화하는 예

❶ HTML 요소의 집합을 그룹화할 수 있습니다.

```
<div>
  <ul>
    <p>컴포넌트 예</p>          <my-component></my-component>
  </ul>
</div>
```

❷ HTML 요소는 my-component라는 컴포넌트 하나로 캡슐화됩니다.

6.1.1 컴포넌트 생성

우리의 첫 Vue 컴포넌트를 생성하기 전에 먼저 Vue.js 루트 인스턴스를 생성한 후 애플리케이션을 어떻게 구축할지 결정해야 합니다. Vue.js는 지역 혹은 전역으로 컴포넌트를 등록할지에 대한 선택권을 제공합니다. 전역 컴포넌트는 애플리케이션 전체에서 사용 가능하고, 전역 컴포넌트는 컴포넌트가 생성된 Vue.js 인스턴스 내에서만 사용할 수 있습니다. 전역 컴포넌트를 먼저 만들어 봅시다.

이전에도 언급했듯이, 전역 컴포넌트는 모든 Vue.js 인스턴스에서 사용할 수 있습니다. 이번 예제에서는 이름이 my-component인 전역 컴포넌트를 만들어 보겠습니다. Vue.js는 컴포넌트 이름을 굉장히 유연하게 지을 수 있습니다. 다른 프레임워크와 달리 Vue.js는 컴포넌트 이름에 어떤 규칙도 강요하지 않습니다. 일반적으로 모든 컴포넌트 이름은 붙임표를 포함한 소문자로 하는 것이 좋습니다.

6.1.2 전역 등록

전역 컴포넌트를 생성하려면 컴포넌트를 Vue 인스턴스 앞에 배치해야 합니다. 코드 6-1과 같이 전역 컴포넌트(my-component)는 new Vue로 생성되기 바로 이전에 정의됩니다.

컴포넌트에 정보를 표시하려면 템플릿 속성을 추가해야 합니다. 템플릿은 HTML이 있는 곳입니다. 모든 템플릿은 태그로 감싸야 한다는 점을 명심하세요. 예제에서는 <div> 태그로 컴포넌트를 감쌌습니다. 그렇지 않으면 콘솔에서 에러를 출력하고 화면에 템플릿이 렌더링되지 않습니다.

컴포넌트가 제대로 렌더링되기 위해 마지막으로 해야 할 일은 컴포넌트를 부모 템플릿에 추가하는 것입니다. 이를 위해 코드 6-1과 같이 사용자 지정 태그를 앱

6

컴포넌트 사용

의 부모 시작점인 `<div id="app">`에 추가합니다. 이 장을 진행하면서 모든 예제는 직접 작성해 보세요. 꼭 .html 파일로 저장하고 웹 브라우저에서 불러오세요.

코드 6-1 첫 전역 컴포넌트 생성하기: chapter-06/global-component-example.html

```
<!DOCTYPE html>
<html>
<head>
  <script src="https://unpkg.com/vue"></script> ···· Vue.js에 스크립트 태그를 추가합니다.
</head>
<body>
  <div id="app">
    <my-component></my-component> ···· 템플릿에 컴포넌트를 추가합니다.
  </div>
  <script>
    Vue.component('my-component', { ···· 컴포넌트에 전역 Vue를 등록합니다.
      template: '<div>안녕, 전역 컴포넌트로부터</div>' ···· 컴포넌트를 템플릿에 렌더링합니다.
    });

    new Vue({ ···· Vue 인스턴스를 초기화합니다.
      el: "#app"
    });
  </script>
</body>
</html>
```

딱 보아도 애플리케이션이 유용해 보이지 않습니다. 해당 파일을 웹 브라우저에서 열면 "안녕, 전역 컴포넌트로부터"라는 메시지를 볼 수 있습니다. 여기까지는 기본적인 요소들을 이해하는 간단한 예제였습니다. 이제 지역 등록을 알아보고 전역 등록과 어떻게 다른지 살펴보겠습니다.

> **Note 특별한 요소 is**
>
> DOM에서 컴포넌트를 사용할 때 특별한 제한들이 있습니다. 특정 HTML 태그인 `<ul>`, `<ol>`, `<table>`, `<select>`는 해당 태그 내에 들어갈 수 있는 요소 타입이 제한되어 있습니다. 이는 DOM이 컴포넌트를 잘못된 내용으로 처리하는 방법 때문입니다. 해결 방법으로는 is 요소를 사용하는 것입니다. `<table><tr is="my-row"></tr></table>`처럼 HTML 태그 내에 컴포넌트를 추가하는 대신, 요소에 직접 컴포넌트를 추가할 수 있습니다. tr 요소는 이제 my-row 컴포넌트와 연결되어 원하는 기능과 일치하는 tr 컴포넌트를 만들 수 있습니다. 이 제한은 인라인, x-템플릿, .vue 컴포넌트에는 적용되지 않습니다. 해당 요소에 대한 더 많은 정보는 http://mng.bz/eqUY 공식 가이드에서 확인하세요.

6.1.3 지역 등록

지역 등록은 Vue 인스턴스 하나로 범위를 제한합니다. 지역 등록은 컴포넌트의 인스턴스 옵션과 함께할 수 있습니다. 컴포넌트가 지역적으로 등록되고 난 후에는 등록한 Vue 인스턴스만 해당 컴포넌트에 접근할 수 있습니다.

코드 6-2에서 지역 컴포넌트의 간단한 예를 볼 수 있습니다. 이전에 등록한 전역 컴포넌트와 매우 비슷해 보입니다. 가장 큰 차이점은 components라는 새 인스턴스 옵션이 있다는 것입니다.

컴포넌트 인스턴스 옵션은 해당 Vue 인스턴스에서 필요한 모든 컴포넌트를 선언합니다. 각 컴포넌트는 키-값 쌍을 가집니다. 키는 항상 부모 템플릿에서 나중에 참조할 컴포넌트 이름입니다. 값은 컴포넌트 정의입니다. 코드 6-2에서 컴포넌트 이름은 my-component고 값은 Component입니다. Component는 컴포넌트를 정의하는 const(상수) 변수입니다.

코드 6-2에서는 컴포넌트 이름을 my-component로 하고, 변수 이름을 Component로 했습니다. 아무 이름이나 붙여도 되지만, 조금 전에도 말했듯이 케밥 케이스라고도 하는 붙임표와 소문자를 사용한 컴포넌트 이름을 지어 보세요.

코드 6-2 지역 컴포넌트 등록하기: chapter-06/local-component-example.html

```html
<!DOCTYPE html>
<html>
<head>
  <script src="https://unpkg.com/vue"></script>
</head>
<body>
  <div id="app">
    <my-component></my-component>
  </div>
  <script>
    const Component = {  ---- 컴포넌트 선언을 포함한 const 변수입니다.
      template: '<div>안녕, 지역 컴포넌트로부터</div>'  ---- 해당 컴포넌트를 표시할 템플릿입니다.
    }

    new Vue({
      el: '#app',
      components: {'myComponent': Component}  ---- 컴포넌트를 선언하는 컴포넌트 인스턴스 옵션입니다.
    });
  </script>
</body>
</html>
```

웹 브라우저에 웹 페이지를 불러오고 나면 "안녕, 지역 컴포넌트로부터"를 볼 수 있습니다. 보이지 않으면 콘솔에서 에러가 발생했는지 다시 한 번 확인해 보세요. 오타가 있거나, 템플릿을 〈div〉 태그로 감싸는 것을 깜빡했거나, 모든 HTML 태그를 닫는 것을 빠트렸을 수 있습니다.

> **Note 三 케밥 케이스 vs. 카멜 케이스**
>
> 컴포넌트 이름을 원하는 대로 지정할 수 있지만, 주의할 점이 하나 있습니다. HTML 템플릿 안에서는 사용하려는 이름과 같은 케밥 케이스(붙임표를 사용한 소문자)를 사용해야 합니다. 컴포넌트를 'myComponent'로 등록했다고 합시다. 카멜 케이스를 사용할 때는 HTML 템플릿이 무조건 케밥 케이스여야 하므로 컴포넌트는 〈my-component〉가 되어야 합니다. 이는 파스칼 케이스도 같습니다. 컴포넌트를 MyComponent로 지으면 HTML 템플릿은 반드시 케밥 케이스인 〈my-component〉가 되어야 합니다. 나중에 배우겠지만, 해당 규칙은 속성에도 적용됩니다.
>
> 나중에 단일 파일 컴포넌트를 살펴볼 때는 문제가 되지 않습니다. 그때까지는 케밥 케이스만 사용하세요. http://mng.bz/5q9q 공식 문서에서 케밥 케이스 vs. 카멜 케이스를 자세히 알아볼 수 있습니다.

6.2 컴포넌트의 관계

댓글 시스템을 구현한다고 생각해 보세요. 시스템은 각 사용자가 입력한 댓글 리스트를 표시해야 합니다. 각 댓글은 사용자 이름, 시간, 날짜, 댓글 내용을 포함해야 하고, 시스템의 각 사용자는 자신의 댓글을 삭제하거나 수정할 수 있어야 합니다.

아마 맨 처음 드는 생각이 v-for 지시자 사용일 것입니다. 이전 장에서 상품 목록 순환을 위해 재고 리스트를 사용했을 때는 아주 좋았습니다. 그런데 요구 사항이 변해서 이제 댓글의 댓글을 보여 주거나 추천과 반대 시스템이 필요하다고 합시다. 코드가 금방 복잡해질 것입니다.

컴포넌트는 이 문제를 해결할 수 있습니다. 이러한 관계에서 댓글은 댓글 리스트 컴포넌트에 표시됩니다. 부모(Vue.js 루트 인스턴스)는 앱의 나머지 부분을 담당합니다. 또 부모는 백엔드에서 댓글 데이터를 가져오는 메서드를 포함합니다. 부모는 가져온 데이터를 자식 컴포넌트인 comment-list에 넘겨줍니다. comment-list 컴포넌트는 전달받은 모든 댓글 표시를 담당합니다.

각 컴포넌트는 자체 분리된 범위가 있어 부모 데이터에 직접 접근할 수 없다는 것을 명심하세요. 이것이 항상 데이터를 전달하는 이유입니다. Vue.js에서 전달된 데이터를 props라고 합니다. 속성(properties)의 줄임 말이지만 Vue.js 안에서는 props로 참조해야 합니다. 자식 컴포넌트는 각각 명시적으로 props 옵션을 사용해서 받아야 할 속성을 명시해야 합니다. 이 옵션은 Vue.js 인스턴스에 있고 props: ['comment']처럼 배열 형태를 포함합니다. 지금 예제에서는 'comment'가 컴포넌트에 전달될 속성입니다. 속성이 여러 개라면 각각을 쉼표로 분리할 수 있습니다. 속성은 부모 컴포넌트에서 자식 컴포넌트로 단방향입니다(그림 6-2 참고).

▼ 그림 6-2 부모 컴포넌트는 자식 컴포넌트로 데이터 전달 가능

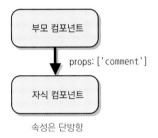

4장에서 v-model 지시자가 어떻게 폼 입력과 텍스트 범위 요소에서 양방향 데이터 바인딩을 형성하는지 이야기했습니다. v-model 요소 변화는 Vue.js 인스턴스의 데이터 속성을 업데이트하고, 그 반대도 마찬가지입니다. 하지만 컴포넌트는 단방향 데이터 바인딩을 형성합니다. 부모가 속성을 업데이트하면 속성은 자식 컴포넌트로 흘러가지만, 반대로는 흐르지 않습니다. 이는 중요한 차이점으로, 실수로 자식이 부모 상태를 바꾸는 것을 방지합니다. 자식으로 부모 상태를 변경하면 그림 6-3과 같은 에러를 볼 수 있습니다.

▼ 그림 6-3 콘솔 에러가 직접적인 속성 변경을 경고

모든 값은 참조로 전달됩니다. 객체나 배열이 자식 내에서 변경되면, 이는 부모 상태에 영향을 줍니다. 이는 항상 원하는 결과가 아니기 때문에 미리 방지해야 합니다. 그 대신에 모든 변경은 부모에게서만 이루어져야 합니다. 이 장 후반에 이벤트를 이용하여 자식에서 부모 데이터를 변경할 수 있는지 살펴보겠습니다.

6.3 속성을 사용해서 데이터 전달

이전에 말했듯이 속성은 부모에서 자식 컴포넌트로 데이터를 전달할 때 씁니다. 속성은 단방향 통신에만 사용되며, 부모에게만 할당할 수 있는 변수로 생각하면 됩니다.

또 속성은 유효성을 검사할 수 있습니다. 전달된 값이 특정 타입의 유효성 검사를 따르는지 확인할 수 있습니다. 이것도 살펴보겠습니다.

6.3.1 리터럴 속성

가장 쉬운 속성 타입은 리터럴 속성입니다. 이 속성은 컴포넌트에 전달할 수 있는 단순 문자열입니다. 템플릿 안에서 일반적인 방법으로 컴포넌트를 생성했지만, 추가 속성으로 <my-component text="World"></my-component>처럼 구성 요소의 산형 괄호 안에 새 속성을 추가합니다. 템플릿은 중괄호 안에 템플릿을 삽입합니다.

종종 문자열만 전달하지 않고 실제 값을 속성으로 전달하고 싶을 때, 값이 아닌 문자열을 전달하기도 하는데 이는 많은 초보자가 하는 실수입니다. 값을 전달하려면 v-bind 지시자를 사용해야 합니다.

코드 6-3에서 리터럴 속성을 전달하는 예를 볼 수 있습니다. 해당 예제를 복사해서 에디터에 붙여 직접 실습해 보세요. my-component가 "World" 값을 전달받은 것을 볼 수 있습니다. 해당 값을 코드 6-3과 같이 템플릿의 text 속성을 사용해서 보여 줄 수 있습니다.

코드 6-3 컴포넌트에 리터럴 속성 사용하기: chapter-06/literal-props.html

```
<!DOCTYPE html>
<html>
<head>
  <script src="https://unpkg.com/vue"></script>
</head>
<body>
  <div id="app">
    <my-component text="World"></my-component> ···· 문자 리터럴을 전달받은 컴포넌트입니다.
  </div>
  <script>
```

```
    const MyComponent = {
      template: '<div>안녕 {{text}}! </div>',    ···· 템플릿에서 안녕 메시지와 전달받은 속성을 표시합니다.
      props: ['text']
    }

    new Vue({
      el: "#app",
      components: {'my-component': MyComponent}
    });
    </script>
  </body>
</html>
```

6.3.2 동적 속성

동적 속성(dynamic props)은 변경될 수 있는 속성(정적 문자인 리터럴 속성과 다르게)을 가지고 있는 부모에게서 전달받은 속성입니다. v-bind 지시자를 사용해서 올바르게 전달되었는지 확인할 수 있습니다. 이전 절의 예제를 업데이트하고 새로운 속성인 text에 메시지를 전달해 보겠습니다.

<my-component v-bind:text="message"></my-component> 컴포넌트는 새로운 v-bind 지시자 속성을 가집니다. 이는 속성 text를 새로운 message에 연결합니다. message는 데이터 함수에서 가져온 속성입니다.

지금까지 계속 따라온 사람들은 눈치챘겠지만, 코드 6-4에서 볼 수 있듯이 Vue.js 인스턴스의 데이터는 더 이상 data: {} 객체가 아닙니다. 이것은 의도된 것으로 컴포넌트가 조금 다르게 작동할 수 있지만, 데이터는 객체가 아닌 함수로 표현되어야 합니다.

my-component에 데이터 객체를 추가하면 콘솔에 에러가 나타납니다. 일관성을 유지하기 위해 지금부터는 루트 Vue 인스턴스와 컴포넌트에 data를 함수로 사용하겠습니다.

코드 6-4는 동적 속성을 사용하는 예입니다. 에디터에 복사해 넣고 한번 실행해 보세요.

코드 6-4 동적 속성 사용하기: chapter-06/dynamic-props.html

```
<!DOCTYPE html>
<html>
<head>
  <script src="https://unpkg.com/vue"></script>
</head>
```

```
<body>
  <div id="app">
    <my-component :text="message"></my-component>    ···· v-bind 지시자를 사용해서 부모에게 받은
  </div>                                                   메시지를 자식의 text에 연결합니다.
  <script>
  const MyComponent = {
    template: `<div>안녕 {{text}}! </div>`,    ···· text 속성을 표시하는 템플릿입니다.
    props: ['text']
  };

  new Vue({
    el: "#app",
    components: {'my-component': MyComponent},
    data() {
      return {
        message: '부모 컴포넌트로부터!'    ···· 메시지를 반환하는 데이터 함수입니다.
      }
    }
  });
  </script>
</body>
</html>
```

진행하기 앞서 현재 프로그램에 카운터를 3개 추가해야 한다고 상상해 보세요. 각 카운터는 각각 0에서 시작해서 증가해야 합니다. 그리고 각 카운터는 클릭하면 숫자가 증가하는 버튼으로 구성되어 있습니다. 어떻게 하면 컴포넌트를 사용해서 구현할 수 있을까요?

코드 6-4에서 코드를 가져와 업데이트합시다. myComponent와 카운터에 데이터 함수를 추가하세요. 아마 전역 변수를 추가해야겠다고 생각할 것입니다. 일단 해 보고 어떻게 되는지 살펴보겠습니다.

코드 6-5와 같이 컴포넌트를 세 번 추가했습니다. 전역 const(상수) 객체인 counter를 생성하고 0으로 초기화했습니다. 템플릿에서는 v-on 지시자를 사용해서 간단한 클릭 이벤트 바인딩을 생성했습니다. 카운터 변수는 클릭할 때마다 1씩 증가합니다.

코드 6-5 전역 카운터를 사용한 동적 속성: chapter-06/dynamic-props-counter.html

```
<!DOCTYPE html>
<html>
<head>
  <script src="https://unpkg.com/vue"></script>
```

```
    </head>
    <body>
      <div id="app">
        <my-component></my-component>
        <my-component></my-component> ┄┄┄ 컴포넌트를 세 번 나열합니다.
        <my-component></my-component>
      </div>
      <script>
      const counter = {counter: 0}; ┄┄ 전역 변수 카운터입니다.
      const MyComponent = {
        template: '<div><button v-on:click="counter +=1"> {{counter}} </button></div>', ┄┄
        data() {                                                          클릭할 때마다 카운터가
          return counter; ┄┄ 데이터 함수는 전역 카운터를 반환합니다.           증가합니다.
        }
      }

      new Vue({
        el: "#app",
        components: {'my-component': MyComponent},
        data() {
          return {
            message: ''
          }
        }
      });
      </script>
    </body>
    </html>
```

작성한 코드를 웹 브라우저에 띄워 보세요. 웹 페이지에서 버튼을 몇 번 눌러 무슨 일이 일어나는
지 보세요(그림 6-4 참고).

▼ 그림 6-4 웹 브라우저의 동적 속성 예

놀랍게도 어떤 버튼을 눌러도 모든 버튼의 카운터 숫자가 올라가는 것을 볼 수 있습니다. 우리가
원하는 모습은 아니지만, 범위 공유 방법의 좋은 예이기도 합니다.

코드 6-6과 같이 문제를 해결하기 위해 코드 6-5를 가져와 업데이트하겠습니다. const(상수) 카운터를 삭제하고 데이터 함수를 업데이트하세요. 그리고 데이터 함수가 전역 카운터를 반환하지 않고 고유의 카운터를 반환하도록 하세요. 이 카운터는 해당 컴포넌트에 대해 지역적인 범위가 설정되기 때문에 다른 컴포넌트와 공유하지 않습니다.

코드 6-6 올바른 반환 객체를 가진 카운터 업데이트하기: chapter-06/dynamic-props-counter-correct.html

```html
<!DOCTYPE html>
<html>
<head>
  <script src="https://unpkg.com/vue"></script>
</head>
<body>
  <div id="app">
    <my-component></my-component>
    <my-component></my-component>
    <my-component></my-component>
  </div>
  <script>
  const MyComponent = {
    template: '<div><button v-on:click="counter +=1"> {{counter}} </button></div>',
    data() {
      return {
        counter: 0 ---- 데이터 함수가 카운터를 반환합니다.
      }
    }
  }
// ...
  </script>
</body>
</html>
```

웹 브라우저에서 작성한 코드를 띄워 보세요. 각 버튼을 눌러 보고 카운터를 관찰해 보세요(그림 6-5 참고).

▼ 그림 6-5 지역 범위를 가진 동적 속성 예

각 버튼을 누르면 각자의 카운터만 증가합니다.

이번에는 제대로 작동하는군요! 각 버튼을 누르면 해당 카운터만 증가하고, 다른 카운터에는 영향을 주지 않습니다.

6.3.3 속성 검증

Vue.js는 부모에게 받은 속성의 유효성 여부를 검증하는 '속성 검증(prop validation)' 기능이 있습니다. 많은 사람이 같은 컴포넌트를 사용하는 팀 프로젝트에서 굉장히 유용합니다.

속성 타입을 체크하는 것으로 시작해 보겠습니다. Vue.js는 다음 속성 타입에 대한 순수 생성자를 제공합니다.

- 문자열(string)
- 숫자(number)
- 불(boolean)
- 함수(function)
- 객체(object)
- 배열(array)
- 기호(symbol)

코드 6-7에서 속성 검사를 사용하는 방법을 볼 수 있습니다. 일단 첫 컴포넌트로 my-component를 만들고 값을 전달하겠습니다. 컴포넌트는 템플릿에서 해당 값들을 표시할 것입니다.

속성 배열인 ['nameofProp']를 만드는 대신 객체를 생성합니다. 각 객체 이름의 속성을 따라갑니다. 그리고 타입을 지정하기 위해 새로운 객체를 생성합니다. 타입으로는 필수(required) 또는 기본값(default)을 추가할 수 있습니다. 기본값은 속성에 아무 값도 전달되지 않았을 때의 값을 의미합니다. 속성 타입이 객체라면 반드시 기본값이 할당되어야 합니다. 필수 속성은 말 그대로 템플릿에서 컴포넌트가 생성될 때 필요한 속성입니다.

코드 6-7에서 마지막으로 알아볼 것은 짝수 속성입니다. 이는 커스텀 유효성 검사자라고도 합니다. 지금 같은 경우는 값이 짝수인지 아닌지를 검사합니다. 짝수라면 참을 반환합니다. 짝수가 아니라면 콘솔에 에러를 띄웁니다. 커스텀 검사자는 모든 타입의 함수를 수행할 수 있습니다. 한 가지 규칙이라면 참 혹은 거짓을 반환해야 한다는 점입니다.

또 단일 콜론(:)은 v-bind의 약자입니다. 이는 v-on의 약자가 기호(@)와 같은 방식입니다.

```
<!DOCTYPE html>
<html>
<head>
  <script src="https://unpkg.com/vue"></script>
</head>
<body>
  <div id="app">
    <my-component :num="myNumber" :str="passedString"
        :even="myNumber" :obj="passedObject"></my-component>  ···· my-component로 값을
                                                                    전달합니다.
  </div>
  <script>
  const MyComponent = {
    template: '<div>숫자: {{num}}<br />문자열: {{str}} \  ···· MyComponent 템플릿이
        <br />짝수?: {{even}}<br />객체: {{obj.message}} </div>',  모든 속성을 표시합니다.
    props: {
      num: {  ···· 숫자 검증은 반드시 있어야 합니다.
        type: Number,
        required: true
      },
      str: {  ···· 문자열 검증은 기본값을 포함합니다.
        type: String,
        default: "안녕"
      },
      obj: {  ···· 객체 검증은 기본 메시지가 있습니다.
        type: Object,
        default: () => {
          return {message: '안녕, 객체로부터'}
        }
      },
      even: {  ···· 커스텀 검사자는 숫자가 짝수인지 아닌지를 확인해야 합니다.
        validator: (value) => {
          return (value % 2 === 0)
        }
      }
    }
  }

  new Vue({
    el: '#app',
    components: {'my-component': MyComponent},
    data() {
      return {
```

```
                passedString: '안녕, 부모로부터!',
                myNumber: 43,
                passedObject: {message: '넘겨준 객체'}
            }
        }
    });
    </script>
</body>
</html>
```

웹 브라우저를 열고 예제 코드를 실행해 보세요. 결과는 그림 6-6에 있습니다.

▼ 그림 6-6 속성 검증을 사용한 검증 숫자, 문자열, 객체

```
숫자: 43
문자열: 안녕, 부모로부터!     검증 결과
짝수?: 43
객체: 넘겨준 객체
```

예상했던 결과입니다! 문제가 있을까요? 코드를 보면 우리가 만든 커스텀 검사자가 숫자가 짝수인지 홀수인지를 확인합니다. 홀수라면 거짓을 반환합니다. 그런데 '짝수?'라고 적힌 부분에 왜 거짓이라고 나오지 않았을까요?

사실 Vue.js에서는 이를 거짓으로 보여 줍니다. 템플릿에서는 아니지요. 기본적으로 속성 검증은 넘겨받은 값을 템플릿에 보여 주는 것을 방지합니다. Vue.js가 유효성 검사를 하고 콘솔에 경고를 띄웁니다. 크롬 콘솔을 열고 확인해 보세요. 그림 6-7과 비슷한 모습일 것입니다.

에러는 짝수 속성이 실패했다는 메시지입니다. 이제 에러도 알았으니 넘겨주는 숫자를 짝수로 바꾸어 줍니다. 속성 유효성 검사를 사용할 때는 해당 타입의 에러를 항상 기억하세요.

▼ 그림 6-7 검증 실패를 보여 주는 에러

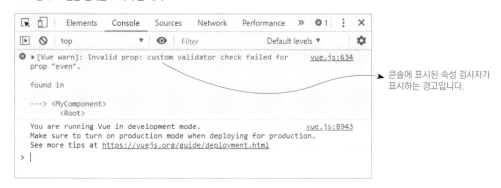

콘솔에 표시된 속성 검사자가
표시하는 경고입니다.

6.4 템플릿 컴포넌트 정의

지금까지는 지역과 전역 등록을 사용하여 컴포넌트를 정의했습니다. 그리고 각 컴포넌트의 템플릿은 문자열로 정의했습니다. 이는 컴포넌트가 커지고 복잡해질수록 문제가 될 수 있습니다. 템플릿 문자열은 다른 개발 환경에서 구문 강조 같은 문제가 발생할 수 있기에 작업하기 어렵습니다. 게다가 템플릿 문자열 여러 줄은 이스케이프 문자가 필요한데, 이는 컴포넌트 정의를 복잡하게 합니다.

Vue.js에는 이러한 문제를 해결하는 다양한 방법이 있습니다. 이것을 이야기하면서 ES2015 리터럴을 사용해서 어떻게 컴포넌트 템플릿을 더 쉽게 사용할 수 있는지도 알아보겠습니다.

6.4.1 인라인 템플릿 문자열 사용

템플릿 작업을 할 때 가장 쉬운 방법 중 하나는 인라인으로 사용하는 것입니다. 이 작업을 하려면 템플릿 정보가 부모 템플릿에 추가될 때 컴포넌트 안에 템플릿 정보를 포함해야 합니다.

코드 6-8에서 템플릿에 컴포넌트를 `<my-component :my-info="message" inline-template>`으로 선언한 것을 볼 수 있습니다. 인라인 템플릿(inline-template)은 Vue에 my-component 시작과 끝 태그 내에 있는 모든 컴포넌트 콘텐츠를 렌더링하게 합니다.

인라인 템플릿을 사용할 때 한 가지 단점은 나머지 컴포넌트 정의에서 템플릿을 분리한다는 것입니다. 작은 애플리케이션에서는 괜찮지만, 대형 애플리케이션에서는 추천하지 않습니다. 대형 애플리케이션에는 다음 장에서 알아볼 단일 파일 컴포넌트를 눈여겨보아야 합니다.

코드 6-8 템플릿 인라인 사용하기: chapter-06/inline-component-example.html

```
<!DOCTYPE html>
<html>
<head>
  <script src="https://unpkg.com/vue"></script>
</head>
<body>
  <div id="app">
    <my-component :my-info="message" inline-template> ···· 인라인 템플릿은 HTML을 표시합니다.
```

```
        <div>
          <p>
            inline-template - {{myInfo}}  ---- 전달된 속성을 보여 줍니다.
          </p>
        </div>
      </my-component>
    </div>
    <script>
    const MyComponent = {
      props: ['myInfo']
    };

    new Vue({
      el: '#app',
      components: {'my-component': MyComponent},
      data() {
        return {
          message: '안녕'
        }
      }
    });
    </script>
  </body>
</html>
```

6.4.2 text/x-template 스크립트 요소

컴포넌트의 템플릿을 정의하는 다른 방법으로는 text/x-template 스크립트 요소를 사용하는 것입니다. 이 경우 스크립트 태그의 타입을 text/x-template으로 생성합니다.

코드 6-9에서 my-component의 템플릿을 정의하기 위해 text/x-template을 사용합니다. 여기서 기억해야 할 점은 type="text/x-template"으로 스크립트를 정의해야만 작동한다는 것입니다.

여기서 또다시 인라인 템플릿에서와 동일한 문제에 부딪힙니다. 가장 큰 문제는 템플릿에서 컴포넌트 정의를 분리한다는 것입니다. 작은 애플리케이션에서는 유용할 수 있지만 대형 애플리케이션은 그렇지 않습니다.

```
<!DOCTYPE html>
<html>
<head>
  <script src="https://unpkg.com/vue"></script>
</head>
<body>
  <div id="app">
    <my-component />
  </div>
  <script type="text/x-template" id="my-component"> ···· x-template 스크립트를 보여 줍니다.
    <p>
       안녕, x-template으로부터, 안녕
    </p>
  </script>
  <script>
  const MyComponent = {
    template: '#my-component'
  }

  new Vue({
    el: '#app',
    components: {'my-component': MyComponent}
  });
  </script>
</body>
</html>
```

6.4.3 단일 파일 컴포넌트

이전 예제에서 컴포넌트의 템플릿을 표현하기 위해 문자열을 사용했습니다. ES2015 템플릿 리터럴을 사용하면 문자열을 사용할 때 발생한 몇몇 문제점을 제거할 수 있습니다. ES2015에서는 문자열을 백 틱(`)으로 감싸 주면 템플릿 리터럴이 됩니다. 템플릿 리터럴은 이스케이프할 필요 없이 여러 줄이 될 수 있습니다. 내부에 삽입 식을 넣을 수도 있습니다. 이 점이 템플릿을 굉장히 작성하기 쉽게 만듭니다.

그런데도 ES2015 템플릿 리터럴에는 몇몇 문자열과 동일한 문제점이 있습니다. 컴포넌트 정의가 아직도 조금 복잡하고 몇몇 개발 환경에서는 구문 강조를 지원하지 않습니다. 이러한 문제점을 바로잡을 수 있는 옵션이 하나 더 있는데, 바로 단일 파일 컴포넌트입니다.

단일 파일 컴포넌트는 템플릿과 정의를 하나의 .vue 파일로 합쳐 줍니다. 각 컴포넌트는 각각의 범위를 가지며, 모든 컴포넌트에 유일한 이름을 지을 필요도 없습니다. CSS 또한 각 컴포넌트의 범위를 가지는데, 대형 애플리케이션에서 굉장히 유용합니다. 다 떠나서 더는 문자열 템플릿이나 익숙하지 않은 스크립트 태그를 다루지 않아도 됩니다.

코드 6-10에서는 다른 예제들과 다르게 템플릿 태그를 HTML로 감싼 것을 볼 수 있습니다. .vue 파일은 컴포넌트의 데이터를 반환하는 데 ES2015의 export(내보내기)를 사용합니다.

코드 6-10 단일 파일 컴포넌트: chapter-06/single-file-component.vue

```
<template> ---- 템플릿이 컴포넌트 정보를 표시합니다.
  <div class="hello">
    {{msg}}
  </div>
</template>

<script>
export default { ---- 데이터의 ES2015 export 기능입니다.
  name: 'hello',
  data() {
    return {
      msg: 'Vue.js 앱에 오신 걸 환영합니다'
    }
  }
}
</script>

<!-- CSS 범위 지정을 위해 해당 컴포넌트에만 "scoped" 속성을 추가하세요. -->
<style scoped>
</style>
```

단일 파일 컴포넌트를 사용하려면 현대 빌드 도구를 조금 알아야 합니다. 웹팩이나 브라우저리파이 같은 도구를 사용해야 .vue 코드를 빌드할 수 있습니다. Vue.js에서는 Vue-CLI라고 하는 자체 발판 생성기를 사용하면 이 과정을 더 쉽게 할 수 있습니다. 이 도구들은 필요한 모든 빌드 도구를 포함하고 있습니다. 다음 장에서 빌드 도구를 알아보겠습니다. 지금은 템플릿을 다루는 방법이 많이 있고 단일 파일 컴포넌트가 대형 애플리케이션을 위한 방법이라는 것만 알면 됩니다.

6.5 커스텀 이벤트

Vue.js는 고유의 이벤트 인터페이스가 있습니다. 3장에서 본 일반적인 이벤트와 다르게 커스텀 이벤트는 부모에서 자식 컴포넌트로 이벤트를 넘겨줄 때 사용합니다. 이벤트 인터페이스는 $on(이벤트 이름)을 사용하여 이벤트를 수신하고, $emit(이벤트 이름)을 사용하여 이벤트를 트리거합니다. 일반적으로 $on(이벤트 이름)은 부모 자식 관계가 아닌 컴포넌트 간에 이벤트를 송신하는 데 사용합니다. 부모와 자식 이벤트는 v-on 지시자를 사용해야 합니다. 해당 인터페이스를 사용하면 부모 컴포넌트가 직접 자식 컴포넌트에서 이벤트를 수신할 수 있습니다.

6.5.1 이벤트 수신

카운터를 만든다고 생각해 보세요. 버튼을 누를 때마다 해당 카운터가 1씩 증가하지만, 버튼은 자식 컴포넌트고 카운터는 부모 Vue.js의 인스턴스여야 합니다. 카운터가 자식 컴포넌트에서 데이터를 변경해도 안 됩니다. 그 대신 부모에게 카운터가 업데이트되어야 한다고 알려 주어야 합니다. 버튼을 누를 때마다 부모 카운터가 업데이트되어야 합니다. 어떻게 해야 하는지 알아보겠습니다.

일단은 컴포넌트를 하나 생성합니다. 템플릿에 추가할 때 v-on 지시자를 사용해서 커스텀 이벤트를 생성해야 합니다. 코드 6-11과 같이 컴포넌트와 increment-me라는 커스텀 이벤트를 생성했습니다. 해당 커스텀 이벤트는 부모 Vue 인스턴스에서 정의한 incrementCounter와 연결되어 있습니다. incrementCounter를 호출하는 일반 버튼도 하나 추가해야 합니다. 이 버튼은 부모 템플릿에서 정의합니다.

컴포넌트가 정의된 곳에서 버튼을 추가합니다. 다시 한 번 v-on 지시자를 사용해서 클릭 이벤트를 연결합니다. 해당 이벤트는 자식 컴포넌트에서 정의한 childIncrementCounter 메서드를 호출합니다.

childIncrementCounter는 방금 만든 커스텀 이벤트 전달 임무를 맡고 있습니다. 지금부터 조금 헷갈릴 수 있으니 유의해서 보세요. This.$emit('increment-me')를 사용해서 부모 메서드에서 정의한 incrementCounter 이벤트를 호출하겠습니다. 부모 Vue.js 인스턴스의 incrementCounter 메서드를 호출하면 카운터를 증가시킵니다. 이것으로 단방향 데이터 규칙을 지키면서 부모 값을 변경할 수 있습니다.

```html
<!DOCTYPE html>
<html>
<head>
  <script src="https://unpkg.com/vue"></script>
</head>
<body>
  <div id="app">
    {{counter}}<br />
    <button v-on:click="incrementCounter">카운터 증가</button>   ···· 부모 컴포넌트에서 카운터를
                                                                    증가시키는 버튼입니다.
    <my-component v-on:increment-me="incrementCounter"></my-component>  ····┐
  </div>                                                          increment-me 이벤트를 incrementCounter로
  <script>                                                        전달하게 설정된 컴포넌트입니다.
  const MyComponent = {
    template: `<div>
      <button v-on:click="childIncrementCounter">자식으로부터 증가</button>  ····┐
    </div>`,                                                      childIncrementCounter 메서드를
    methods: {                                                    호출하는 컴포넌트 버튼입니다.
      childIncrementCounter() {
        this.$emit('increment-me');   ···· increment-me 이벤트를 방출합니다.
      }
    }
  }

  new Vue({
    el: '#app',
    data() {
      return {
        counter: 0
      }
    },
    methods: {
      incrementCounter() {
        this.counter++;   ···· 카운터를 1만큼 증가시키는 메서드입니다.
      }
    },
    components: {'my-component': MyComponent}
  });
  </script>
</body>
</html>
```

크롬 브라우저에서 불러오면 버튼이 2개 보입니다. 둘 다 부모의 카운터를 증가시키고 컴포넌트에 표시합니다(그림 6-8 참고).

▼ 그림 6-8 부모의 카운터를 증가시키는 버튼을 2개 표시

6.5.2 .sync를 사용해서 자식 속성 변경

대부분의 상황에서 자식 컴포넌트가 부모 속성을 변경하면 안 됩니다. 차라리 부모가 자식 속성을 변경하는 것이 더 낫습니다. 이것이 바로 초반에 이야기한 단방향 데이터 흐름의 기본적인 규칙 중 하나입니다. 하지만 Vue.js는 이러한 규칙을 무시할 수 있습니다.

.sync 수식어는 자식 컴포넌트 안에서 부모 컴포넌트 값을 변경할 수 있게 합니다. 원래 Vue 1.x 버전에서 처음 소개되었다가 Vue 2.0에서는 삭제되었고, Vue.js 코어 팀이 2.3.0+ 버전에서 다시 살리기로 했습니다. 그런 만큼 사용할 때 주의해야 합니다.

어떻게 .sync로 값을 업데이트하는지 예를 들어 봅시다. 코드 6-11의 my-component와 childIncrementCounter 코드를 업데이트합니다. 시작에 앞서 .sync 수식어를 살펴보겠습니다. .sync 수식어는 컴포넌트의 아무 속성에나 붙일 수 있습니다. 코드 6-12를 보면 <my-component :my-counter="counter">처럼 되어 있습니다. 그리고 my-counter 속성은 counter에 연결되어 있습니다.

.sync 수식어는 <my-component :my-counter="counter" @update:my-counter="val=>bar=val"></my-component>의 문법적 설탕입니다. 생성된 새로운 이벤트는 update라고 합니다. 해당 이벤트는 my-counter 속성을 받아 전달받은 변수에 할당합니다.

정상적으로 작동하려면 생성한 새로운 이벤트를 업데이트하려는 카운터에 전달해야 합니다. This.$emit을 사용하겠습니다. This.myCounter+1은 업데이트 이벤트로 전달하는 첫 번째 인수입니다.

```
...
<my-component :my-counter.sync="counter"></my-component> ···· .sync 수식어로 설정한
                                                                컴포넌트입니다.
  ...
  const MyComponent = {
    template: `<div>
      <button v-on:click="childIncrementCounter">자식으로부터 증가</button>
    </div>`,
    methods: {
      childIncrementCounter() {
        this.$emit('update:myCounter', this.myCounter+1); ···· 쉼표 이후에 있는 업데이트
      }                                                         이벤트를 방출합니다.
    },
    props: ['my-counter']
```

웹 브라우저를 보면 버튼이 2개 있습니다. 둘 중 아무거나 클릭해도 카운터를 업데이트합니다(그림 6-9 참고).

▼ 그림 6-9 이 예제는 .sync를 사용해서 카운터 변경

모든 버튼이 .$emit을 사용하여 같은
카운터를 증가시킵니다.

6.6 연습 문제

V U E . J S

이 장에서 배운 내용을 바탕으로 다음 질문에 답하세요.

- 부모에서 자식 컴포넌트로 어떻게 정보를 넘길 수 있을까요? 자식 컴포넌트에서 받은 정보를 부모 컴포넌트로 다시 넘겨줄 때는 무엇을 사용하나요?

부록 B에서 답을 확인하세요.

6.7 요약

- 컴포넌트 지역 등록은 지역 범위를 가집니다. 새로운 Vue 인스턴스를 만들 때 컴포넌트 옵션을 사용하여 생성할 수 있습니다.

- 컴포넌트 전역 등록은 컴포넌트를 정의하는 곳에서 Vue.components 인스턴스 연산자를 사용합니다.

- 컴포넌트는 부모와 자식 컴포넌트 간 단방향 데이터 바인딩을 사용합니다.

- 컴포넌트에서 속성은 전달받을 수 있는 것을 정의하려고 사용합니다.

- 단일 파일 컴포넌트는 모든 템플릿과 스크립트 정보를 파일 하나로 결합합니다.

- $emit을 사용해서 부모 컴포넌트에 정보를 보낼 수 있습니다.

7^장

고급 컴포넌트와 라우팅

이 장에서 다룰 핵심 내용

- 슬롯 사용
- 동적 컴포넌트 사용
- 비동기 컴포넌트 구현
- Vue-CLI로 단일 파일 컴포넌트 사용

이제 컴포넌트와 애플리케이션을 여러 부분으로 분리하는 방법을 알아보았으니, 컴포넌트를 자세히 살펴보고 고급 기능들도 알아보겠습니다. 이러한 기능들로 좀 더 동적이고 탄탄한 애플리케이션을 만들 수 있습니다.

슬롯을 먼저 살펴보겠습니다. 슬롯은 자식 컴포넌트와 부모 콘텐츠를 엮어 컴포넌트의 콘텐츠를 동적 업데이트하기 쉽게 합니다. 그다음 실시간으로 컴포넌트를 바꿀 수 있는 기능을 제공하는 동적 컴포넌트를 알아봅니다. 이 기능은 사용자 행동에 따라 모든 컴포넌트를 변경하기 쉽게 합니다. 예를 들어 다양한 그래프를 표시하는 관리자 패널을 만든다고 합시다. 사용자 행동을 바탕으로 간단하게 동적 컴포넌트를 사용하여 각 그래프를 변환할 수 있습니다.

또 비동기 컴포넌트와 애플리케이션을 여러 작은 조각으로 나누는 방법도 살펴보겠습니다. 각 조각은 필요할 때만 불러오는데, 애플리케이션이 커지면서 초기에 불러오는 데이터양을 조절해야 할 때 좋습니다.

이 장에서는 단일 파일 컴포넌트와 Vue-CLI를 알아봅니다. Vue-CLI를 사용하면 복잡한 도구를 배울 필요 없이 애플리케이션을 빠르게 설정하고 만들 수 있습니다. 이 장에서 배운 모든 내용을 바탕으로 Vue-CLI를 사용하여 애완용품샵 애플리케이션을 리팩토링하겠습니다.

마지막으로 라우팅과 이를 사용해서 어떻게 경로 매개변수와 자식 경로를 생성하는지도 살펴보겠습니다. 이제 시작합니다!

7.1 슬롯 사용

컴포넌트를 사용할 때, 컴포넌트에 데이터를 전달하기 위해 보통 부모 콘텐츠와 자식 콘텐츠를 엮어야 할 때가 있습니다. 출판사 웹 사이트에서 사용할 맞춤 폼 컴포넌트를 만든다고 생각해 보세요. 폼 안에는 저자와 책 제목인 입력 요소가 2개 있습니다. 각 텍스트 입력 요소는 레이블을 가졌고, 각 레이블 제목은 이미 Vue.js 인스턴스 데이터 함수에 정의되어 있습니다.

눈치챘겠지만 컴포넌트를 사용할 때 시작과 끝 태그 사이에는 콘텐츠를 추가할 수 없습니다. 그림 7-1과 같이 시작과 끝 태그 사이에 있는 콘텐츠는 전부 대체됩니다.

```
<my-component>
  기본으로 어떤 정보도 여기서 표시되지 않습니다.
</my-component>
```

콘텐츠를 보여 줄 수 있는 가장 쉬운 방법은 슬롯 요소를 사용하는 것입니다. 이는 Vue의 slot(슬롯) 요소를 사용하면 됩니다. 슬롯 요소는 Vue.js에서 컴포넌트의 시작과 끝 태그 사이에 추가된 데이터를 어딘가에 표시해야 할 때 사용하는 특별한 태그입니다. 다른 자바스크립트 프레임워크에서는 이러한 과정을 content distribution(콘텐츠 분배)이라고도 합니다. 앵귤러에서는 transclusion(중계)이라고도 하는데, 이는 리액트의 자식 컴포넌트와 비슷합니다. 프레임워크와 상관없이 개념은 똑같습니다. 부모에서 자식으로 넘겨주지 않고 콘텐츠를 삽입하는 방법입니다.

처음에는 루트 Vue.js 인스턴스에서 자식 컴포넌트로 값을 넘겨준다고 생각할 수 있습니다. 이것도 잘되지만 어떤 한계가 있는지 살펴봅시다. 각 속성을 사용해서 컴포넌트에 넘겨주겠습니다.

이번 예제를 위해 새 파일을 생성하고 form-component 전역 컴포넌트와 간단한 폼을 만드세요. 여기서 목적은 컴포넌트가 가질 간단한 속성인 제목과 저자를 생성하는 것입니다. 루트 Vue.js 인스턴스에서 코드 7-1과 같이 컴포넌트에 해당 속성을 넘겨주세요. 이는 6장에서 배운 '속성 넘겨주기'와 비슷합니다.

이후에는 더 작은 독립 예제를 만들 것입니다. 예제들을 텍스트 에디터에 복사하거나 입력해 보세요.

코드 7-1 속성과 함께 일반적인 부모/자식 컴포넌트 만들기: chapter-07/parent-child.html

```
<!DOCTYPE html>
<html>
<head>
  <script src="https://unpkg.com/vue"></script>
</head>
<body>
  <div id="app">
    <form-component
        :author="authorLabel"  ---- 저자 레이블을 폼 컴포넌트에 넘겨줍니다.
        :title="titleLabel">  ---- 제목 레이블을 폼 컴포넌트에 넘겨줍니다.
    </form-component>
  </div>
  <script>
```

```
const FormComponent = {
  template: `
  <div>
    <form>
      <label for="title">{{title}}</label><input id="title" type="text" /><br />
      <label for="author">{{author}}</label><input id="author" type="text" /><br />
      <button>제출하기</button>
    </form>
  </div>
  `,
  props: ['title', 'author']
}

new Vue({
  el: '#app',
  components: {'form-component': FormComponent},
  data() {
    return {
      titleLabel: '제목:',
      authorLabel: '저자:',
      pageLength: ''
    }
  }
})
</script>
</body>
</html>
```

넆겨받은 제목 요소를 표시합니다.

넆겨받은 저자 요소를 표시합니다.

이전에도 언급했듯이 코드는 잘 작동합니다. 하지만 폼이 커지면서 여러 속성을 넘겨줄 때를 생각해야 합니다. 폼에 ISBN, 날짜, 연도를 추가해야 한다면 어떻게 할까요? 더 많은 속성을 컴포넌트에 추가해야 할 것입니다. 그렇게 되면 속성을 계속 추적해야 하기 때문에 코드에서 에러가 날수 있습니다.

그 대신에 슬롯을 사용해서 예제를 다시 작성하겠습니다. 폼 상단에 표시할 텍스트를 추가하는 것으로 시작하겠습니다. 속성으로 값을 넘겨주는 대신 슬롯을 사용해서 표시합시다. 컴포넌트에 모든 것을 속성으로 넘겨줄 필요는 없습니다. 컴포넌트의 시작과 끝 태그 내에 직접 표시할 수 있습니다. 폼을 완료하면 그림 7-2와 같습니다.

▼ 그림 7-2 책 폼 페이지 예제

책 저자 폼

제목: [   ]
저자: [   ]
[제출하기]

슬롯 요소를 사용하여 완성한 폼 요소입니다.

코드 7-1의 코드를 복사해서 파일을 하나 만든 후 데이터 함수를 수정하고 header라는 새 속성을 추가하세요(길벗출판사 깃허브인 https://github.com/gilbutITbook/007024에서 책에 있는 모든 코드를 내려받을 수 있습니다). 그림 7-2와 같이 책 저자 폼을 표시하는 새로운 헤더 속성을 추가하겠습니다. 다음으로 부모 Vue.js 인스턴스에 선언한 form-component를 찾으세요. 태그 사이에 헤더 속성을 추가하세요. 마지막으로 form-component 자체를 업데이트해야 합니다. 첫 <form> 바로 다음에 <slot></slot> 요소를 추가합니다. 이것으로 Vue에 폼 컴포넌트의 시작과 끝 태그에 있는 내용을 알려 줍니다. 다음 예제를 실행하려면, 코드 7-1을 코드 7-2에 있는 새로운 내용으로 업데이트하세요.

코드 7-2 슬롯 요소에 추가하기: chapter-07/parent-child-slots-extract.html

```
<!DOCTYPE html>
<html>
<head>
  <script src="https://unpkg.com/vue"></script>
</head>
<body>
  <div id="app">
    <form-component
        :author="authorLabel"
        :title="titleLabel">
      <h1>{{header}}</h1> ···· 폼 컴포넌트 내부에 추가된 헤더 변수입니다.
    </form-component>
  </div>
  <script>
  const FormComponent = {
    template: `
    <div>
      <form>
        <slot></slot> ···· 부모에게 슬롯 요소를 추가합니다.
        <label for="title">{{title}}</label><input id="title" type="text" /><br />
        <label for="author">{{author}}</label><input id="author" type="text" /><br />
```

163

```
        <button>제출하기</button>
      </form>
    </div>
    `,
    props: ['title', 'author']
  }


  new Vue({
    el: '#app',
    components: {'form-component': FormComponent},
    data() {
      return {
        titleLabel: '제목:',
        authorLabel: '저자:',
        header: '책 저자 폼' ---- 새로운 헤더 속성을 추가합니다.
      }
    }
  })
  </script>
</body>
</html>
```

7.2 지정 슬롯 살펴보기

지금까지 슬롯 요소 하나를 컴포넌트에 추가했습니다. 알고 있겠지만 이것은 그렇게 유연한 방법은 아닙니다. 컴포넌트에 여러 속성을 전달하고 각 속성이 각각 다른 곳에서 표시되어야 한다면 어떻게 할까요? 모든 단일 속성을 넘겨주는 것은 말이 안 됩니다. 그렇다면 여러 슬롯을 사용한다고 하면 어떻게 될까요? 괜찮은 방법이 있을까요?

지금이 바로 지정 슬롯이 필요한 때입니다. 지정 슬롯은 일반 슬롯과 같지만, 컴포넌트 안에 구체적으로 배치할 수 있다는 점이 다릅니다. 이름 없는 슬롯과 다르게 컴포넌트에 여러 지정 슬롯을 가질 수 있습니다. 해당 지정 슬롯을 컴포넌트의 원하는 곳에 어디든지 배치할 수 있습니다. 예제 앱에 지정 슬롯을 2개 추가하겠습니다. 추가하려면 먼저 자식 컴포넌트 안의 어느 곳에 추가할지

정의해야 합니다. 코드 7-3에서 titleSlot과 authorSlot 이름의 지정 슬롯을 form-component에 추가하겠습니다.

form-component 템플릿을 새로운 슬롯 이름으로 교체하는 것으로 시작하겠습니다. 일단 HTML에 named-slot 요소를 추가합니다. 코드 7-2에서 완성된 코드를 가져와 코드 7-3과 같이 form-component의 레이블 요소를 부모 템플릿으로 옮기세요. 레이블 이름을 title에서 titleLabel로, author에서 authorLabel로 꼭 바꾸어 주세요.

그다음 새 슬롯 요소를 추가합니다. 각각은 폼 컴포넌트 템플릿에 있는 레이블을 대신합니다. `<slot name="titleSlot"></slot>`과 `<slot name="authorSlot"></slot>`처럼 만들면 됩니다.

부모 템플릿에 가져온 레이블을 업데이트하고 슬롯이라고 하는 새 속성을 추가합니다. 각 레이블은 `<label for="title" slot="titleSlot">`과 같은 슬롯 속성을 가져야 합니다. 이는 Vue.js에 알맞은 지정 슬롯에 해당 레이블의 콘텐츠가 추가되었다는 것을 알려 줍니다. 더는 속성을 넘겨주지 않기 때문에 해당 속성들을 폼 컴포넌트에서 지워도 됩니다. 코드 7-3은 완성된 후입니다.

코드 7-3 지정 슬롯 사용하기: chapter-07/named-slots.html

```
<!DOCTYPE html>
<html>
<head>
  <script src="https://unpkg.com/vue"></script>
</head>
<body>
  <div id="app">
    <form-component>
      <h1>{{header}}</h1>
      <label for="title" slot="titleSlot">{{titleLabel}}</label>       ···· titleSlot 슬롯을 사용하여 레이블을 표시합니다.
      <label for="author" slot="authorSlot">{{authorLabel}}</label>    ···· authorSlot 슬롯에 연결된 저자 레이블을 표시합니다.
    </form-component>
  </div>
  <script>
const FormComponent = {
  template: `
  <div>
    <form>
      <slot></slot>
      <slot name="titleSlot"></slot><input id="title" type="text" /><br />     ······ titleSlot에 지정된 슬롯을 삽입합니다.
      <slot name="authorSlot"></slot><input id="author" type="text" /><br />    ···· authorSlot에 지정된 슬롯을 삽입합니다.
```

```
          <button>제출하기</button>
        </form>
      </div>
      `
    }

    new Vue({
      el: '#app',
      components: {'form-component': FormComponent},
      data() {
        return {
          titleLabel: '제목:',
          authorLabel: '저자:',
          header: '책 저자 폼'
        }
      }
    })
    </script>
  </body>
</html>
```

지정 슬롯은 다양한 곳에서 쉽게 요소를 부모에서 자식 컴포넌트로 추가할 수 있게 합니다. 보다시피 코드가 좀 더 간결하고 깔끔해졌습니다. 게다가 더 넘겨주는 속성도 없고 다시는 form-component를 선언하기 위해 속성을 바인딩할 필요도 없습니다. 좀 더 복잡한 애플리케이션을 디자인할 때 유용하게 쓰일 것입니다.

> **Note ☰ 슬롯을 포함한 컴파일 범위**
>
> 코드 7-3에서는 폼 컴포넌트의 시작과 끝 태그 내 루트 Vue.js 인스턴스에서 데이터 속성을 추가했습니다. 부모 컴포넌트에서 이미 추가되었기 때문에 자식 컴포넌트는 해당 속성에 접근할 수 없습니다. 슬롯을 사용할 때 실수로 요소의 정확한 범위를 착각할 수도 있습니다. 부모 템플릿의 모든 것은 부모 범위 내에서 컴파일된다는 것을 명심하세요. 자식 템플릿에서 컴파일된 것은 자식 범위 내에서 컴파일됩니다. 나중에 이 문제가 생길 수 있으니 주의하세요.

7.3 범위 슬롯

범위 슬롯은 지정 슬롯과 비슷하지만, 데이터를 넘겨줄 수 있는 재활용 가능한 템플릿에 더 가깝습니다. 범위 슬롯을 사용하려면 slot-scope라는 특별한 요소를 이용하는 템플릿 요소를 써야 합니다.

slot-scope 요소는 컴포넌트로 넘겨받은 속성을 담고 있는 일시적인 변수입니다. 자식 컴포넌트로 값을 넘겨주는 대신 자식 컴포넌트에서 다시 부모로 값을 넘겨줄 수 있습니다.

설명을 위해 책을 나열하는 웹 페이지가 있다고 가정하겠습니다. 각 책은 제목과 저자가 있습니다. 페이지 느낌과 모습을 담고 있는 책 컴포넌트를 만들고 싶습니다. 하지만 부모 안에 나열된 각 책 스타일은 다르게 하고 싶습니다. 이 경우 책 목록을 자식에서 부모로 다시 넘겨주어야 합니다. 지금까지 말한 대로 하고 나면 그림 7-3과 같습니다.

조금 인위적인 예제이지만, 범위 슬롯의 힘과 어떻게 자식 컴포넌트에서 데이터를 쉽게 전달할 수 있는지 보여 줍니다. 애플리케이션을 위해 새로운 책 컴포넌트를 만들겠습니다. 컴포넌트 안에 지정 슬롯을 사용해서 헤더를 표시하고 각 책을 위한 또 다른 지정 슬롯도 고려합니다. 코드 7-4와 같이 모든 책을 순환하고 각각에 값을 바인딩하는 v-for 지시자를 추가합니다.

▼ 그림 7-3 저자와 책 목록

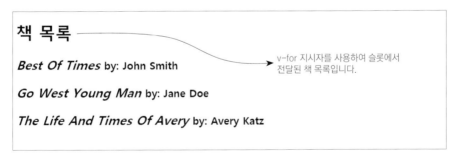

책 배열은 루트 Vue.js 인스턴스에서 생성됩니다. 단순하게 제목과 저자만 가진 객체 배열입니다. 해당 책 배열을 v-bind 지시자인 :books를 사용해서 책 컴포넌트에 넘겨줄 수 있습니다.

부모 템플릿 안에서 새로운 〈template〉 요소를 추가했습니다. 템플릿 태그에 slot-scope 요소도 추가해야 합니다. slot-scope 요소는 자식 컴포넌트에서 넘겨받은 값을 바인딩합니다. 이 경우 {{props.text}}는 자식 컴포넌트의 {{book}}과 같습니다.

템플릿 태그 안에서 이제 {{book}}인 것처럼 접근할 수 있습니다. 다른 말로는 {{props.text.title}}이 {{book.title}}과 같다는 의미입니다. 각 제목과 저자에 스타일을 적용해서 눈에 띄게 바꾸어 보겠습니다.

에디터를 열고 코드 7-4를 복사하세요. 그러면 책 배열을 받아 책 컴포넌트로 넘겨주는 것을 볼 수 있습니다. 그리고 부모가 사용자에게 표시하는 템플릿에 전달된 슬롯에 각 책을 표시합니다.

코드 7-4 범위 슬롯: chapter-07/name-scoped-slots.html

```
<!DOCTYPE html>
<html>
<head>
  <script src="https://unpkg.com/vue"></script>
</head>
<body>
  <div id="app">
    <book-component :books="books"> ---- 책 목록을 전달받은 책 컴포넌트입니다.
      <h1 slot="header">{{header}}</h1> ---- 지정된 슬롯 헤더를 사용한 헤더 텍스트입니다.
      <template slot="book" slot-scope="props"> ---- 속성의 슬롯 범위가 있는 템플릿 요소를 삽입합니다.
        <h2>
          <i>{{props.text.title}}</i> ---- 각 책을 텍스트로 표시합니다.
          <small>by: {{props.text.author}}</small>
        </h2>
      </template>
    </book-component>
  </div>
  <script>
  const BookComponent = {
    template: `
    <div>
      <slot name="header"></slot>
      <slot name="book" ---- v-for 지시자와 연결된 지정된 슬롯을 삽입합니다.
          v-for="book in books"
          :text="book"> ---- 책 목록(books)에서 책(book)을 별칭으로 전달합니다.
      </slot>
    </div>
    `,
    props: ['books']
  }

  new Vue({
    el: '#app',
```

```
      components: {'book-component': BookComponent},
      data() {
        return {
          header: '책 목록',
          books: [{author: 'John Smith', title: 'Best Of Times'}, ···· 책 배열을 설정합니다.
                  {author: 'Jane Doe', title: 'Go West Young Man'},
                  {author: 'Avery Katz', title: 'The Life And Times Of Avery'}
                  ]
        }
      }
    })
  </script>
</body>
</html>
```

처음에는 조금 헷갈릴 수 있지만, 범위 슬롯을 사용하는 것은 유용합니다. 컴포넌트에서 값을 가져와 부모 컴포넌트에서 멋진 스타일로 표현할 수 있습니다. 이후에 좀 더 여러 데이터를 포함한 복잡한 컴포넌트를 다룰 때도 유용한 도구입니다.

7.4 동적 컴포넌트 앱 생성

Vue.js의 또 다른 강력한 기능은 동적 컴포넌트입니다. 해당 기능은 예약된 〈component〉 요소와 is 속성을 사용해서 여러 컴포넌트를 동적으로 변경할 수 있게 합니다.

데이터 함수 내에 어떤 컴포넌트가 표시될지 결정하는 속성을 만들 수 있습니다. 그러려면 템플릿에서 우리가 생성한 데이터 속성을 가리키는 is 속성을 갖는 컴포넌트 요소를 생성해야 합니다. 좀 더 실용적인 예를 살펴봅시다.

각기 다른 컴포넌트를 3개 가진 앱을 만든다고 생각해 보겠습니다. 각각의 컴포넌트를 순환할 수 있도록 버튼을 하나 추가해야 합니다. 컴포넌트 하나는 책을 나열하고, 다른 컴포넌트는 책을 추가하는 폼을 나열하고, 마지막 컴포넌트는 헤더 정보를 표시할 것입니다. 모두 다 완료하면 그림 7-4와 같습니다.

▼ 그림 7-4 〈순환하기〉 버튼을 누른 후 각 컴포넌트를 표시하는 동적 책 컴포넌트

순환하기 버튼을 누르면 다음 컴포넌트를 표시합니다. **순환하기** 버튼은 책 컴포넌트에서부터 폼 컴포넌트, 그리고 헤더 컴포넌트를 순환하는 일반 자바스크립트를 트리거합니다.

에디터를 열어 새로운 Vue.js 애플리케이션을 만드세요. 컴포넌트를 3개 만들어 봅시다. 각 템플릿에는 어떤 컴포넌트가 활성화되어 있는지 사용자에게 알려 줄 수 있는 텍스트도 표시하겠습니다. 해당 예제는 코드 7-5에서 볼 수 있습니다.

데이터 함수는 currentView 속성을 가집니다. 해당 속성은 애플리케이션 시작점에서 Book Component를 가리킵니다. 다음으로는 cycle 메서드를 생성하세요. 해당 메서드는 클릭할 때마다 currentView 속성을 업데이트해서 모든 컴포넌트를 순환할 수 있게 합니다.

마지막 과정으로 루트 Vue.js 인스턴스에서 <button @click="cycle">순환하기</button>처럼 클릭 이벤트를 적용한 버튼을 추가하겠습니다. 또 버튼 밑에는 새로운 컴포넌트 요소와 함께 <h1> 태그도 추가합니다. 컴포넌트 요소는 currentView를 가리키는 하나의 is 속성을 가집니다. 이것이 컴포넌트를 동적으로 변경하는 방법입니다. currentView 속성은 버튼을 누를 때마다 업데이트됩니다. 해당 예제를 실행하려면 dynamic-components.html 파일을 만들고 코드 7-5를 추가하세요.

코드 7-5 동적 컴포넌트: chapter-07/dynamic-components.html

```
<!DOCTYPE html>
<html>
<head>
  <script src="https://unpkg.com/vue"></script>
</head>
<body>
  <div class="id">
    <button @click="cycle">순환하기</button>  ···· 버튼을 누를 때마다 currentView가 변하는
                                                    cycle 메서드를 호출합니다.
    <h1>
      <component :is="currentView" />  ···· currentView에 동적으로 연결된 컴포넌트 요소입니다.
    </h1>
  </div>
  <script>
  const BookComponent = {
```

```javascript
  template: `
  <div>
    책 컴포넌트
  </div>
  `
}

const FormComponent = {
  template: `
  <div>
    폼 컴포넌트
  </div>
  `
}

const HeaderComponent = {
  template: `
  <div>
    헤더 컴포넌트
  </div>
  `
}

new Vue({
  el: '.app',
  components: {'book-component': BookComponent, ···· 만들어진 모든 컴포넌트를 나열합니다.
              'form-component': FormComponent,
              'header-component': HeaderComponent},
  data() {
    return {
      currentView: BookComponent ···· 초기에 BookComponent에 할당된 속성입니다.
    }
  },
  methods: {
      cycle() { ···· 컴포넌트 3개를 모두 순환하는 메서드입니다.
        if (this.currentView === HeaderComponent)
          this.currentView = BookComponent
        else
          this.currentView = this.currentView === BookComponent ? FormComponent :
                               HeaderComponent;
      }
  }
})
```

```
    </script>
  </body>
</html>
```

버튼을 하나 사용해서 서로 다른 컴포넌트 3개를 순환하는 방법을 배웠습니다. v-if와 v-else 지시자를 사용해도 가능했겠지만 지금 방식이 훨씬 이해하기도 쉽고 잘됩니다.

7.5 비동기 컴포넌트 설정

대형 애플리케이션을 제작하다 보면 앱을 더 작은 컴포넌트로 분리하거나 필요할 때만 앱 일부를 불러와야 할 때가 있습니다. 이때 Vue의 비동기 컴포넌트를 사용하면 쉽게 해결할 수 있습니다. 각 컴포넌트는 비동기적으로 컴포넌트를 반환하는 함수로 정의할 수 있고, Vue.js는 나중에 재렌더링할 경우를 위해 결과를 캐시로 저장합니다.

간단한 예제를 실행해서 서버에 로드해 봅시다. 책 예제로 돌아가 백엔드에서 책 목록을 가져오고 백엔드가 응답하는 데 1초가 걸린다고 합시다. Vue.js를 사용해서 해결해 보겠습니다. 그림 7-5 에서 완전한 모습을 볼 수 있습니다.

함수는 해결(resolve)과 거절(reject) 콜백을 가지고 여러 상황을 다루기 위해 컴포넌트를 설정해야 합니다. 코드 7-6과 같이 앱과 새로운 책 컴포넌트를 만드세요.

만든 컴포넌트는 해결 콜백이 실행된 후 스크린에 텍스트를 표시합니다. 타임아웃을 만들어 1초 가 걸리게 하겠습니다. 타임아웃은 네트워크 대기 시간을 시뮬레이션하는 데 사용됩니다.

▼ 그림 7-5 1초 후 스크린에 렌더링된 비동기 컴포넌트

비동기 컴포넌트를 만들 때 가장 중요한 점은 해결과 거절 콜백을 포함한 함수로 정의해야 한다는 것입니다. 콜백이 해결되거나 거절됨에 따라 다른 행동을 하도록 할 수 있습니다.

예제를 실행하려고 async-components.html 파일을 생성하겠습니다. 다음 코드를 복사하세요. 간단한 비동기 컴포넌트를 볼 수 있을 것입니다. 서버를 시뮬레이션해서 응답하는 데 1초가 걸리게 했습니다. 요청이 실패했을 때를 대비해서 거절을 만들 수도 있지만 생략했습니다.

코드 7-6 비동기 컴포넌트: chapter-07/async-components.html

```html
<!DOCTYPE html>
<html>
<head>
  <script src="https://unpkg.com/vue"></script>
</head>
<body>
  <div id="app">
    <book-component></book-component> ---- 템플릿의 책 컴포넌트를 표시합니다.
  </div>
  <script>
  const BookComponent = function(resolve, reject) { ---- 해결 혹은 거절해야 하는 비동기 책 컴포넌트입니다.
    setTimeout(function() { ---- 서버를 시뮬레이션해서 1,000ms마다 작동하는 타임아웃입니다.
      resolve({
        template: `
        <div>
          <h1>
             비동기 컴포넌트
          </h1>
        </div>
        `
      });
    },1000);
  }

  new Vue({
    el: '#app',
    components: {'book-component': BookComponent}
  })
  </script>
</body>
</html>
```

Note ≡ **고급 비동기 컴포넌트**

Vue 2.3.0 이후부터 고급 비동기 컴포넌트를 만들 수 있게 되었습니다. 고급 컴포넌트에서는 컴포넌트가 로드되었을 때 표시되는 로딩 컴포넌트를 설정할 수 있습니다. 에러 컴포넌트와 타임아웃 또한 설정할 수 있습니다. 고급 비동기 컴포넌트를 더 배우고 싶다면 http://mng.bz/thlA 공식 가이드를 확인하세요.

7.6 Vue-CLI를 사용하여 애완용품샵 앱 변환

지금까지는 앱을 만들면서 파일을 하나만 사용했습니다. 애완용품샵 애플리케이션이 커졌기 때문에 이제는 한 파일만 사용하기가 어렵습니다. 코드 베이스를 깔끔하게 만드는 방법 중 하나는 애플리케이션을 여러 다른 컴포넌트로 분리하는 것입니다.

6장에서도 보았듯이 애플리케이션을 분리하는 방법은 많습니다. 가장 강력한 방법 중 하나는 단일 파일 컴포넌트를 사용하는 것인데, 컴포넌트를 만드는 여러 방법 중에서 이점이 많은 방법입니다. 가장 중요한 이점은 컴포넌트 범위 CSS 기능, 구문 강조 기능, 재사용 용이성, ES6 모듈 사용입니다.

컴포넌트의 범위 CSS는 컴포넌트 단위별로 CSS를 지정할 수 있습니다. 이는 컴포넌트별로 특정한 스타일을 정하기 쉽게 합니다. 더는 변수나 속성에 할당할 필요가 없기 때문에 IDE에서 컴포넌트의 템플릿 텍스트를 인식하지 못할 것이라는 걱정을 할 필요가 없어 구문 강조를 향상할 수 있습니다. ES6 모듈은 서드파티 라이브러리를 사용하기 쉽게 합니다. 이 모든 것이 Vue.js 애플리케이션을 작성하기 쉽게 해 줍니다.

단일 파일 컴포넌트를 최대한 활용하려면 모든 모듈과 종속성을 번들하는 데 도움을 주는 웹팩 같은 빌드 도구를 사용해야 합니다. 또 자바스크립트를 번역하는 바벨 같은 도구를 사용할 수 있으므로 모든 웹 브라우저에서 호환성을 보장할 수 있습니다. 물론 혼자서도 할 수 있지만 Vue.js는 이러한 과정을 더 쉽게 하는 Vue-CLI를 제공합니다.

Vue-CLI는 Vue.js 애플리케이션을 시작하는 데 도움이 되는 스캐폴딩 도구입니다. 애플리케이션을 시작하는 데 필요한 모든 것을 포함하고 있습니다. CLI는 공식 템플릿이 많기 때문에 원하는 도구로 애플리케이션을 시작할 수 있습니다(Vue-CLI에 대한 더 많은 정보는 공식 깃허브 https://vuejs.org/v2/guide/installation.html에서 확인할 수 있습니다). 다음은 가장 일반적인 템플릿 목록입니다.

- **웹팩**: Vue 로더, 핫 리로드, 린팅 테스트 및 CSS 추출 등 모든 기능을 가진 웹팩 도구
- **웹팩-심플**(webpack-simple): 빠른 프로토타이핑을 위한 일반 웹팩 + Vue 로더
- **브라우저리파이**(browserify): 핫 리로드, 린팅, 유닛 테스팅을 포함한 일반 브라우저리파이 + 뷰티파이 설정

- **브라우저리파이-심플**(browserify-simple): 빠른 프로토타이핑을 위한 일반 브라우저리파이 + 뷰티파이 설정

- **pwa**: 웹팩 기반의 PWA(혁신적 웹 애플리케이션) 템플릿

- **심플**(simple): 단일 HTML 파일로 만드는 가장 간단한 Vue 설정

애플리케이션을 만들기 위해 Node.js와 Git을 설치한 후 Vue-CLI를 설치하세요(부록 A를 참고하여 꼭 Node.js와 Git을 설치해야 Vue-CLI를 설치할 수 있습니다).

```
$ npm install -g vue-cli
```

> **Note ≡** 이 글을 쓰는 시점에서 Vue-CLI의 가장 최신 버전은 3.8.4입니다. 책에서는 npm install -g vue-cli 명령어로 설치하며, 기본으로 설치되는 2.9.6 버전을 사용합니다. 3.x를 사용하면 일부 옵션이 다릅니다. vue init로 애플리케이션을 만드는 대신 vue create <프로젝트 이름>을 사용할 것입니다. 그리고 새로운 일련의 질문을 할 것입니다. 목록에서 원하는 기능이나 기본 설정 값을 선택할 수 있습니다. 몇 가지를 말하자면 타입스크립트(TypeScript), 라우터(Router), 뷰엑스(Vuex), CSS 전처리기 등을 포함합니다. 여기까지 따라왔다면 코드 7-7과 같은 옵션을 선택할 수 있도록 하세요. 다 했다면 7.6.2절로 건너뛰면 됩니다. Vue-CLI 3.x에 대한 더 많은 정보를 알고 싶다면 https://github.com/vuejs/vue-cli/blob/dev/docs/README.md의 공식 readme를 확인하세요.

7.6.1 Vue-CLI로 새로운 애플리케이션 생성

애완용품샵에 Vue-CLI를 사용해서 애플리케이션을 만들어 봅시다. 터미널 창을 열고 vue init webpack petstore를 입력하세요. 해당 명령어는 Vue-CLI에 웹팩 템플릿을 사용해서 애플리케이션을 만들라는 것입니다.

```
$ vue init webpack petstore
```

책에서는 Vue-CLI 2.6.10 버전을 사용합니다. 질문이 비슷하고 이해하기 쉽기 때문에 어떤 버전을 사용해도 괜찮습니다. 그래도 문제가 생긴다면 https://vuejs.org/v2/guide/installation.html#CLI에서 Vue-CLI 사용법과 설치 공식 가이드를 확인하세요.

명령어를 실행하고 나면 몇 가지 질문이 나옵니다. 첫 번째 질문은 이름(name), 내용(description), 저자(author)를 물어봅니다. 이름은 petstore로 입력하고 내용과 저자에는 원하는 내용을 입력합니다. 이후 질문은 Vue.js를 런타임 혹은 런타임과 컴파일로 실행하고 싶은지 물어봅니다. 런타임과 컴파일러 모두 사용할 것을 추천합니다. 그래야 템플릿을 만들 때 쉽습니다. 그렇지 않으면 모

든 템플릿에 .vue 파일 형식만 허용됩니다. 화살표 키로 이동하여 **Runtime + Compiler**를 선택합니다.

다음 질문은 vue-router의 설치 여부를 묻습니다. Yes를 입력하세요. 그다음 ESLint가 필요한지 묻습니다. 이는 린팅 라이브러리로 저장할 때마다 코드를 검사합니다. 우리 프로젝트에서는 그렇게 중요하지 않기 때문에 여기서는 No라고 답하겠습니다. 마지막 질문 2개는 테스트 관련 질문입니다. 이후 장에서 vue-test-utils 라이브러리를 사용하여 테스트 케이스를 생성하는 방법을 살펴보겠습니다. 하지만 지금은 이 질문 2개에 Yes라고 답하면 됩니다. 코드 7-7을 따라 해서 애완용 품샵 앱을 위한 새로운 Vue-CLI 애플리케이션을 만드세요.

코드 7-7 터미널 명령어

```
$ vue init webpack petstore ···· 새 애플리케이션을 만드는 init 명령어를 보여 줍니다.

? Project name petstore
? Project description Petstore application for book
? Author Yongsuk Mark Jung <vgb000123@gmail.com>
? Vue build standalone
? Install vue-router? Yes
? Use ESLint to lint your code? No
? Set up unit tests Yes
? Pick a test runner karma
? Setup e2e tests with Nightwatch? Yes
? Should we run `npm install` for you after the project has been created? (recommended) npm

    vue-cli · Generated "petstore". ···· 설치 질문과 답변을 보여 줍니다.


# Installing project dependencies ...
# ========================

npm WARN deprecated extract-text-webpack-plugin@3.0.2: Deprecated. Please use https://
github.com/webpack-contrib/mini-css-extract-plugin
npm WARN deprecated browserslist@2.11.3: Browserslist 2 could fail on reading
Browserslist >3.0 config used in other tools.
npm WARN deprecated istanbul@0.4.5: This module is no longer maintained, try this
instead:
npm WARN deprecated    npm i nyc
npm WARN deprecated Visit https://istanbul.js.org/integrations for other alternatives.
npm WARN notice [SECURITY] lodash has the following vulnerability: 1 low. Go here for
more details: https://www.npmjs.com/advisories?search=lodash&version=3.10.1 - Run `npm i
```

애플리케이션을 만들고 템플릿을 내려받으면 모든 종속성을 설치해야 합니다. 7장 예제 파일 아래에 생성된 petstore 디렉터리로 이동한 후 npm install 혹은 YARN을 실행합니다. 그리고 프롬프트에서 다음 명령어를 실행해서 모든 종속성을 설치하세요.

```
$ cd petstore
$ npm install¹
```

이렇게 하면 애플리케이션을 위한 모든 종속성이 설치됩니다. 몇 분 정도 걸립니다. 모든 종속성이 설치되면 다음 명령어로 서버를 실행합니다.

```
$ npm run dev
```

웹 브라우저를 열고 localhost:8080을 입력하면² 그림 7-6과 같이 Welcome to Your Vue.js App 메시지를 볼 수 있습니다(서버가 실행되는 동안 모든 변경 사항은 웹 브라우저에 새로 고침됩니다).³ 서버가 시작되지 않으면 포트 8080에 다른 애플리케이션이 실행 중인지 확인하세요.

이제 애완용품샵 애플리케이션을 시작할 준비가 되었습니다.

▼ 그림 7-6 Vue-CLI의 기본 시작 스크린

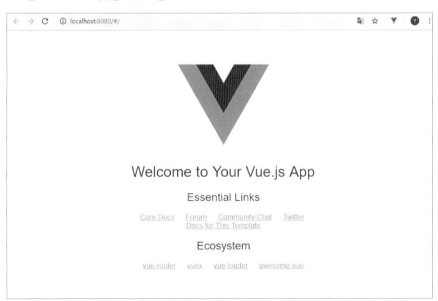

---

1 역주 npm install은 설치 과정 중에서 마지막에 포함되어 있으므로 필요 없을 수 있습니다.

2 역주 웹 브라우저가 접속되어 있다면 자동으로 실행되기도 합니다.

3 역주 내려받은 예제 파일을 그대로 사용한다면 7장 마지막까지 내용이 모두 적용된 애완용품샵 화면이 보입니다.

7.6.2 라우트 설정

Vue-CLI에는 고급 라우팅 라이브러리이자 Vue.js 공식 라우터인 vue-router가 있습니다. 경로 매개변수, 질의 매개변수, 와일드카드를 포함한 다양한 기능을 제공합니다. 또 HTML5 히스토리 모드와 인터넷 익스플로러 9의 자동 복구 기능이 포함된 해시 모드가 있습니다. 이것으로 웹 브라우저의 호환성을 걱정하지 않고 원하는 경로를 생성할 수 있습니다.

애완용품샵 앱에 Main과 Form 경로를 2개 만들겠습니다. Main 경로는 products.json 파일에서 상품 목록을 가져와 표시합니다. Form 경로는 체크아웃 페이지가 됩니다.

앱 디렉터리에서 src/router/index.js 파일을 열고 경로 배열을 찾아보세요. 기본 Hello 경로는 지워도 됩니다. 코드 7-8과 같이 경로 배열을 업데이트하세요. 배열의 모든 객체에는 경로와 컴포넌트가 있습니다. 경로는 웹 브라우저 안에서 방문할 때 필요한 URL입니다. 컴포넌트는 해당 경로에서 사용할 컴포넌트 이름입니다.

이름 속성을 추가할 수도 있습니다. 이름은 경로를 나타내는데, 경로 이름은 나중에 쓰겠습니다. Props는 또 다른 선택적 속성입니다. 이는 Vue.js에 컴포넌트가 받아야 할 속성이 있는지 말해 줍니다.

배열을 업데이트한 후 라우터에 Form과 Main 컴포넌트를 불러오는지 확인하세요. 컴포넌트를 참조할 때는 항상 해당 컴포넌트를 불러와야 합니다. 기본적으로 Vue-CLI는 ES6의 임포트(import) 스타일을 사용합니다. 컴포넌트를 불러오지 않으면 콘솔에 에러를 출력합니다.

마지막으로 vue-router는 라우팅에 해시를 사용합니다. 웹 브라우저에서 form으로 이동할 때 Vue는 URL을 /form이 아닌 #/form 형태로 만듭니다. 라우터에 mode: 'history'를 추가하면 해당 기능을 끌 수 있습니다.

코드 7-8 경로 추가하기: chapter-07/petstore/src/router/index.js

```
import Vue from 'vue'
import Router from 'vue-router'
import Form from '@/components/Form'   ┈┈┐
import Main from '@/components/Main'   ┈┈┴┈┈ Form과 Main 컴포넌트를 불러옵니다.
Vue.use(Router)

export default new Router({
  mode: 'history',  ┈┈ 경로에 해시가 없는 히스토리 모드입니다.
  routes: [
    {
      path: '/',
```

```
      name: 'iMain',  ···· iMain 경로는 /입니다.
      component: Main,
      props: true,
    },
    {
      path: '/form',
      name: 'Form',  ···· Form 경로는 /form입니다.
      component: Form,
      props: true
    },
    {
      path: '*',
      redirect: "/"
    }
  ]
})
```

먼저 경로를 사용하여 새로운 애플리케이션을 시작하는 것이 좋습니다. 이는 앱 구성 방법에 대한 좋은 정보를 제공합니다.

7.6.3 애플리케이션에 CSS, Bootstrap, Axios 추가

애완용품샵 앱은 CLI 프로젝트에 필요한 다양한 라이브러리를 사용합니다. 이를 다른 방식으로 관리할 수 있습니다.

여러 방법 중 하나는 Vue.js에 특화된 라이브러리를 사용하는 것입니다. Vue가 성장함에 따라 생태계 또한 성장했습니다. Vue.js에 특화된 라이브러리가 계속해서 생깁니다. 예를 들어 BootstrapVue는 Vue.js에 특화된 라이브러리로 프로젝트에 Bootstrap을 사용할 수 있습니다. 또 Vuetify는 유명한 머티리얼(material) 디자인 라이브러리입니다. Vue.js에 특화된 여러 라이브러리는 나중에 좀 더 알아보겠습니다.

라이브러리를 추가하는 다른 일반적인 방법은 index 파일에 포함하는 것입니다. Vue.js에 특화된 라이브러리가 없을 때 사용하면 좋습니다.

시작에 앞서 애완용품샵 애플리케이션의 루트 폴더에 있는 index.html 파일을 열어 주세요. 5장과 일관성을 맞추려고 코드 7-9와 같이 부트스트랩 3과 Axios CDN 링크를 추가하겠습니다. 여기에 라이브러리를 추가했기 때문에 애플리케이션 전반에 걸쳐 해당 라이브러리들을 사용할 수 있습니다.

코드 7-9 Axios와 Bootstrap 추가하기: chapter-07/petstore/index.html

```
<!DOCTYPE html>
<html>
  <head>
    <meta charset="utf-8">
    <script src="https://cdnjs.cloudflare.com/ajax/libs/axios/0.16.2/axios.js"></script> ····
                                                         Axios 라이브러리 CDN을 나타냅니다.
    <title>Vue.js 애완용품샵</title>
    <link rel="stylesheet" href="https://maxcdn.bootstrapcdn.com/bootstrap/3.3.7/css/
      bootstrap.min.css" integrity="sha384-BVYiiSIFeK1dGmJRAkycuHAHRg320mUcww7on3RYdg4Va
      +PmSTsz/K68vbdEjh4u" crossorigin="anonymous"> ···· 부트스트랩 3 라이브러리 CDN을 나타냅니다.
  </head>
  <body>
    <div id="app"></div>
    <!-- built files will be auto injected -->
  </body>
</html>
```

CSS를 추가하는 여러 방법이 있습니다. 나중에도 보겠지만, CSS를 추가하는 방법 중 하나는 각 컴포넌트에 범위를 지정하는 것입니다. 어떤 컴포넌트에 맞는 CSS를 추가하고자 할 때 유용합니다.

또 웹 사이트 전반에 사용할 CSS를 지정하는 것입니다. 간단하게 애완용품샵 앱에 CSS를 추가해서 모든 컴포넌트가 접근할 수 있도록 하겠습니다(나중에 범위 CSS도 사용합니다).

/main.js 파일을 열면 루트 Vue.js 인스턴스가 있습니다. 여기서 애플리케이션에 사용할 CSS를 불러올 수 있습니다. 현재 웹팩을 사용하기 때문에 에셋(asset)에 대한 상대 경로와 함께 require 키워드를 쓰겠습니다.

> Note ≡ 웹팩과 에셋에 대한 더 많은 정보는 https://vuejs-templates.github.io/webpack/static.html에서 문서를 확인하세요.

코드 7-10과 같이 app.css 파일을 src/assets 폴더에 복사하세요. 부록 A에서 모든 코드와 app.css 복사본을 찾을 수 있습니다.

코드 7-10 CSS 추가하기: chapter-07/petstore/src/main.js

```
import Vue from 'vue'
import App from './App'
import router from './router'
require('./assets/app.css') ···· 애플리케이션에 app.css를 추가합니다.
```

```
Vue.config.productionTip = false

new Vue({
  el: '#app',
  router,
  template: '<App/>',
  components: {App}
})
```

애플리케이션에 CSS를 추가하면 이제 모든 컴포넌트에서 CSS를 사용할 수 있습니다.

7.6.4 컴포넌트 설정

이전에도 이야기했듯이 컴포넌트를 사용하면 애플리케이션을 재활용 가능한 부분으로 분리하기 편합니다. 애완용품샵 앱을 여러 조각으로 쪼개 작업하기 더 쉽게 만들어 봅시다. 현재 애완용품 샵에는 Main, Form, Header가 있습니다. Header 컴포넌트는 웹 사이트 이름과 경로를 표시하고, Main은 상품 목록을 표시하고, Form은 체크아웃 폼을 표시할 것입니다.

시작하기 전에 src/components 폴더에서 HelloWorld.vue 파일을 삭제하세요. 이 파일은 사용하지 않습니다. 그 대신 해당 폴더에 Header.vue 파일을 만드세요. 여기에 헤더 정보를 넣겠습니다.

대부분의 .vue 파일은 간단한 형태를 따라갑니다. 파일의 맨 상단에는 보통 템플릿이 있습니다. 템플릿의 시작과 끝은 <template> 태그로 감싸고 있으며, 이전에도 보았듯이 템플릿 태그 다음에는 루트 요소를 포함해야 합니다. 필자는 보통 <div> 태그를 넣지만 <header> 태그도 괜찮습니다. 명심하세요. 템플릿은 루트 요소를 하나만 가집니다.

템플릿 다음에는 <script> 태그입니다. 여기서 Vue 인스턴스를 생성할 것입니다. <script> 태그 다음에는 <style> 태그가 오는데, 여기서 CSS 코드를 선택적으로 추가하거나 컴포넌트에 범위를 지정할 수 있습니다(코드 7-12에서 다시 볼 수 있습니다).

템플릿에 코드 7-11을 복사하세요. 5장에 있는 헤더와 비슷한 코드입니다. vue-router 라이브러리의 일부로 router-link라는 새로운 요소가 템플릿에 있습니다. router-link 요소는 경로 간의 Vue.js 애플리케이션 안에 내부 링크를 생성합니다. <router-link> 태그는 to 속성을 가지고 있으며, 해당 속성이 지정된 경로에 연결할 수 있습니다. Main 경로에 연결해 보겠습니다.

```
<template>
  <div>

<header>
  <div class="navbar navbar-default">
    <div class="navbar-header">
      <h1><router-link :to="{name: 'iMain'}">{{sitename}}</router-link></h1> ┄┄
    </div>                                                              iMain 경로로 연결합니다.
    <div class="nav navbar-nav navbar-right cart">
      <router-link active-class="active" tag="button" class="btn btn-default btn-lg"
          :to="{name: 'Form'}">
        <span class="glyphicon glyphicon-shopping-cart">
          {{cartItemCount}}
        </span>
          체크아웃
      </router-link>
      </button>
    </div>
  </div>
</header>

  </div>
</template>
```

이제 해당 컴포넌트에 로직을 생성해야 합니다. 이전 애완용품샵 애플리케이션의 코드를 Header.vue 파일에 복사하세요. 몇 가지를 수정해야 합니다. 5장에서 애완용품샵 애플리케이션을 마지막으로 업데이트했을 때 체크아웃 페이지를 표시할지 결정하기 위해 v-if 지시자를 사용했습니다. 그리고 **체크아웃** 버튼을 누를 때마다 showProduct를 토글하는 메서드를 생성했습니다.

해당 로직을 바꾸어 showProduct를 더는 토글링하지 않고 이전에 만든 Form 경로로 이동하도록 변경합시다. 코드 7-12와 같이 this.$router.push를 사용해서 구현합니다. router-link와 비슷하게 이동하려는 경로 이름을 해당 라우터에 제공해야 합니다. 이러한 이유로 **체크아웃** 버튼을 Form 경로로 연결하겠습니다.

router-link를 사용해서 sitename 변수를 바꾸었기 때문에 이전과는 조금 다르게 보일 것입니다. <style> 섹션에 새로운 앵커 태그에 적용할 CSS를 업데이트해야 합니다. scoped 키워드를 추가했기 때문에 Vue.js는 해당 컴포넌트에 CSS 범위가 지정될 수 있도록 합니다.

또 코드 7-12에서 보았듯이 이전 장에서 계속 사용했던 Vue.js 인스턴스 생성자를 사용하지 않습니다. CLI에서는 필요하지 않습니다. 그 대신 더 간단한 구문인 ES6 모듈 default export(export default {})를 사용합니다. 여기에 모든 Vue.js 코드를 추가하세요.

CSS에서 텍스트에 있는 스타일을 없애고 글꼴 색상을 검은색으로 설정합니다. 코드 7-11과 코드 7-12를 파일 하나로 합치세요.

코드 7-12 스크립트와 CSS 추가하기: chapter-07/petstore/src/components/Header.vue

```
<script>
export default {
  name: 'my-header',
  data() {
    return {
    sitename: "Vue.js 애완용품샵",
    }
  },
  props: ['cartItemCount'],
  methods: {
    showCheckout() {
      this.$router.push({name: 'Form'}); ---- Vue.js 앱을 Form 경로로 이동시킵니다.
    }
  }
}
</script>

<!-- CSS를 이 컴포넌트로만 제한하도록 "scoped" 속성을 추가하세요. -->
<style scoped> ---- 범위 지정 CSS입니다.
a {
  text-decoration: none;
  color: black;
}

}
</style>
```

이제 해당 컴포넌트 작업이 끝났습니다. 헤더에서 cartItemCount 속성을 받고 있는 것을 알 수 있습니다. 조금 후에 Main 컴포넌트를 만들고 나면 해당 컴포넌트가 정보를 전달해 줄 것입니다. cartItemCount는 장바구니에 얼마나 많은 상품을 담았는지 계속 확인할 것입니다.

7.6.5 Form 컴포넌트 생성

Form 컴포넌트는 체크아웃 페이지가 있는 곳입니다. 5장에서 만든 것과 비슷하게 남겨두겠습니다. 가장 큰 차이점은 템플릿 상단에 새로 만든 my-header 컴포넌트를 참조한다는 것입니다. 또 헤더에 cartItemCount를 전달하도록 합시다.

src/components 폴더에 컴포넌트를 하나 만들고 이름을 Form.vue라고 합시다. 코드 7-13과 같이 템플릿의 HTML 코드는 5장에서 본 것과 같습니다. 차이점은 헤더 상단에 새로운 컴포넌트를 추가했다는 것입니다. 책에 모든 코드를 담지는 않았으니 길벗출판사 깃허브(https://github.com/gilbutITbook/007024)에서 7장 코드를 내려받아 살펴보세요(부록 A 참고).

코드 7-13 폼 컴포넌트 만들기: chapter-07/petstore/src/components/Form.vue

```
<template>
  <div>
    <my-header :cartItemCount="cartItemCount"></my-header> ···· 헤더 컴포넌트가 전달받은
      <div class="row">                                          cartItemCount 값을 보여 줍니다.
        <div class="col-md-10 col-md-offset-1">
          <div class="panel panel-info">
            <div class="panel-heading">애완용품샵 체크아웃</div>
            <div class="panel-body">
              <div class="form-group">
                <div class="col-md-12">
                  <h4><strong>정보를 입력하세요</strong></h4>
                </div>
              </div>
              <div class="form-group">
                <div class="col-md-6">
                  <strong>이름:</strong>
                  <input v-model.trim="order.firstName" class="form-control" />
                </div>
                <div class="col-md-6">
                  <strong>성:</strong>
                  <input v-model.trim="order.lastName" class="form-control" />
                </div>
              </div>
              <div class="form-group">
                <div class="col-md-12"><strong>주소:</strong></div>
                <div class="col-md-12">
                  <input v-model.trim="order.address" class="form-control" />
                </div>
              </div>
```

```html
<div class="form-group">
  <div class="col-md-12"><strong>도시:</strong></div>
  <div class="col-md-12">
    <input v-model.trim="order.city" class="form-control" />
  </div>
</div>
<div class="form-group">
  <div class="col-md-2">
    <strong>주:</strong>
    <select v-model="order.state" class="form-control">
      <option disabled value="">주</option>
      <option v-for="(state, key) in states" v-bind:value="state">
      {{key}}
      </option>
    </select>
  </div>
</div>
<div class="form-group">
  <div class="col-md-6 col-md-offset-4">
    <strong>우편번호:</strong>
    <input v-model.number="order.zip"
      class="form-control"
      type="number" />
  </div>
</div>
<div class="form-group">
  <div class="col-md-6 boxes">
    <input type="checkbox"
        id="gift" value="true"
        v-bind:true-value="order.sendGift"
        v-bind:false-value="order.dontSendGift"
        v-model="order.gift">
    <label for="gift">선물로 보내기</label>
  </div>
</div><!-- end of form-group -->
<div class="form-group">
  <div class="col-md-6 boxes">
    <input type="radio"
        id="home"
        v-bind:value="order.home"
        v-model="order.method">
    <label for="home">자택</label>
    <input type="radio"
```

185

7

185

```
                    id="business"
                    v-bind:value="order.business"
                    v-model="order.method">
              <label for="business">직장</label>
            </div>
          </div><!-- end of form-group -->
          <div class="form-group">
            <div class="col-md-6">
              <button type="submit" class="btn btn-primary submit"
                  v-on:click="submitForm">주문하기</button>
            </div><!-- end of col-md-6 -->
          </div><!-- end of form-group -->
          <div class="col-md-12 verify">
            <pre>
                    이름: {{order.firstName}}
                    성: {{order.lastName}}
                    주소: {{order.address}}
                    도시: {{order.city}}
                    우편번호: {{order.zip}}
                    주: {{order.state}}
                    배송지: {{order.method}}
                    선물: {{order.gift}}
            </pre>
          </div><!-- end of col-md-12 verify -->
        </div><!-- end of panel-body -->
      </div><!-- end of panel panel-info -->
    </div><!-- end of col-md-10 col-md-offset-1 -->
  </div><!-- end of row -->
  </div>
</template>
```

해당 컴포넌트의 스크립트 코드가 5장에서 본 코드와 비슷합니다. 한 가지 차이점은 cartItemCount 속성을 받는다는 것입니다. 추가적으로 코드 7-14와 같이 Header 컴포넌트를 정의하여 템플릿에서 사용할 수 있도록 합시다.

코드 7-14 스크립트 태그 추가하기: chapter-07/petstore/src/components/Form.vue

```
<script>
import MyHeader from './Header.vue'; ···· 헤더 컴포넌트를 불러옵니다.
export default {
  name: 'Form',
  props: ['cartItemCount'], ···· cartItemCount 속성을 전달합니다.
```

```
    data() {
      return {
        states: {
          AL: '알라바마',
          AK: '알래스카',
          AR: '애리조나',
          CA: '캘리포니아',
          NV: '네바다'
        },
        order: {
          firstName: '',
          lastName: '',
          address: '',
          city: '',
          zip: '',
          state: '',
          method: '자택 주소',
          business: '직장 주소',
          home: '자택 주소',
          gift: '선물로 보내기',
          sendGift: '선물로 보내기',
          dontSendGift: '선물로 보내지 않기'
        }
      }
    },
    components: {MyHeader},
    methods: {
      submitForm() {
        alert('제출 완료');
      }
    }
  }
</script>
```

7.6.6 Main 컴포넌트 추가

애완용품샵 애플리케이션의 Main 컴포넌트는 모든 상품을 표시합니다. 여기서 상품을 장바구니에
추가하고 별점을 볼 수 있습니다. 이미 해당 컴포넌트를 위한 모든 로직을 작성했기 때문에 우리
가 할 일은 .vue 파일 하나로 만드는 것입니다.

Form 컴포넌트와 마찬가지로 파일 상단에 my-header 컴포넌트를 추가하고 cartItemCount를 넘겨 줍니다. src/components 폴더에 Main.vue 파일을 만들고 코드 7-15를 추가하세요.

코드 7-15 메인 템플릿 만들기: chapter-07/petstore/src/components/Main.vue

```html
<template>
  <div>
  <my-header :cartItemCount="cartItemCount"></my-header> ···· 코드에 my-header
  <main>                                                        컴포넌트를 추가합니다.
    <div v-for="product in sortedProducts">
      <div class="row">
        <div class="col-md-5 col-md-offset-0">
          <figure>
            <img class="product" v-bind:src="product.image">
          </figure>
        </div>
        <div class="col-md-6 col-md-offset-0 description">
          <router-link tag="h1" :to="{name: 'Id', params: {id: product.id}}">{{product.
              title}}</router-link>
          <h1 v-text="product.title"></h1>
          <p v-html="product.description"></p>
          <p class="price">
            {{product.price | formatPrice}}
          </p>
          <button class="btn btn-primary btn-lg"
              v-on:click="addToCart(product)"
              v-if="canAddToCart(product)">장바구니 담기</button>
          <button disabled="true" class="btn btn-primary btn-lg"
              v-else>장바구니 담기</button>
          <span class="inventory-message"
              v-if="product.availableInventory - cartCount(product.id) === 0">
            품절!
          </span>
          <span class="inventory-message"
              v-else-if="product.availableInventory - cartCount(product.id) < 5">
            Only {{product.availableInventory - cartCount(product.id)}} 남았습니다!
          </span>
          <span class="inventory-message"
              v-else>지금 구매하세요!
          </span>
          <div class="rating">
            <span v-bind:class="{'rating-active' :checkRating(n, product)}"
                v-for="n in 5">☆
```

```
          </span>
        </div>
      </div><!-- end of col-md-6 -->
    </div><!-- end of row -->
    <hr />
  </div><!-- end of v-for -->
</main>
</div>
</template>
```

템플릿을 추가한 후 Vue.js 코드를 추가해야 합니다. 코드 7-16과 같이 파일 상단에 MyHeader 임포트(import) 문을 추가하세요. 데이터 함수 다음에 components: {MyHeader}를 참조해서 컴포넌트를 선언해야 합니다.

나머지 코드를 추가하기 전에 이미지 폴더와 products.json 파일을 petstore/static 폴더에 복사하세요. 해당 파일과 코드는 길벗출판사 깃허브(https://github.com/gilbutITbook/007024)에서 확인할 수 있습니다.

CLI를 사용할 때 에셋 폴더 혹은 정적 폴더에 파일을 저장할 수 있습니다. 에셋 파일은 웹팩의 url-loader와 file-loader로 처리됩니다. 에셋은 빌드 중에 인라인, 복사, 이름 변경이 가능하지만 본질적으로는 소스 코드와 같습니다. 에셋 폴더에서 파일을 참조할 때마다 상대 경로를 사용합니다. ./assets/logo.png 파일은 에셋 폴더 안에 로고가 있는 곳의 위치가 될 수 있습니다.

정적 파일은 웹팩에서 처리하지 않고 최종 목적지로 바로 복사됩니다. 해당 파일을 참조할 때는 절대 경로를 사용해야 합니다. products.json 파일에서 모든 파일을 불러오기 때문에 파일을 정적 폴더에 복사하고 참조하는 것이 좋습니다.

src/components 폴더에서 Main.vue 파일을 업데이트하세요(코드 7-16에서 필터와 메서드는 제외합니다). 애완용품샵 애플리케이션에서 Vue.js 인스턴스 데이터, 메서드, 필터와 생명 주기 훅을 가져와 Main.vue 템플릿 하단에 추가하세요.

코드 7-16 Main.vue 스크립트 생성하기: chapter-07/petstore/src/components/Main.vue

```
<script>
import MyHeader from './Header.vue'; ···· MyHeader를 프로젝트에 불러옵니다.
export default {
  name: 'imain',
  data() {
    return {
      products: {},
```

```
      cart: []
    };
  },
  components: {MyHeader},
  methods: {
    checkRating(n, myProduct) {
      return myProduct.rating - n >= 0;
    },
    addToCart(aProduct) {
      this.cart.push(aProduct.id);
    },
    canAddToCart(aProduct) {
      // return this.product.availableInventory > this.cartItemCount;
      return (
        aProduct.availableInventory >
        this.cartCount(aProduct.id)
      );
    },
    cartCount(id) {
      let count = 0;
      for (var i = 0; i < this.cart.length; i++) {
        if (this.cart[i] === id) {
          count++;
        }
      }
      return count;
    }
  },
  computed: {
    cartItemCount() {
      return this.cart.length || '';
    },
    sortedProducts() {
      if (this.products.length > 0) {
        let productsArray = this.products.slice(0);
        function compare(a, b) {
          if (a.title.toLowerCase() < b.title.toLowerCase())
            return -1;
          if (a.title.toLowerCase() > b.title.toLowerCase())
            return 1;
          return 0;
        }
```

```
          return productsArray.sort(compare);
        }
      }
    },
    filters: {
      formatPrice(price) {
        if (!parseInt(price)) {
          return '';
        }
        if (price > 99999) {
          var priceString = (price / 100).toFixed(2);
          var priceArray = priceString.split('').reverse();
          var index = 3;
          while (priceArray.length > index + 3) {
            priceArray.splice(index + 3, 0, ',');
            index += 4;
          }
          return '$' + priceArray.reverse().join('');
        } else {
          return '$' + (price / 100).toFixed(2);
        }
      }
    },
    created: function() {  ···· JSON 상품 파일은 절대 경로로 정적 폴더에 위치해 있습니다.
      axios.get('/static/products.json').then(response => {
        this.products = response.data.products;
        console.log(this.products);
      });
    }
  };
</script>
```

파일을 복사한 후 App.vue 파일의 스타일과 logo.png <img> 태그를 삭제하세요. 원하면 에셋 폴더에 logo.png까지 삭제해도 됩니다. npm run dev 명령어를 실행해서 Vue-CLI 서버를 재시작하는 것을 잊지 마세요. 애완용품샵 애플리케이션이 시작되고 **체크아웃** 버튼(그림 7-7 참고)을 클릭하면 체크아웃 페이지로 이동할 수 있습니다. 에러가 뜬다면 콘솔을 다시 한 번 확인해 주세요. 예를 들어 코드 7-9와 같이 index.html에 Axios 라이브러리를 불러오는 것을 깜빡하면 에러가 발생합니다.

7.7 라우팅

이제 Vue-CLI를 사용해서 앱을 만들었으니 라우팅을 좀 더 살펴봅시다. 이 장 초반에 경로를 2개 설정했습니다. 이 절에서 2개 더 추가하겠습니다.

Vue.js 같은 단일 페이지 애플리케이션에서는 라우팅이 앱에서 이동을 도와줍니다. 애완용품샵을 보면 Form 경로가 있습니다. 애플리케이션을 불러와 /form으로 이동하면 해당 경로를 불러올 수 있습니다. 전통적인 웹 앱과 다르게 경로를 불러오기 때문에 서버에서 데이터를 보내 줄 필요도 없습니다. URL이 바뀌면 Vue 라우터가 해당 요청을 가로채 올바른 경로를 표시합니다. 이는 굉장히 중요한 개념으로 서버에 의존하지 않고 클라이언트 단에서 모든 경로를 생성할 수 있게 됩니다.

이 절에서는 자식 경로를 생성하는 방법, 매개변수를 통해 경로 간 정보를 넘겨주는 방법, 리다이렉션과 와일드카드를 설정하는 방법을 알아보겠습니다. 모든 부분을 다룰 수는 없기 때문에 더 많은 정보가 필요하다면 https://router.vuejs.org/en/에서 공식 Vue 라우터 문서를 확인하세요.

7.7.1 매개변수가 있는 상품 경로 추가

지금 애플리케이션에는 Main과 Form 경로 2개가 있습니다. 상품에 경로를 하나 더 추가해 봅시다. 애완용품샵 앱에 요구 조건이 하나 더 생겼다고 생각해 보겠습니다. 상품 설명 페이지를 추가해야 합니다. 이는 경로 매개변수를 사용한 동적 경로 매칭으로 해결할 수 있습니다. 매개변수는 URL 내부에서 받는 동적 값입니다. 새로운 상품 설명 경로를 추가하고 나면 그림 7-8과 같이 해당 URL을 사용해서 상품 페이지를 찾아볼 수 있습니다. 상단의 URL이 product/1001인 것이 보이나요? 이것이 동적 경로입니다.

라우터 파일 내부의 콜론(:)을 사용해서 동적 경로를 할당합니다. Vue.js는 /product 이후의 모든 경로에서 Product 컴포넌트를 매칭합니다. 다시 말해 /product/1001과 /product/1002 경로 모두 Product 컴포넌트가 매칭됩니다. 1001과 1002는 컴포넌트의 id라는 이름을 가진 매개변수로 전달됩니다.

▼ 그림 7-8 product 1001의 동적 세그먼트

애완용품샵 앱 내부에서 src/router 폴더를 찾으세요. index.js 파일은 현재 경로를 가지고 있습니다. 코드 7-17을 복사해서 src/router/index.js 파일의 경로 배열에 추가하세요. 상단에서 Product 컴포넌트를 불러오는지 확인하고 코드 7-17과 같이 진행하세요.

코드 7-17 경로 파일 수정하기: chapter-07/route-product.js

```
import Product from '@/components/Product'
...
    },
    {
```

```
        path: '/product/:id', ···· id라는 동적 경로 세그먼트를 표시합니다.
        name: 'Id',
        component: Product,
        props: true
    }
  ...
```

id 매개변수를 가진 동적 세그먼트가 있습니다. 경로 이름을 id로 설정해서 나중에 라우터 링크 컴포넌트를 사용할 때 찾아보겠습니다. 그럼 Product 컴포넌트를 만듭시다.

Product 컴포넌트에는 경로 매개변수에서 가져올 상품이 하나 있습니다. 우리 목적은 해당 컴포넌트에서 상품 정보를 표시하는 것입니다.

상품 템플릿에서 $route.params.id에 접근할 수 있습니다. $route.params.id를 사용해서 매개변수로 전달된 id 값을 표시할 수 있습니다. 컴포넌트 상단에 id를 표시해서 제대로 전달되었는지 확인해 보겠습니다.

코드 7-18을 src/components/Product.vue에 새 파일로 복사하세요. 다음은 해당 컴포넌트의 파일 상단 부분입니다.

코드 7-18 상품 템플릿 추가하기: chapter-07/product-template.vue

```
<template>
  <div>
    <my-header></my-header>
    <h1>id {{$route.params.id}} 입니다</h1> ···· $route.params.id는 전달받은 id를 표시합니다.
    <div class="row">
      <div class="col-md-5 col-md-offset-0">
        <figure>
          <img class="product" v-bind:src="product.image">
        </figure>
      </div>
      <div class="col-md-6 col-md-offset-0 description">
        <h1>{{product.title}}</h1>
        <p v-html="product.description"></p>
        <p class="price">
          {{product.price}}
        </p>
      </div>
    </div>
  </div>
</template>
```

템플릿은 간단하지만, 로직과 스크립트가 있는 컴포넌트 하단은 굉장히 복잡합니다. 템플릿의 올바른 상품을 불러오려면 넘긴 id 값을 사용해서 올바른 상품을 찾아야 합니다.

운 좋게도 간단한 자바스크립트로 문제를 해결할 수 있습니다. Axios 라이브러리를 다시 한 번 사용해서 products.json 파일에 접근하겠습니다. 이번에는 자바스크립트의 필터 함수를 사용해서 this.$route.params.id의 ID 값을 갖는 상품을 반환하겠습니다. 모든 ID는 유일하기 때문에 필터 함수는 값을 하나만 반환해야 합니다. 그렇지 않다면 products.json 파일을 다시 한 번 살펴 각각의 ID가 유일한지 확인해야 합니다.

마지막으로 파일(코드 7-19 참고)에서 반환한 this.product.image 앞에 '/' 문자를 추가해야 합니다. 현재 동적 경로 매칭을 사용하고 있으며, 파일에 대한 상대적 경로는 문제가 생길 수 있으므로 반드시 추가해야 합니다.

코드 7-19를 복사해서 src/components/Product.vue 파일 하단에 추가하세요. 코드 7-18과 코드 7-19에서 가져온 코드가 존재하는지 확인하세요.

코드 7-19 Product 스크립트: chapter-07/product-script.js

```
<script>
import MyHeader from './Header.vue' ···· 파일에 Header 컴포넌트를 불러옵니다.
export default {
  components: {MyHeader},
  data() {
    return {
      product: ''
    }
  },
  created: function() {
    axios.get('/static/products.json') ···· Axios 라이브러리와 함께 정적 파일을 가져옵니다.
    .then((response) => {
      this.product = response.data.products.filter( ···· 응답 데이터를 필터합니다.
          data => data.id == this.$route.params.id)[0] ···· 경로 매개변수와 일치하는 데이터만
      this.product.image = '/' + this.product.image;    this.product에 추가합니다.
    });            상대 경로를 위해 product.image 앞에
  }                '/'를 추가합니다.
}
</script>
```

여기까지 따라왔다면 이제 파일을 저장하고 웹 브라우저를 여세요. 경로에 직접 접근할 방법은 없지만, 웹 브라우저에서 http://localhost:8080/product/1001을 입력하면 가능합니다. 웹 페이지는 첫 상품을 표시합니다.

Note ☰   해당 경로가 열리지 않는다면 콘솔을 열고 에러를 확인해 보세요. 라우터 파일에 데이터를 제대로 저장하지 않으면 경로를 불러오지 않습니다. 혹은 this.product.image 앞에 '/'을 놓쳤을 수도 있습니다.

7.7.2 태그와 함께 라우터 링크 설정

앱 안에서 각 경로에 대한 링크를 추가하지 않으면 의미가 없습니다. 사용자들이 각 URL을 외워야 하기 때문이죠. Vue 라우터를 사용하면 해당 경로에 대한 라우팅을 쉽게 구현할 수 있습니다. 가장 쉬운 방법 중 하나는 이 장 앞부분에서도 보았듯이 라우터 링크(router-link) 컴포넌트를 사용하는 것입니다. :to 속성을 사용해서 가고자 하는 경로를 정의할 수 있습니다. 이는 특정한 경로 혹은 가려고 하는 경로의 이름을 정의하는 개체가 될 수 있습니다. 예를 들어 <router-link :to="{name: 'Id'}"> Product</router-link>는 Id 이름의 경로로 연결해 줍니다. 현재 앱에서는 Product 컴포넌트가 됩니다.

라우터 링크 컴포넌트에는 여러 기능이 있습니다. 이 컴포넌트에는 더 많은 기능을 가진 속성도 있습니다. 이 절에서는 active-class와 tag 속성에 초점을 맞추겠습니다.

애완용품샵 앱에 또 다른 요구 조건이 주어졌다고 생각해 봅시다. 사용자가 Form 경로로 이동할 때 **체크아웃** 버튼을 누른 모습을 보여 주고 싶습니다. 사용자가 웹 페이지를 나가면, 버튼은 다시 원 상태로 돌아와야 합니다. 이는 경로가 활성화되었을 때 버튼에 active라는 클래스 이름을 추가하고, 사용자가 해당 경로에 없을 때는 삭제하는 방법으로 구현할 수 있습니다. 사용자가 상품 이름을 클릭해서 상품 설명 페이지로 이동할 방법도 필요합니다.

모두 완료하고 나면 사용자가 **체크아웃** 버튼을 눌렀을 때 그림 7-9와 같이 보일 것입니다. 사용자가 체크아웃 페이지에 있을 때 버튼의 모습을 살펴보세요.

상품 페이지에 링크를 추가해 보겠습니다. src/components/Main.vue 파일을 열고 product.title을 표시하는 <h1> 태그를 찾으세요. 해당 태그는 삭제하고 새 라우터 링크를 추가하세요. 라우터 링크에서 tag 속성을 추가하세요. tag 속성은 라우터 링크를 지정한 태그로 변환할 때 사용됩니다. 코드 7-20을 적용하면 라우터 링크는 <h1> 태그로 표시될 것입니다.

to 속성은 링크의 목표 경로를 나타내는 데 사용됩니다. 이 속성은 우리가 전달할 수 있는 선택적 디스크립터 객체를 가집니다. 매개변수를 보내려면 params: {id: product.id} 구문을 사용하세요. 이렇게 하면 Vue 라우터가 product.id를 id로 동적 세그먼트에 보냅니다. 예를 들어 product.id가 1005면 경로는 /product/1005가 됩니다.

src/components/Main.vue 파일을 열고 코드 7-20으로 컴포넌트를 업데이트하세요. :to를 보면 name과 params가 서로 다른 속성을 가집니다. 쉼표를 사용해서 각 속성을 분리할 수 있습니다.

코드 7-20 메인의 라우터 링크 업데이트하기: chapter-07/router-link-example.html

```
...
<div class="col-md-6 col-md-offset-0 description">
  <router-link ···· router-link를 시작합니다.
      tag="h1" ···· router-link를 변환해서 〈h1〉 태그로 보이게 합니다.
      :to="{name: 'Id', params: {id: product.id}}"> ···· 경로 대상은 Id고 매개변수를 전달합니다.
    {{product.title}} ···· 클릭 가능한 텍스트입니다.
  </router-link>
  <p v-html="product.description"></p>
...
```

저장한 후 npm run dev 명령어를 실행하고 웹 브라우저를 열어 보세요. 이제 상품 제목을 클릭해서 Product 컴포넌트로 이동할 수 있습니다. id 매개변수가 Product 경로로 전달되고 알맞은 상품을 표시합니다.

질의 매개변수는 경로 간 정보를 보내는 또 다른 방법입니다. 매개변수는 URL 끝에 추가됩니다. 동적 경로 세그먼트를 사용하는 대신 질의 매개변수를 사용해서 상품 ID를 보낼 수 있습니다. Vue 라우터로 질의 매개변수를 추가하려면 다음과 같이 디스크립터 객체에 질의 속성을 추가하면 됩니다.

```
<router-link tag="h1" :to="{name: 'Id', query: {Id: '123'}}">{{product.title}}
</router-link>
```

다중 질의 매개변수를 추가해도 되지만 각각은 {Id: '123', info: 'erik'}처럼 쉼표로 분리해야 합니다. 이는 URL에 ?id=123&info=erik처럼 표시됩니다. $route.query.info를 사용해서 템플릿 안 질의에 접근할 수 있습니다. 질의 매개변수에 대한 더 많은 정보는 https://router.vuejs.org/en/api/router-link에서 확인할 수 있습니다.

7.7.3 스타일을 적용한 라우터 링크 설정

사용자가 Form 경로로 이동한 후 **체크아웃** 버튼을 활성화하는 방법을 찾아야 합니다. active-class 속성을 사용하면 쉽게 해결할 수 있습니다. 경로가 활성화된 상태일 때, 라우터 링크는 자동으로 active-class에 할당된 값을 태그에 추가합니다. 부트스트랩을 사용하고 있기 때문에 active 클래스를 사용하면 활성화된 버튼 모습을 보여 줍니다.

src/components/Header.vue 파일을 열고 {{cartItemCount}} 버튼 요소를 업데이트하세요. 현재 있는 버튼을 삭제하고 코드 7-21과 같이 라우터 링크를 추가하세요. showCheckout 메서드도 더는 필요하지 않으므로 삭제해도 됩니다.

코드 7-21 경로가 활성화된 경우 헤더 링크 업데이트하기: chapter-07/header-link.html

```
<div class="nav navbar-nav navbar-right cart">
    <router-link ···· 체크아웃 페이지로 이동시킬 router-link 요소입니다.
        active-class="active" ···· 활성화된 클래스 속성은 active 클래스를 추가할 것입니다.
        tag="button" ···· route-link를 h1 태그로 변환합니다.
        class="btn btn-default btn-lg" ···· 버튼을 위한 Bootstrap 클래스입니다.
        :to="{name: 'Form'}"> ···· Form 경로로 이동합니다.
        <span class="glyphicon glyphicon-shopping-cart">
        {{cartItemCount}}
        </span>
        체크아웃
    </router-link>
```

헤더 컴포넌트의 수정 사항들을 저장한 후 앱으로 이동하세요. 웹 브라우저 콘솔을 열어 보면 헤더 안의 **체크아웃** 버튼을 누를 때마다 활성화 클래스가 추가되는 것을 볼 수 있습니다. Main 경로로 다시 이동해 보면 활성화 클래스가 사라집니다. 활성화 클래스는 해당 경로가 활성화되었을 때만 추가됩니다. 사용자가 Form 경로에서 나가면 활성화 클래스는 사라집니다.

Vue 2.5.0 이상 버전에서 사용자가 경로를 변경할 때마다 새로운 CSS 클래스가 추가되었습니다. 바로 router-link-exact-active 클래스입니다. 이 클래스를 사용해서 기능을 정의할 수 있습니다. 클래스가 활성화될 때 링크를 파란색으로 변경하고 싶다고 합시다.

코드 7-22를 복사해서 src/components/Header.vue의 하단에 새로운 CSS 선택자를 추가하세요. 이 클래스는 경로가 활성화되어 있을 때 라우터 링크 요소에만 추가됩니다.

> **코드 7-22** router-link-exact-active: chapter-07/route-link.css

```
...
.router-link-exact-active {  ···· 경로가 활성화되면 요소를 파란색으로 설정합니다.
  color: blue;
}
...
```

파일을 저장하고 웹 브라우저에서 여러 곳을 둘러보세요. 경로가 활성화되어 있을 때 헤더의 **체크아웃** 버튼 텍스트가 파란색으로 변하는 것을 볼 수 있습니다. 이제부터는 해당 CSS 선택자를 검은색으로 바꾸어 진행하겠습니다.

7.7.4 수정 경로 추가

Id 경로는 각 Id에 맞는 상품을 표시합니다. 하지만 각 상품을 수정하는 방법을 추가해야 한다고 합시다. 사용자가 **상품 수정** 버튼을 누를 때마다 실행되는 Product 경로 안에 표시되는 새로운 경로를 추가해 보겠습니다.

> Note ≡   수정 기능을 구현하지는 않을 것입니다. 현재 구현된 것으로는 정적 파일에 변경 사항을 저장할 방법이 없습니다. 그 대신 자식 경로를 추가하는 방법에 집중하고 상품 수정 사항을 저장하는 방법은 나중에 알아보겠습니다.

자식 경로는 중첩 경로입니다. 현재 경로에서 정보를 수정 혹은 삭제할 때 사용하면 좋습니다. 부모 경로 안에서 router-view 컴포넌트를 추가하여 자식 경로에 접근할 수 있습니다.

모든 것을 하나로 묶었을 때 수정 경로는 그림 7-10과 같아야 합니다. URL을 보면 product/1001/edit로 되어 있습니다.

▼ 그림 7-10 상품 수정 경로

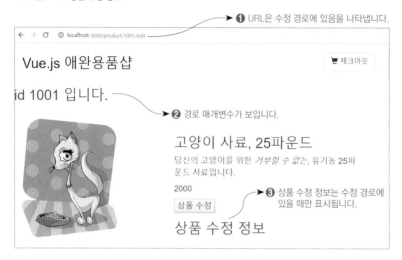

새 컴포넌트를 추가하는 것으로 시작하겠습니다. src/components 폴더에 EditProduct.vue 파일을 추가하세요. 그리고 코드 7-23을 src/components/EditProduct.vue 파일에 복사하세요.

코드 7-23 EditProduct 컴포넌트 추가하기: chapter-07/edit-comp.vue

```
<template>
  <div>
    <h1>상품 정보 수정</h1>
  </div>
</template>
<script>
  export default {
    // future ···· 나중에 들어갈 내용입니다.
  }
</script>
```

Product 컴포넌트에 router-view 컴포넌트를 추가하세요. 이 컴포넌트는 Vue 라우터 내부에 있으며, 새 경로의 엔드 포인트에 사용됩니다. 이 경로가 활성화되면 router-view 컴포넌트가 위치한 곳 안에서 EditProduct 컴포넌트가 표시됩니다.

코드 7-24를 복사하고 src/components/Product.vue 파일을 수정해서 상품 정보 하단에서 새 버튼과 router-view 컴포넌트를 추가하세요. 이 버튼은 Edit 경로를 추가하고 활성화하는 수정 메서드를 실행합니다.

코드 7-24 상품 수정 버튼 추가하기: chapter-07/edit-button.vue

```
...
  </p>
  <button @click="edit">상품 수정</button> ---- 수정 메서드를 호출하는 버튼입니다.
  <router-view></router-view> ---- router-view 컴포넌트는 경로의 시작점입니다.
</div>
...
methods: {
  edit() {
    this.$router.push({name: 'Edit'}) ---- $router.push는 Edit 경로를 활성화합니다.
  }
},
```

이제 라우터 파일을 업데이트할 수 있는 모든 작업이 완료되었습니다. Id 경로에 children 배열을 추가하세요. 자식 배열 내에 Edit 경로와 EditProduct 컴포넌트를 추가하겠습니다.

코드 7-25를 가져와 src/router/index.js 파일을 업데이트하세요. Id 경로를 업데이트하고 children 배열을 추가하세요. 상단에 EditProduct 컴포넌트를 불러오는 것도 잊지 마세요.

코드 7-25 새로운 자식 경로로 라우터 업데이트하기: chapter-07/child-route.js

```
import EditProduct from '@/components/EditProduct'
import Product from '@/components/Product'
...
{
    path: '/product/:id',
    name: 'Id',
    component: Product,
    props: true,
    children: [ ---- Id 경로에서만 보이는 새로운 자식 경로를 정의합니다.
      {
        path: 'edit',
        name: 'Edit',
        component: EditProduct,
        props: true
      }
    ]
},
...
```

index.js 파일을 저장하고 웹 브라우저에서 새 경로를 탐색해 보세요. **상품 수정** 버튼을 누르면 상품 수정 정보 메시지를 볼 수 있습니다. 해당 경로가 로딩되지 않으면 콘솔에서 에러와 index.js 파일을 확인하세요.

7.7.5 리다이렉션과 와일드카드 사용

Vue 라우터의 마지막 기능은 리다이렉션(redirection)과 와일드카드 경로(wildcard routes)입니다. 애완용품샵 앱에 마지막 요구 사항이 있다고 생각해 봅시다. 사용자가 실수로 잘못된 URL을 입력했을 때 메인 페이지로 이동시켜야 합니다. 와일드카드 경로와 리다이렉션을 사용해서 해결할 수 있습니다.

경로를 생성할 때 * 기호로도 불리는 와일드카드를 사용하여 지정한 경로에서 다루지 못하는 경로를 잡을 수 있습니다. 이 경로는 모든 경로의 하단에 추가되어야 합니다.

리다이렉션 옵션은 웹 브라우저를 다른 경로로 이동시킵니다. src/routes/index.js 파일을 수정하겠습니다. 경로 맨 하단에 코드 7-26을 추가하세요.

코드 7-26 경로에 와일드카드 추가하기: chapter-07/wildcard-route.js

```
...
{
  path: '*',  ···· 모든 경로를 잡습니다.
  redirect: "/"  ···· "/"로 재이동시킵니다.
}
...
```

파일을 저장한 후 웹 브라우저에서 /anything 혹은 /testthis로 이동해 보세요. 둘 다 메인 "/" 경로로 다시 이동될 것입니다.

> Note ☰ **탐색 가드**
>
> 탐색 가드는 말 그대로 경로를 리다이렉션하거나 취소하여 탐색을 보호합니다. 사용자가 어떤 경로에 접근하기 전 사용자를 검증할 때 굉장히 유용합니다. 탐색 가드를 사용하는 방법 중 하나는 경로 설정 객체에 before-Enter를 추가하는 것입니다. 다음과 같습니다.
>
> ```
> beforeEnter (to, from, next) => {next()}
> ```
>
> ↻ 계속

또 컴포넌트 안에 beforeEnter(to, from, next) 훅을 추가할 수도 있습니다. 이는 경로를 불러오기 전에 실행됩니다. next()는 계속 진행할 경로를 알려 줍니다. next(false)를 사용하면 해당 경로를 불러오는 것을 멈춥니다. 더 많은 정보를 원하면 https://router.vuejs.org/guide/advanced/navigation-guards.html#global-before-guards에서 확인하세요.

참고로 코드 7-27은 전체 src/router/index.js 파일입니다.

코드 7-27 전체 라우터 파일: chapter-07/petstore/src/router/index.js

```javascript
import Vue from 'vue'
import Router from 'vue-router'
import Form from '@/components/Form'
import Main from '@/components/Main'
import Product from '@/components/Product'
import EditProduct from '@/components/EditProduct'
Vue.use(Router)

export default new Router({
  mode: 'history',
  routes: [
    {
      path: '/',
      name: 'iMain',
      component: Main,
      props: true,
    },
    {
      path: '/product/:id',    ···· id에 대한 동적 경로 세그먼트입니다.
      name: 'Id',
      component: Product,
      props: true,
      children: [    ···· Id 경로 안의 자식 경로입니다.
        {
          path: 'edit',
          name: 'Edit',
          component: EditProduct,
          props: true
        }
      ]
    },
    {
```

```
    path: '/form',
    name: 'Form',
    component: Form,
    props: true
  },
  {
    path: '*',  ···· 마지막에서 걸러지지 않은 경로를 찾아 "/"로 이동시킵니다.
    redirect: "/"
  }
 ]
})
```

Note ☰ **지연 로딩**

Vue-CLI는 웹팩을 사용해서 자바스크립트 코드를 번들링합니다. 이러한 번들은 꽤 커질 수 있습니다. 이는 더 큰 애플리케이션이나 인터넷이 느린 사용자들이 웹 페이지를 불러오는 시간에 영향을 줍니다. Vue.js 비동기 컴포넌트 기능과 지연 로딩을 통한 코드 분할을 사용해서 번들 크기를 줄일 수 있습니다. 이 개념은 책 범위를 벗어나므로 공식 문서에서 정보를 확인하는 것을 추천합니다. https://router.vuejs.org/guide/advanced/lazy-loading.html에서 확인할 수 있습니다.

경로는 거의 모든 Vue 애플리케이션에서 기본입니다. 아주 간단한 앱을 제외하고는 모두 필요합니다. 여유를 가지고 경로를 적절하게 설계하세요. 자식 경로를 사용해서 추가 혹은 수정 같은 항목을 지정하세요. 경로 간에 정보를 보낼 때는 매개변수 사용을 겁내지 마세요. 경로 지정에 문제가 있다면 http://router.vuejs.org/en에서 공식 문서를 확인하세요.

7.8 연습 문제

이 장에서 배운 내용을 바탕으로 다음 질문에 답하세요.

- 다른 경로를 탐색할 수 있는 두 가지 방법은 무엇인가요?

부록 B에서 답을 확인하세요.

7.9 요약

- 컴포넌트로 정보를 전달할 때 슬롯을 사용하면 애플리케이션을 좀 더 동적으로 만들 수 있습니다.
- 애플리케이션 안에서 동적 컴포넌트를 사용해서 컴포넌트를 전환할 수 있습니다.
- 애플리케이션에 비동기 컴포넌트를 추가하면 속도가 향상됩니다.
- Vue-CLI를 사용해서 애플리케이션을 변환할 수 있습니다.
- 컴포넌트 간 속성을 사용해서 값을 전달할 수 있습니다.
- 자식 경로는 부모 경로 안에서 정보를 수정할 때 사용할 수 있습니다.

7

고급 컴포넌트와 라우팅

8^장

트랜지션 및
애니메이션

이 장에서 다룰 핵심 내용

• 트랜지션 클래스 이해

• 애니메이션 사용

• 자바스크립트 훅 추가

• 애완용품샵 애플리케이션 업데이트

7장에서 고급 컴포넌트와 단일 파일 컴포넌트를 사용하여 애플리케이션을 작은 부분으로 나누는 방법을 알아보았습니다. 이 장에서는 Vue.js를 사용해서 트랜지션과 애니메이션을 알아보겠습니다. 또 내장 애니메이션과 트랜지션 클래스를 사용해서 간단한 트랜지션과 애니메이션을 만들어 볼 것입니다. 그다음 자바스크립트 훅을 사용해서 애니메이션을 만듭니다. 그리고 컴포넌트 간의 트랜지션을 학습합니다. 이 장 마지막에서는 애완용품샵 애플리케이션에 트랜지션과 애니메이션을 추가해 보겠습니다.

8.1 트랜지션 기본

Vue.js에서 트랜지션을 생성하려면 먼저 〈transition〉 컴포넌트 요소를 이해해야 합니다. 이는 하나 이상의 요소에 트랜지션 혹은 애니메이션을 넣고 싶다고 Vue.js에 알려 주는 특별한 요소입니다. 〈transition〉 요소는 조건부, 동적 컴포넌트, 컴포넌트 루트 노드를 감쌉니다.

트랜지션 컴포넌트는 특별한 조건에 따라 DOM에 추가되거나 삭제됩니다. 예를 들어 v-if 지시자는 주변에 있는 요소를 추가하거나 제거할 수 있습니다. 트랜지션 컴포넌트는 해당 액션이 일어나면 CSS 트랜지션 혹은 애니메이션이 있는지 확인하고, CSS 클래스는 알맞은 시간에 추가하거나 삭제해서 트랜지션이나 애니메이션을 생성합니다. 또 컴포넌트에 특별한 자바스크립트 훅을 추가해서 더 복잡한 시나리오를 만들 수도 있습니다. 어떤 CSS 트랜지션이나 애니메이션도 확인되지 않으면 DOM 추가 혹은 삭제가 즉시 일어납니다. 확인된다면 트랜지션 혹은 애니메이션이 실행됩니다. 예제를 살펴봅시다.

책 제목 목록을 표시하는 웹 사이트를 만든다고 합시다. 사용자가 제목을 클릭했을 때 설명이 나타나고 다시 클릭했을 때 가려지게 하고 싶습니다. 이전 장에서 배웠듯이 v-if 지시자를 사용해서 구현할 수 있습니다.

하지만 제목을 클릭했을 때 책 설명 부분이 천천히 나타나게도 하고 싶습니다. 그러면 다시 클릭했을 때 천천히 사라지게도 해야 합니다. 이는 Vue.js의 CSS 트랜지션과 〈transition〉 요소를 사용해서 구현할 수 있습니다.

에디터를 열고 코드 8-1과 같이 애플리케이션을 만드세요. 코드 상단에 있는 〈h2〉 태그처럼 상상 속 책의 가짜 제목을 보여 주는 간단한 애플리케이션을 만들겠습니다. 해당 요소를 〈div〉 태그로 감싸고 @click을 사용해서 클릭 이벤트를 붙여 주겠습니다. 클릭 이벤트의 목적은 show라고 하는 변수를 토글하기 위함입니다. show가 참이고 사용자가 버튼을 누르면 false가 됩니다. 거짓일 때 누르면 참이 됩니다.

<body> 태그 내에 트랜지션 요소를 추가해야 합니다. 트랜지션 요소는 name 속성을 가질 수 있습니다. name을 fade로 설정하세요. v-if 지시자는 트랜지션 요소 내에 감싸여 있어 책 설명 부분을 토글합니다. 애플리케이션 하단에 데이터 함수와 함께 Vue 생성자를 추가하세요. 이 생성자는 애플리케이션의 모든 변수를 담을 것입니다.

코드 8-1 설명 트랜지션 생성하기: chapter-08/transition-book-1.html

```
<!DOCTYPE html>
<html>
<head>
  <script src="https://unpkg.com/vue"></script>
</head>
<body>
  <div id="app">
    <div @click="show = !show">  ···· show 변수가 참 혹은 거짓으로 토글하는 <div> 태그를 나타냅니다.
      <h2>{{title}}</h2>
    </div>
    <transition name="fade">  ···· fade라는 이름의 새 트랜지션 요소입니다.
      <div v-if="show">  ···· 설명 표시 여부를 토글하는 v-if 지시문입니다.
        <h1>{{description}}</h1>
      </div>
    </transition>
  </div>
  <script>

  new Vue({  ···· Vue.js 생성자입니다.
    el: '#app',
    data() {  ···· 변수를 포함한 데이터 함수입니다.
      return {
        title: '전쟁 그리고 평화',
        description: '설명 부분입니다.',
        show: false
      }
    }
  });
  </script>
</body>
</html>
```

애플리케이션을 웹 브라우저에 불러오세요. 그림 8-1과 같은 웹 페이지를 볼 수 있습니다. 제목을 클릭하면 설명이 밑에 나타납니다. 이 예제는 트랜지션을 사용하지 않았습니다. 제목을 클릭하면 설명이 나타나고 사라지기만 합니다. 트랜지션을 추가하려면 트랜지션 클래스를 추가해야 합니다.

▼ 그림 8-1 트랜지션이 없는 토글

코드 8-1과 같이 head 요소에 〈style〉 태그를 추가하세요. 간단하게 〈style〉 태그 내에 CSS를 인라인으로 추가하겠습니다. 그래야 별도의 CSS 파일을 추가할 필요가 없습니다.

진입과 진출 트랜지션에 적용할 수 있는 Vue.js CSS 클래스가 6개 있습니다. 예제에서는 v-enter-active, v-leave-active, v-enter, v-leave-to 4개만 사용하겠습니다. 나머지 2개는 v-enter-to와 v-leave로 나중에 사용할 것입니다.

코드 8-1에는 어떤 애니메이션 클래스도 추가하지 않았습니다. 일전에도 말했듯이, CSS 클래스가 존재하지 않으면 v-if 지시자 조건부가 즉시 실행되고 CSS 트랜지션은 일어나지 않습니다. 페이드 효과를 주려면 CSS 트랜지션 클래스를 추가해야 합니다. 일단 각 클래스가 무엇을 하고 언제 DOM에 추가 혹은 제거되는지 살펴보겠습니다. 프레임은 배열과 같은 속성으로 현재 창에 모든 요소를 나타낸다는 것에 유의하세요. 알아 두어야 할 모든 CSS 트랜지션 클래스는 표 8-1과 같습니다.

DOM 안의 요소가 추가되거나 삭제될 때 각 클래스는 각기 다른 시간에 추가되고 삭제됩니다. 이 요소를 사용해서 트랜지션과 애니메이션을 설계할 수 있습니다. 트랜지션 클래스에 대한 더 많은 정보는 http://mng.bz/5mb2 공식 문서를 확인하세요.

head 안쪽의 style 요소에 트랜지션 효과를 추가해 봅시다. 클래스를 추가하기 전에 코드 8-1에서 이미 눈치챘겠지만, 트랜지션 요소에 name 속성을 추가했습니다. name 속성을 추가했기 때문에 CSS 클래스 이름은 v-가 아닌 우리가 추가한 name 속성의 이름인 fade로 시작합니다. 트랜지션 요소에 name 속성을 추가하지 않았다면 클래스 이름은 그대로 v-enter-active, v-leave-active 등이 됩니다. 우리는 속성을 추가했기 때문에 클래스 이름은 fade-enter-active, fade-leave-active처럼 fade로 시작합니다.

트랜지션 클래스	설명
v-enter	처음 상태입니다. 요소가 삽입되기 전에 추가되었다가 한 프레임 이후 요소가 삽입되면 삭제됩니다.
v-enter-active	이 클래스는 추가되고 DOM에 요소가 진입하는 동안 머물러 있습니다. 요소가 삽입되기 전에 추가되었다가 트랜지션/애니메이션이 끝나고 삭제됩니다. 여기서 전체 트랜지션에 대한 지속 시간, 지연 시간, 여유 곡선을 입력합니다.
v-enter-to	이 클래스는 Vue.js 2.1.8 이상 버전에서 소개되었습니다. 요소가 삽입되고 한 프레임 이후 추가되었다가 트랜지션/애니메이션이 끝나면 삭제됩니다.
v-leave	이 클래스는 DOM에서 요소가 사라지거나 삭제되는 즉시 추가됩니다. 한 프레임 이후 삭제됩니다.
v-leave-action	애니메이션/트랜지션의 진출 활성 상태입니다. v-enter-active와 매우 비슷합니다. 사라지는 애니메이션/트랜지션에 대한 지속 시간, 지연 시간, 여유 곡선을 설정할 수 있습니다. 사라지는 트랜지션이 실행되고 한 프레임 이후 추가되었다가 트랜지션/애니메이션이 끝난 후 삭제됩니다.
v-leave-to	v-enter-to와 유사하며 Vue.js 2.1.8 이상 버전에 추가되었습니다. 진출의 마지막 상태입니다. 사라지는 트랜지션이 실행되고 한 프레임 이후 추가되었다가 애니메이션/트랜지션이 끝나면 삭제됩니다.

8

트랜지션 및 애니메이션

이전 애플리케이션 코드의 스타일 태그에 fade-enter-active와 fade-leave-active CSS 트랜지션 클래스를 추가하세요. 앞서 이야기했듯이 활성 클래스에 지연 효과를 가진 CSS 트랜지션을 추가할 것입니다. 이번 예제에서는 투명도를 3초로 설정하고 ease-out 효과를 주겠습니다. 이렇게 하면 아주 멋진 페이드 효과를 줄 수 있습니다.

코드 8-2에서는 fade-enter와 fade-leave-to를 추가합시다. 초기 투명도는 0으로 설정합니다. 새로운 스타일로 이전 예제를 업데이트하고 어떻게 작동하는지 보세요. 깔끔하게 표현하려고 코드 8-1과 동일한 코드는 삭제했습니다. 책에 있는 완성 코드는 언제든지 길벗출판사 깃허브 (https://github.com/gilbutITbook/007024)의 예제 파일에서 확인할 수 있습니다.

코드 8-2 페이드 효과를 포함한 설명 트랜지션: chapter-08/transition-book.html

```
<style>
  .fade-enter-active, .fade-leave-active { ---- 활성 상태는 트랜지션의 지속 시간 및 완화를 표시합니다.
    transition: opacity 3.0s ease-out;
  }

  .fade-enter, .fade-leave-to { ---- 투명도 0의 진입과 진출 상태입니다.
    opacity: 0;
  }
</style>
```

해당 예제를 웹 브라우저에 불러오고 개발 도구를 열어 보세요. 책 제목을 클릭하고 소스를 보면 굉장히 흥미로운 점이 있습니다. 3초간 설명 부분을 감싸고 있다가 사라지는 fade-enter-active 와 fade-enter-to 클래스를 볼 수 있습니다. 그림 8-2에서도 확인할 수 있습니다.

▼ 그림 8-2 요소가 DOM에 추가될 때 보이는 클래스

이 클래스는 페이드가 진행되는 시간에만 보입니다.

이 클래스는 페이드 지속 시간 동안만 표시됩니다. 이후에는 삭제됩니다. 제목을 다시 한 번 클릭 하면 텍스트가 서서히 사라집니다. 그림 8-3을 보면 웹 브라우저에서 트랜지션이 지속되는 동안 fade-leave-active와 fade-leave-to가 HTML 노드에 추가되는 것을 볼 수 있습니다.

▼ 그림 8-3 요소가 DOM에서 삭제될 때 보이는 클래스

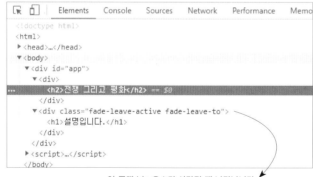

이 클래스는 요소가 사라질 때 나타납니다.

이 클래스는 요소가 DOM에서 삭제되는 동안에만 잠시 추가됩니다. 이것이 Vue.js가 애니메이션 과 트랜지션을 생성하는 방법입니다. 각기 다른 시간에 클래스를 추가하고 삭제하면서 Vue.js의 요소로 멋진 트랜지션과 애니메이션을 만들 수 있습니다.

8.2 애니메이션 기본

애니메이션은 Vue.js가 자랑하는 또 다른 중요한 기능입니다. 애니메이션과 트랜지션 차이가 궁금할 수 있습니다. 트랜지션은 한 상태에서 다른 상태로 이동하는 반면, 애니메이션은 여러 상태를 가지고 있습니다. 이전 예제에서는 텍스트를 서서히 사라지게 했었습니다. 또 텍스트가 없는 상태에서 서서히 텍스트를 웹 페이지에 표시하는 트랜지션도 살펴보았습니다.

애니메이션은 조금 다릅니다. 애니메이션은 하나의 정의에서 여러 상태를 가질 수 있습니다. 애니메이션을 사용하면 복잡한 이동이나 여러 애니메이션을 연결하는 등 멋진 효과를 줄 수 있습니다. 애니메이션도 트랜지션처럼 효과를 줄 수 있지만, 정확히 트랜지션은 아닙니다.

코드 8-2와 동일한 예를 들어 애니메이션을 추가해 보겠습니다. 동일한 코드를 사용하면서 이번에는 CSS 키 프레임으로 통통 튀는 효과를 추가하겠습니다. 제목을 클릭하면 애니메이션이 들어오고 서서히 확장하는 모습을 보여 주고 싶습니다. 그리고 제목을 다시 클릭하면, 애니메이션이 확장되고 서서히 축소되어야 합니다. 에디터를 열고 코드 8-2를 복사하세요. 코드 8-3과 같이 트랜지션 이름을 bounce로 바꾸고 따로 저장하세요.

코드 8-3 스케일을 포함한 애니메이션: chapter-08/animation-book-1.html

```
<div @click="show = !show">
  <h2>{{title}}</h2>
</div>
<transition name="bounce">  ---- 바운스 트랜지션입니다.
  <div v-if="show">
    <h1>{{description}}</h1>
  </div>
</transition>
```

이제 새로운 애니메이션을 추가해야 합니다. 이 애니메이션은 enter-active와 leave-active 클래스가 필요합니다. CSS 트랜지션 요소를 삭제하겠습니다. 그리고 bounce-enter-active와 bounce-leave-active 클래스를 추가하세요. bounce-enter-active 클래스 안에 2초간 bounceIn을 포함한 CSS 애니메이션을 추가하세요. bounce-leave-active에도 추가하고, reverse도 추가하세요.

코드 8-4와 같이 CSS 키 프레임을 생성하세요. @keyframes를 사용해서 0%, 60%, 100%를 추가하세요. 1을 0%, 1.2를 60%, 1을 100%로 해서 CSS 스케일을 변환하겠습니다. 투명도 역시 0에서 1로 바꾸고, 해당 내용을 <style> 태그에 추가합시다.

```
...
<style>
  .bounce-enter-active { ---- 키 프레임 bounceIn을 사용하는 활성 상태로 진입합니다.
  animation: bounceIn 2s;
  }
  .bounce-leave-active { ---- 키 프레임 bounceIn을 사용하는 활성 상태를 진출합니다.
  animation: bounceIn 2s reverse;
  }

  @keyframes bounceIn { ---- 애니메이션 키 프레임입니다.
    0% { ---- 0% 애니메이션은 크기를 0.1로 변환하고 투명도를 0으로 설정합니다.
      transform: scale(0.1);
      opacity: 0;
    }
    60% { ---- 60% 애니메이션은 크기를 1.2로 변환하고 투명도를 1로 설정합니다.
      transform: scale(1.2);
      opacity: 1;
    }
    100% { ---- 마지막 100% 애니메이션은 크기를 1로 변환합니다.
      transform: scale(1);
    }
  }
</style>
...
```

웹 브라우저에서 해당 파일을 열고 애니메이션을 확인해 보세요. 책 이름을 클릭했을 때 서서히 나타나는 효과를 볼 수 있을 것입니다. 다시 클릭하면 사라집니다. 그림 8-4는 애니메이션 중간에서의 모습입니다.

▼ 그림 8-4 트랜지션 스크린샷

해당 애니메이션은 텍스트가 커졌다가 끝에는 작아지는 효과를 만듭니다.

8.3 자바스크립트 훅

Vue.js가 제공하는 트랜지션과 애니메이션 클래스를 사용하면 기초적인 트랜지션과 애니메이션을 다룰 수 있지만 Vue.js는 더 강력한 기능을 제공합니다. 자바스크립트 훅을 사용해서 더 복잡한 트랜지션과 애니메이션을 사용할 수 있습니다. 이는 CSS를 조작하고 지시하는 자바스크립트를 사용한 훅을 조합해서 구현할 수 있습니다.

Vue.js 생명 주기를 다룬 장에서 배운 훅을 생각해 봅시다. 이 자바스크립트 훅도 굉장히 비슷합니다만 트랜지션/애니메이션에만 사용합니다. 훅을 사용하기 전에 몇 가지 기억할 것이 있습니다. 첫 번째는 enter와 leave 훅을 사용할 때는 반드시 완료(done) 콜백을 써야 합니다. 그렇지 않으면 동시에 호출되어 트랜지션이 바로 끝납니다. 추가로 자바스크립트만 사용한 트랜지션에는 v-bind:css="false"를 추가하면 좋습니다. 그래야 Vue가 해당 트랜지션에 대한 CSS 감지를 건너뛸 수 있습니다. 기억해야 할 한 가지는 모든 훅이 el 혹은 요소 매개변수를 가지고 있다는 것입니다. 이는 enter와 leave를 제외하고는 모두 전달되는 매개변수입니다. enter와 leave 또한 done을 매개변수로 전달합니다. 조금 헷갈리더라도 걱정하지 마세요. 다음 절에서 어떻게 작동하는지 보여 주겠습니다.

진입부에 사용할 수 있는 자바스크립트 훅은 beforeEnter, enter, afterEnter, enterCancelled입니다. 트랜지션이 끝나 갈 때는 beforeLeave, leave, afterLeave, leaveCancelled를 사용할 수 있습니다. 이 모든 훅은 애니메이션의 여러 타이밍에 트리거됩니다.

이전에 사용했던 종류의 애니메이션을 책 예제에 적용한다고 합시다. 이번에는 CSS 클래스 대신 자바스크립트 훅을 사용하고 싶습니다. 어떻게 할 수 있을까요? 코드 8-4에서 bounce-enter-active와 bounce-leave-active 클래스를 먼저 삭제하겠습니다. 키 프레임은 그대로 두겠습니다. 그 대신 enter와 leave에 자바스크립트 훅을 사용해서 애니메이션을 넣어 봅시다.

트랜지션 요소를 변경해서 모든 자바스크립트 훅을 나열해 봅시다. 이를 위해서는 v-on 지시자를 사용하거나 짧게 @sign을 사용해야 합니다. before-enter, enter, before-leave, leave, after-leave, after-enter, enter-cancelled, leave-cancelled에 자바스크립트 훅을 추가하세요.

코드 8-5 자바스크립트 훅 트랜지션: chapter-08/jshooks-1.html

```
<transition name="fade" ···· 트랜지션의 모든 훅입니다.
    @before-enter="beforeEnter"
    @enter="enter"
```

```
    @before-leave="beforeLeave"
    @leave="leave"
    @after-leave="afterLeave"
    @after-enter="afterEnter"
    @leave-cancelled="leaveCancelled"
    @enter-cancelled="enterCancelled"
    :css="false">
```

다음으로 Vue 인스턴스 안에 있는 methods 객체에 자바스크립트 훅을 추가해야 합니다. 제대로 작동하려면 애니메이션이 완료되는 시점을 알아야 합니다. 그래야 스타일을 비우고 이벤트에 done을 실행할 수 있습니다. done은 enter와 leave 자바스크립트 훅에 사용되는 매개변수입니다. done은 반드시 해당 훅에서 실행되어야 합니다. 이를 위해 새로운 이벤트 리스너를 생성하겠습니다.

이벤트 리스너는 animationend를 찾아 애니메이션이 완료될 때까지 기다립니다. 애니메이션이 완료되면 콜백은 스타일을 초기화하고 done을 실행합니다. 코드 8-6과 같이 해당 코드를 HTML 파일에 있는 Vue 생성자 위에 추가하겠습니다.

코드 8-6 자바스크립트 훅 이벤트 리스너: chapter-08/jshook-2.html

```
function addEventListener(el, done) {
  el.addEventListener("animationend", function() {   ···· 이벤트 리스너가 애니메이션이
    el.style="";                                           끝날 때를 기다립니다.
    done();
  });
}
```

아직은 leave와 enter밖에 사용하지 않았지만 일단 모든 자바스크립트 훅을 추가해 보겠습니다. 각 훅은 콘솔에 표시되기 때문에 언제 해당 훅이 실행되는지 확인할 수 있습니다.

Vue.js 인스턴스에 새 methods 객체를 추가하세요. 트랜지션에 추가했던 모든 자바스크립트 훅을 해당 methods 객체에 추가하세요. enter 메서드 내에 이전에 생성했던 addEventListener를 호출하는 함수를 추가하고 코드 8-7과 같이 element와 done을 전달하는지 확인하세요. 다음으로 자바스크립트를 사용해서 애니메이션을 설정하겠습니다. el.style.animationName은 스타일 내부에 생성했던 키 프레임 애니메이션의 이름입니다. el.style.animationDuration은 1.5초로 설정합니다.

leave 훅 내부에 동일한 animationName과 animationDuration을 추가하세요. el.style.animationDirection을 추가하고 reverse(반대 방향)로 설정하겠습니다. 이는 요소가 DOM에서

사라지면서 애니메이션을 되돌립니다.

코드 8-7 자바스크립트 훅 메서드: chapter-08/jshooks.html

```
methods: {
    enter(el, done) {  ---- enter 훅입니다.
      console.log("enter");
      addEventListener(el, done);  ---- enter 훅 내부에서 addEventListener 함수를 호출합니다.
      el.style.animationName = "bounceIn"
      el.style.animationDuration = "1.5s";
    },
    leave(el, done) {  ---- leave 훅입니다.
      console.log("leave");
      addEventListener(el, done);  ---- leave 훅 내부에서 addEventListener 함수를 호출합니다.
      el.style.animationName = "bounceIn"
      el.style.animationDuration = "1.5s";
      el.style.animationDirection = "reverse";
    },
    beforeEnter(el) {  ---- beforeEnter 훅입니다.
      console.log("before enter");
    },
    afterEnter(el) {  ---- afterEnter 훅입니다.
      console.log("after enter");
    },
    enterCancelled(el) {  ---- enterCancelled 훅입니다.
      console.log("enter cancelled");
    },
    beforeLeave(el) {  ---- beforeLeave 훅입니다.
      console.log("before leave");
    },
    afterLeave(el) {  ---- afterLeave 훅입니다.
      console.log("after leave");
    },
    leaveCancelled(el) {  ---- leaveCancelled 훅입니다.
      console.log("leave cancelled");
    }
}
```

해당 예제를 실행하면 코드 8-4와 동일하게 작동합니다. 제목을 클릭하면 애니메이션이 시작합니
다. 다시 한 번 클릭하면 애니메이션이 반대로 시작합니다. 콘솔에 주목하세요. 제목을 처음 클릭
할 때 그림 8-5와 같이 before enter, enter, after enter 메시지를 볼 수 있습니다.

▼ 그림 8-5 제목을 클릭한 후 실행되는 훅

이는 훅이 실행되는 순서입니다. after enter는 애니메이션이 완료될 때까지 실행되지 않습니다. 제목 버튼을 다시 한 번 클릭하면 어떤 순서로 훅이 실행되는지 볼 수 있습니다. 그림 8-6에서 볼 수 있듯이 처음에는 before leave, leave, after leave 순서입니다.

▼ 그림 8-6 요소가 DOM에서 삭제될 때 훅

소스를 보면 클릭할 때마다 CSS가 추가되고 삭제됩니다. 이전에 보았던 CSS 트랜지션 클래스와 매우 비슷합니다.

VUE.JS

8.4 트랜지션 컴포넌트

이전 장에서 동적 컴포넌트를 살펴보았습니다. 현재 선택된 컴포넌트를 반영하는 데 사용되는 변수를 가리키는 is 속성을 사용해서 쉽게 교체할 수 있는 컴포넌트입니다.

이전의 v-if 조건부 지시자를 사용한 방법을 이용하여 컴포넌트에 트랜지션을 쓸 수 있습니다. 간단하게 7장의 dynamic-components.html 파일을 변경해 보겠습니다. 코드 7-5와 비교하면서 변경하세요.

먼저 `<transition name="component-fade">` 요소를 사용해서 `<component :is="currentView" />` 동적 컴포넌트를 감쌉니다. 더 나아가기 전에 트랜지션 모드에 관해 알아봅시다.

기본적으로 컴포넌트를 트랜지션할 때 한 컴포넌트가 트랜지션을 시작하는 도중에 다른 컴포넌트는 트랜지션을 종료합니다. 이는 항상 원하던 결과가 아닐 것입니다. 트랜지션에 mode 속성을 추가할 수 있는데, 이 속성은 in-out 혹은 out-in으로 설정할 수 있습니다. 어떤 요소를 in-out으로 설정하면 새로운 요소가 먼저 트랜지션을 시작합니다. 그리고 완료되면 현재 요소가 트랜지션을 종료합니다. 하지만 out-in으로 설정하면 현재 요소의 트랜지션을 먼저 종료합니다. 완전히 종료되면 새로운 요소가 트랜지션을 시작합니다. 지금 예제에 필요한 것은 out-in으로, 새로운 컴포넌트가 나타나기 전에 이전 컴포넌트가 사라집니다. `<transition name="component-fade" mode="out-in">`으로 동적 컴포넌트를 감싸 보겠습니다.

이제 코드 8-8과 같이 트랜지션 클래스를 추가해야 합니다. 트랜지션 클래스인 component-fade-enter-active와 component-fade-leave-active를 추가하세요. component-fade-enter와 component-fade-leave-to에 opacity: 0을 추가하겠습니다. 완성된 코드는 코드 8-8과 같습니다.

코드 8-8 동적 컴포넌트 트랜지션하기: chapter-08/component-transition.html

```
<!DOCTYPE html>
<html>
<head>
<script src="https://unpkg.com/vue"></script>
<style>
.component-fade-enter-active, .component-fade-leave-active {      ---- 컴포넌트를 사라지게 하는
  transition: opacity 2.0s ease;                                        트랜지션 클래스입니다.
}
.component-fade-enter, .component-fade-leave-to {  ---- 투명도를 설정하는 트랜지션 클래스입니다.
  opacity: 0;
}
</style>
</head>
<body>
  <div class="app">
    <button @click="cycle">순환</button>
    <h1>
      <transition name="component-fade" mode="out-in">  ---- out-in 모드를 포함한 트랜지션
        <component :is="currentView" />                       컴포넌트입니다.
      </transition>
    </h1>
  </div>
```

```
<script>
const BookComponent = {
  template: `
  <div>
    Book 컴포넌트
  </div>
  `
}

const FormComponent = {
  template: `
  <div>
    Form 컴포넌트
  </div>
  `
}

const HeaderComponent = {
  template: `
  <div>
    Header 컴포넌트
  </div>
  `
}

new Vue({
  el: '.app',
  components: {'book-component': BookComponent,
               'form-component': FormComponent,
               'header-component': HeaderComponent},
  data() {
    return {
      currentView: BookComponent
    }
  },
  methods: {
      cycle() {
        if (this.currentView === HeaderComponent)
          this.currentView = BookComponent
        else
          this.currentView = this.currentView === BookComponent ? FormComponent :
              HeaderComponent;
      }
```

```
    }
  })
</script>
</body>
</html>
```

현재 코드로 웹 브라우저를 열면 **순환** 버튼을 볼 수 있습니다. **순환** 버튼을 누르면 이전 컴포넌트인 Book 컴포넌트가 사라지고 새로운 컴포넌트인 Form 컴포넌트가 나타납니다. 그림 8-7은 해당 과정 중간을 보여 줍니다.

순환 버튼을 다시 한 번 누르면 Form 컴포넌트가 사라지고 Header 컴포넌트가 나타나며, Book 컴포넌트에서 재시작합니다.

▼ 그림 8-7 컴포넌트 트랜지션 중간 과정

8.5 VUE.JS
애완용품샵 애플리케이션 업데이트

이전 장에서 Vue-CLI를 사용해서 애완용품샵 애플리케이션을 단일 파일 컴포넌트로 업데이트했습니다. 이제 트랜지션과 애니메이션을 다룰 수 있으니 좀 더 감각적으로 앱을 업데이트합시다.

기억해야 할 것은 생성하려는 웹 애플리케이션에 따라 애니메이션과 트랜지션이 조금 과할 수 있습니다. 고도의 대화형 앱을 만드는 것이 아니라면 적당한 애니메이션과 트랜지션을 사용하는 것이 좋습니다. 애완용품샵 앱에는 애니메이션과 트랜지션을 각각 하나씩 추가하겠습니다. 트랜지션을 먼저 보겠습니다.

8.5.1 애완용품샵 애플리케이션에 트랜지션 추가

앱에서 경로 간에 웹 페이지가 서서히 나타나고 사라지게 하고 싶습니다. 체크아웃 페이지로 갔다 홈페이지로 돌아올 때 간단한 페이드 인 페이드 아웃 트랜지션을 추가해 봅시다. 이전처럼 Vue.js 애니메이션 클래스를 사용해서 구현하겠습니다. 그림 8-8은 홈페이지에서 체크아웃 페이지로 이동할 때 트랜지션 중인 모습입니다.

▼ 그림 8-8 체크아웃 페이지로 트랜지션 중인 페이지

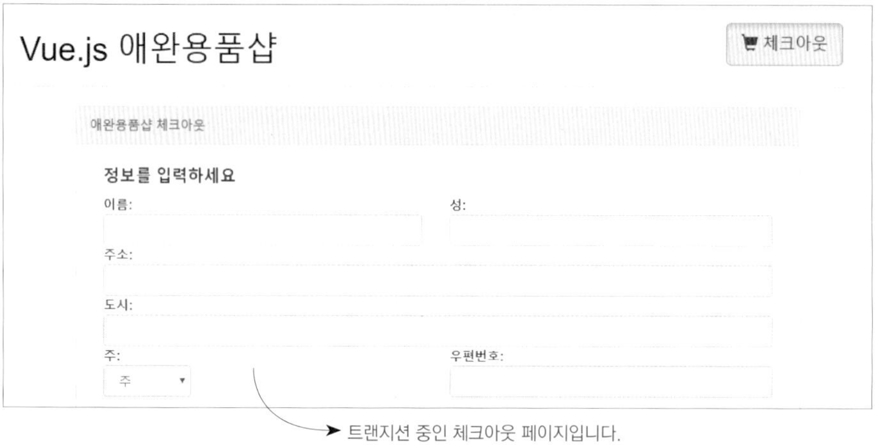

7장에서 작업한 애완용품샵 애플리케이션 코드를 불러오세요. src 폴더 안의 App.vue 파일로 이동하세요. 이 파일은 7장에서 경로를 설정했던 파일입니다. 이전 예제에서 했던 것과 비슷하게 트랜지션 요소를 추가하고 router-view를 감싸세요. 코드 8-9와 같이 out-in 모드를 추가했는지 확인해 주세요.

그다음 하단에 있는 〈style〉 태그에 fade-enter-active와 fade-leave-active 클래스를 추가하세요. 그리고 트랜지션을 opacity .5s ease-out으로 설정하세요. fade-enter와 fade-leave-to 클래스를 추가하고 opacity를 0으로 설정하세요.

코드 8-9 애완용품샵에 트랜지션 추가하기: chapter-08/petstore/src/App.vue

```
<template>
  <div id="app">
    <transition name="fade" mode="out-in">  ···· out-in 모드의 트랜지션 컴포넌트가
      <router-view></router-view>                router-view를 감쌉니다.
    </transition>
  </div>
```

```
</template>

<script>
export default {
  name: 'app'
}
</script>

<style>
#app {
}

.fade-enter-active, .fade-leave-active {    ···· 트랜지션을 설정하는 Vue.js 트랜지션 클래스입니다.
  transition: opacity .5s ease-out;
}

.fade-enter, .fade-leave-to {    ···· 투명도를 설정하는 Vue.js 트랜지션 클래스입니다.
  opacity: 0;
}
</style>
```

변경을 완료한 후 파일을 저장하고 npm run dev 명령어를 실행하세요. 서버가 시작하고 웹 브라우저에 웹 페이지가 나타날 것입니다. 나타나지 않는다면 localhost:8081로 다시 접속해서 애플리케이션을 확인하세요. **체크아웃** 버튼과 홈페이지를 클릭하면 웹 페이지가 사라지는 것을 볼 수 있습니다.

8.5.2 애완용품샵 애플리케이션에 애니메이션 추가

장바구니에 상품을 추가할 때는 v-if, v-else-if, v-else 지시자를 사용했습니다. 이는 사용자에게 장바구니에 추가할 수 있는 재고가 얼마나 남았는지 알려 줍니다. 재고가 다 떨어지면 품절 메시지가 표시됩니다. 상품 재고가 남지 않게 되었을 때 텍스트가 흔들렸다 글꼴 색을 빨간색으로 변환하는 애니메이션을 추가해 봅시다. 이를 위해서는 이전에 배운 Vue.js 애니메이션 CSS 클래스를 사용해야 합니다. 그림 8-9는 좌우로 움직이는 품절! 애니메이션을 보여 줍니다.

고양이 사료, 25파운드

당신의 고양이를 위한 *거부할 수 없는*, 유기농 25파운드 사료입니다.

$20.00

장바구니 담기   **품절!**   ★ ☆ ☆ ☆ ☆

Main.vue 파일을 열고 맨 밑으로 내려오세요. 해당 애니메이션을 생성하려고 애니메이션 클래스 중 하나인 enter-active를 사용할 것입니다. 요소가 DOM에서 삭제될 때 애니메이션은 추가하지 않을 것이니 leave-active 클래스는 건너뛰겠습니다.

텍스트가 약 0.72초 동안 흔들리는 애니메이션을 추가하세요. CSS cubic-bezier와 transform을 사용하겠습니다. 추가로 10%마다 애니메이션 키 프레임을 설정하겠습니다. Main.vue 파일에 코드 8-10을 복사해서 붙여 넣으세요.

코드 8-10 애완용품샵에 애니메이션 추가하기: chapter-08/petstore/src/components/Main.vue

```
<style scoped>
.bounce-enter-active { ····· 애니메이션을 시작하는 활성 클래스로 진입합니다.
  animation: shake 0.72s cubic-bezier(.37,.07,.19,.97) both;
  transform: translate3d(0, 0, 0);
  backface-visibility: hidden;
}

@keyframes shake { ····· 특정 키 프레임입니다.
  10%, 90% {
    color: red;
    transform: translate3d(-1px, 0, 0);
  }

  20%, 80% {
    transform: translate3d(2px, 0, 0);
  }

  30%, 50%, 70% {
    color: red;
    transform: translate3d(-4px, 0, 0);
  }
```

```
  40%, 60% {
    transform: translate3d(4px, 0, 0);
  }
}
</style>
```

CSS를 추가한 후에는 애니메이션에 트랜지션 요소를 추가해야 합니다. Main.vue 파일에서 재고 메시지를 찾으세요. 각 메시지는 inventory-message 클래스를 가지고 있습니다. 요소를 추가하고 inventory-message를 감싸세요. 코드 8-11과 같이 트랜지션에 mode="out-in"을 꼭 추가하세요.

이전의 모든 예제에서는 요소 하나에만 트랜지션 혹은 애니메이션을 적용했습니다. 요소 하나 이상에 애니메이션을 적용하려면 v-else-if와 v-if 지시자에 key 속성을 추가해야 합니다. 그렇지 않으면 Vue 컴파일러가 콘텐츠에 올바르게 애니메이션을 적용하지 않습니다.

> Note ≡ **key 속성**
>
> key 속성은 동일한 태그 이름을 가진 요소에 트랜지션을 적용하고 싶을 때 필요합니다. 각각을 구분하려면 고유 key 속성을 추가해야 합니다. 트랜지션 컴포넌트에서 여러 아이템을 다룰 때는 항상 key 속성을 추가하면 좋습니다.

코드 8-11 애완용품샵 트랜지션 요소에 애니메이션 추가하기: chapter-08/petstore/src/components/Main.vue

```
<transition name="bounce" mode="out-in"> ···· mode 속성을 포함한 바운스 트랜지션입니다.
  <span class="inventory-message"
      v-if="product.availableInventory - cartCount(product.id) === 0" key="0"> ·······
    품절!                                                                              v-if에 키가 추가되고
  </span>                                                                              0으로 설정됩니다.
  <span class="inventory-message"
      v-else-if="product.availableInventory - cartCount(product.id) < 5" key=""> ····
    {{product.availableInventory - cartCount(product.id)}} 남았습니다!
  </span>                                                                              다른 키를 추가해서 애니메이션이
  <span class="inventory-message"                                                      일어나지 않습니다.
      v-else key="">지금 구매하세요!
  </span>
</transition>
```

npm run dev 명령어를 실행해서 서버를 시작하고 앱을 확인하세요. 장바구니 재고가 다 떨어질 때까지 **장바구니 담기** 버튼을 누르세요. 몇 초간 품절 텍스트가 흔들리다 빨간색으로 변하는 것을 볼 수 있습니다.

8.6   연습 문제

이 장에서 배운 내용을 바탕으로 다음 질문에 답하세요.

- 애니메이션과 트랜지션은 어떤 차이점이 있나요?

부록 B에서 답을 확인하세요.

8.7   요약

- 트랜지션의 페이지 요소를 움직일 수 있습니다.
- 애니메이션은 크기를 조정할 수 있고, 프로그래밍 방식으로 웹 페이지의 텍스트 크기를 줄일 수 있습니다.
- 자바스크립트 애니메이션 훅은 복잡한 애니메이션을 만들 때 사용됩니다.
- 동적 컴포넌트의 트랜지션은 텍스트를 순환할 때 유용합니다.

9 ^장

Vue 확장

이 장에서 다룰 핵심 내용

• 믹스인 학습

• 커스텀 지시자의 이해

• 렌더 함수 사용

• JSX 구현

이전 장에서 트랜지션과 애니메이션을 알아보았습니다. 이 장에서는 Vue.js에서 코드를 재사용할 수 있는 다양한 방법을 알아보겠습니다. 이것으로 Vue.js 애플리케이션 기능을 확장하고 더 강력하게 만들 수 있습니다.

먼저 믹스인을 살펴보겠습니다. 믹스인은 컴포넌트 간에 정보를 교환할 수 있는 방법입니다. 믹스인 기능은 필수적으로 컴포넌트에 '혼합'되어 있으며, Vue.js 컴포넌트와 같은 메서드 및 속성을 가지는 객체입니다. 두 번째로 커스텀 지시자를 살펴보겠습니다. 커스텀 지시자를 사용해서 나만의 지시자를 등록할 수 있습니다. 이 지시자를 사용하여 원하는 어떤 기능이라도 만들 수 있습니다. 세 번째는 렌더 함수입니다. 렌더 함수를 쓰면 일반적인 템플릿 사용뿐만 아니라 자바스크립트로 원하는 템플릿을 만들 수 있습니다. 마지막으로 렌더 함수와 함께 자바스크립트의 XML과 유사한 구문인 JSX를 알아보겠습니다.

애완용품샵 애플리케이션을 잊은 것은 아니니 걱정하지 마세요. 다음 장에서 Vuex와 함께 다시 찾아가겠습니다.

9.1 믹스인과 함께 기능 재사용

믹스인은 많은 프로젝트에서 유용하게 사용하는 도구입니다. 믹스인을 사용하면 기능 일부를 가져와 컴포넌트 하나 이상과 공유할 수 있습니다. Vue.js 애플리케이션을 작성하면서 컴포넌트가 서로 비슷해 보인다고 느꼈을 것입니다. 소프트웨어 설계의 중요한 측면 중 하나는 DRY(반복하지 마라) 개념입니다. 같은 코드를 여러 컴포넌트에서 사용한다고 느낀다면, 해당 코드를 믹스인으로 리팩토링할 시간입니다.

사용자에게서 휴대 전화 번호와 이메일 주소를 수집해야 하는 앱이 있다고 가정합시다. 앱을 서로 다른 컴포넌트 2개로 설계할 것입니다. 각 컴포넌트는 입력과 버튼을 포함한 폼을 가지고 있습니다. 사용자가 버튼을 누르면 입력 박스에 입력된 텍스트를 표시하는 알림창이 실행됩니다. 모든 것을 완료한 모습은 그림 9-1과 같습니다.

조금 인위적이기는 하지만, 이 예제는 버튼 클릭과 알림창을 다루는 로직을 믹스인으로 추출하는 방법을 보여 줍니다. 코드가 깔끔하고 중복되는 부분도 없습니다.

▼ 그림 9-1 여러 컴포넌트를 포함한 믹스인 예제

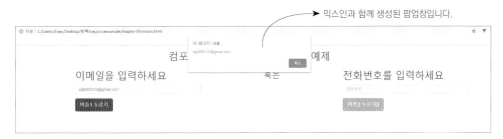

먼저 mixins.html 파일을 생성합니다. Vue.js에 〈script〉 태그와 스타일에 사용할 부트스트랩을 위한 링크 태그를 추가하는 것으로 시작하겠습니다. 그다음 기본적인 HTML 레이아웃을 추가하 겠습니다. HTML에 행 하나와 열 3개의 부트스트랩 그리드 레이아웃을 사용할 것입니다. 첫 열은 col-md-offset-2 오프셋에 col-md-3으로 설정하겠습니다. 해당 열은 첫 번째 컴포넌트를 표시할 것입니다. 다음 열은 col-md-3의 열 너비를 가집니다. 세 번째 열은 col-md-3의 열 너비를 가지고 마지막 컴포넌트를 표시할 것입니다.

mixins.html 파일을 열고 코드 9-1을 입력하세요. 이 예제 코드의 첫 번째 부분입니다. 이 절 전 반에 걸쳐 더 많은 코드를 추가할 것입니다. 해당 예제의 완성 코드를 보고 싶다면 길벗출판사 깃 허브(https://github.com/gilbutITbook/007024)의 9장 예제 파일에 포함된 mixins.html 파 일을 확인하세요.

코드 9-1 믹스인 HTML/CSS 추가하기: chapter-09/mixin-html.html

```
<!DOCTYPE html>
  <script src="https://unpkg.com/vue"></script>
  <link rel="stylesheet" href="https://maxcdn.bootstrapcdn.com/bootstrap/3.3.7/css/
    bootstrap.min.css"> ---- 파일에 부트스트랩 CSS 코드를 추가합니다.
<html>
<head>
</head>
<body>
  <div id="app">
    <div id="container">
      <h1 class="text-center">{{title}}</h1>
      <div class="row">
        <div class="col-md-3 col-md-offset-2"> ---- 부트스트랩 그리드 시스템의 열입니다.
          <my-comp1 class="comp1"></my-comp1>
        </div>
        <div class="col-md-3"> ---- 부트스트랩 그리드 시스템의 열입니다.
```

```
      <h2 class="text-center">혹은</h2>
    </div>
    <div class="col-md-3"> ···· 부트스트랩 그리드 시스템의 열입니다.
      <my-comp2 class="comp2"></my-comp2> ···· 두 번째 컴포넌트를 나열합니다.
    </div><!-- end col-md-2 -->
  </div><!-- end row -->
 </div><!-- end container -->
</div><!-- end app -->
```

HTML 코드를 추가했으니 이제 Vue.js 코드를 작업해 보겠습니다. mixins.html 파일을 열고 시작과 끝 스크립트 태그를 추가하세요. 이 예제에서는 Vue-CLI의 단일 파일 컴포넌트를 사용하지 않는다는 것을 이야기하고 싶습니다. 사용한다고 해도 똑같은 방식입니다. 유일한 차이점은 각 컴포넌트와 믹스인이 각자 고유 파일을 가진다는 것입니다.

시작과 끝 스크립트 태그 사이에 Vue 인스턴스를 추가하세요. Vue 인스턴스에 제목을 반환하는 데이터 객체를 추가하겠습니다. 컴포넌트를 사용하기 때문에 이 예제에서 사용하는 컴포넌트를 선언할 필요가 있습니다. mixins.html 파일에 코드 9-2를 추가하세요.

코드 9-2 Vue.js 인스턴스 추가하기: chapter-09/mixins-vue.html

```
<script>
  new Vue({ ···· 루트 Vue.js 인스턴스 선언입니다.
    el: '#app',
    data() {
      return {
        title: '컴포넌트 2개를 사용한 믹스인 예제' ···· 제목 속성을 반환하는 데이터 객체를 나열합니다.
      }
    },
    components: { ···· myComp1과 myComp2 컴포넌트의 선언입니다.
      myComp1: comp1,
      myComp2: comp2
    }
  });
</script>
```

아직 해야 할 일이 조금 남았습니다. 컴포넌트와 믹스인 모두 추가해야 합니다. 각 컴포넌트는 텍스트를 표시하고, 입력 폼과 버튼을 보여 주어야 합니다. 그리고 버튼은 입력 폼에 입력된 내용을 받아 알림창을 표시해야 합니다.

각 컴포넌트는 몇 가지 면에서 유사합니다. 모두 제목, 입력 박스, 버튼을 가집니다. 버튼을 누르고 난 후에도 동일한 방식으로 행동합니다. 컴포넌트를 하나만 생성하는 것이 좋다고 생각할 수 있지만 각 컴포넌트의 시각적인 모양과 느낌은 다릅니다. 예를 들어 각 버튼은 스타일이 다르며, 입력 박스는 각기 다른 값을 허용합니다. 이 예제에서는 각 컴포넌트를 분리하겠습니다.

컴포넌트는 분리했지만, 아직 템플릿 외부에 유사한 로직을 가지고 있습니다. 알림창을 표시하는 pressed 메서드를 다루는 믹스인을 생성해야 합니다. mixin.html 파일을 열고 Vue.js 인스턴스 위에 myButton이라는 새로운 const 변수를 추가하세요. 코드 9-3과 같이 pressed 함수, 알림, 아이템을 반환하는 데이터 객체까지 추가했는지 확인하세요.

코드 9-3 믹스인 추가하기: chapter-09/my-mixin.html

```
<script>
const myButton = {  ···· myButton 객체 믹스인입니다.
  methods: {  ···· 믹스인을 위한 메서드입니다.
    pressed(val) {  ···· 알림창을 표시하는 pressed 함수입니다.
      alert(val);
    }
  },
  data() {
    return {
      item: ''
    }
  }
}
```

믹스인까지 추가했으니, 이제 컴포넌트를 추가합시다. myButton 객체 다음에 comp1과 comp2 컴포넌트를 2개 추가하세요. 각 컴포넌트는 <h1> 태그, 폼, 버튼을 포함합니다.

comp1의 입력은 v-model 지시자를 사용해서 item 속성에 바인딩합니다. 버튼에는 v-on 지시자의 축약 @ 기호를 사용해서 pressed 메서드를 클릭 이벤트에 바인딩합니다. 그다음 아이템 속성을 메서드에 전달하겠습니다. comp1에 추가해야 할 마지막 사항은 우리가 생성한 믹스인을 선언하는 것입니다. 코드 9-4와 같이 믹스인 배열을 하단에 추가하세요.

comp2에는 폼, 입력, 버튼과 함께 <h1> 태그를 추가하겠습니다. 이 컴포넌트에는 v-model 지시자를 사용해서 아이템 속성을 바인딩할 것입니다. 버튼은 v-on 지시자의 축약 @ 기호를 사용해서 comp1에서 했던 것과 마찬가지로 pressed 메서드를 클릭 이벤트에 바인딩하겠습니다. 메서드에 item 속성을 전달할 것입니다. 다른 컴포넌트와 함께 하단에 mixins 속성을 사용해서 해당 컴포넌트에 어떤 믹스인이 필요한지 정의해야 합니다.

자세히 알아보지는 않았지만, 컴포넌트 스타일을 위해 기본적인 부트스트랩 클래스를 폼 요소에 추가했습니다.

코드 9-4 컴포넌트에 추가하기: chapter-09/comp1comp2.html

```
const comp1 = {        ---- component1의 선언입니다.
    template: `<div>
    <h1>이메일을 입력하세요</h1>
    <form>
      <div class="form-group">
        input type="email"    ---- item을 바인딩하는 v-model 지시자를 삽입합니다.
            v-model="item"
            class="form-control"
            placeholder="이메일 주소" />
      </div>
      <div class="form-group">
        <button class="btn btn-primary btn-lg" @click.prevent="pressed(item)">버튼1 누르기
            </button>    ---- 별칭 @을 사용해서 바인딩한 클릭 이벤트를 pressed에 넘겨주는 v-on 지시자입니다.
      </div>
    </form>
    </div>`,
    mixins: [myButton]    ---- 컴포넌트에 사용할 믹스인 선언입니다.
}
const comp2 = {
    template: `<div>
    <h1>전화번호를 입력하세요</h1>
      <form>
        <div class="form-group">
          <input v-model="item"    ---- v-model 지시자를 사용해서 입력을 item에 바인딩합니다.
              class="form-control"
              placeholder="전화번호" />
        </div>
        <div class="form-group">
          <button class="btn btn-warning btn-lg" @click.prevent="pressed(item)">버튼2
              누르기</button>    ---- 별칭 @을 사용해서 바인딩한 클릭 이벤트를
                                      pressed에 넘겨주는 v-on 지시자입니다.
        </div>
      </form>
    </div>`,
    mixins: [myButton]    ---- 하단에 있는 믹스인 선언입니다.
}
```

▼ 그림 9-2 〈버튼1 누르기〉 버튼을 누른 후의 그림 9-1 화면

웹 브라우저를 열고 작업 중인 mixins.html 파일을 불러오세요. 그림 9-1 화면이 보일 것입니다. 이메일을 입력하고 하단의 **버튼1 누르기** 버튼을 누르면 그림 9-2와 같이 팝업창이 보입니다.

마찬가지로 전화번호 입력란에 값을 입력해도 동일하게 작동합니다.

9.1.1 전역 믹스인

지금까지는 각 컴포넌트 안에서 선언한 지정된 믹스인을 사용했습니다. 다른 믹스인인 전역 믹스인은 어떤 종류의 선언도 필요하지 않습니다. 전역 믹스인은 앱에서 생성된 모든 Vue 인스턴스에 영향을 줍니다.

전역 믹스인을 사용할 때는 주의해야 합니다. 특정 서드 파티 도구를 사용하는 중이라면 영향을 줄 수 있습니다. 전역 믹스인은 모든 Vue.js 컴포넌트와 인스턴스에 커스텀 옵션을 추가해야 할 때 유용합니다. 앱에 인증을 추가해야 한다 가정하고, 애플리케이션의 모든 Vue 컴포넌트에서 인증된 사용자가 사용할 수 있게 하고 싶습니다. 모든 컴포넌트에 믹스인을 등록하는 대신 전역 믹스인을 생성할 수 있습니다.

이전 절의 앱으로 가서 전역 믹스인으로 바꾸어 보겠습니다. 일단 이전 예제에서 mixins.html 파일을 mixin-global.html 파일에 복사하세요. 여기서 애플리케이션을 리팩토링하겠습니다.

스크립트 태그 내에 있는 const myButton이 있는 행을 보면 믹스인이 있습니다. 전역 믹스인을 사용하려면 이 행의 const를 Vue.mixin으로 변경해야 합니다. Vue.mixin은 Vue.js에 해당 믹스인이 전역 믹스인이고 모든 인스턴스에 주입되어야 한다는 것을 알려 줍니다. const 행을 삭제하고 상단에 Vue.mixin({ 행을 추가하세요. 그다음 코드 9-5와 같이 하단에 괄호를 닫아 주세요.

코드 9-5 전역 믹스인: chapter-09/global-mixin.html

```
Vue.mixin({ ···· 전역 믹스인의 선언입니다.
  methods: {
```

```
    pressed(val) {
      alert(val);
    }
  },
  data() {
    return {
      item: ''
    }
  }
}); ···· 닫는 괄호를 확인하세요.
```

이제 전역 믹스인도 선언했으니, 컴포넌트 안의 myButton 선언은 삭제해도 됩니다. 각 컴포넌트에서 mixins: {myButton} 행을 삭제하세요. 되었습니다! 이제 전역 믹스인을 사용할 수 있습니다. 새로 생성한 mixins-global.html 파일을 웹 브라우저에서 열면 이전 기능과 모습이 동일할 것입니다.

> Note ☰ 문제가 생긴다면 믹스인 선언을 컴포넌트 정의 밑에 두어서 그럴 수도 있습니다. 앱에서 myButton 참조가 남아 있으면 에러가 발생할 수 있으니 모두 삭제했는지 확인하세요.

9.2 예제와 함께 커스텀 지시자 배우기

이전 장 8개에서 v-on, v-model, v-text 같은 다양한 종류의 지시자를 알아보았습니다. 그런데 우리만의 특별한 지시자를 생성해야 한다면 어떻게 해야 할까요? 이때는 커스텀 지시자를 사용하면 됩니다. 커스텀 지시자는 일반 요소에 대한 하위 수준의 DOM 접근을 제공합니다. 웹 페이지에서 아무 요소에나 지시자를 추가하고 새로운 기능도 추가할 수 있습니다.

커스텀 지시자는 컴포넌트나 믹스인과 다릅니다. 믹스인, 커스텀 지시자, 컴포넌트 모두 코드 재사용을 장려하지만, 차이가 있습니다. 컴포넌트는 기능의 큰 덩어리를 가져와 작은 조각으로 분리해서 태그 하나로 사용할 수 있게 합니다. 보통은 HTML 요소 하나 이상으로 구성되어 있고 템플릿을 포함합니다. 믹스인은 로직을 여러 컴포넌트와 인스턴스에서 공유할 수 있는 재사용 가능 코드로 분리하는 데 좋습니다. 커스텀 지시자는 요소에 대한 하위 수준의 DOM 접근에 맞추어져 있습니다. 이 세 가지 레벨 중 하나를 사용하기 전에 해결하고자 하는 문제에 가장 적합한 것은 무엇인지 생각해 보세요.

지시자에는 지역과 전역 두 종류가 있습니다. 전역 지시자는 앱 어디에서든 모든 요소에 접근할 수 있습니다. 일반적으로 전역으로 사용하고 싶은 지시자를 만들면 어디에서든 사용할 수 있습니다.

지역 지시자는 해당 지시자를 등록한 컴포넌트에서만 사용할 수 있습니다. 어느 한 컴포넌트에서만 사용해야 하는 특정 커스텀 지시자가 있을 때 좋습니다. 예를 들어 컴포넌트 하나에서만 작동하는 특정 셀렉트 드롭다운을 생성할 수 있습니다.

각각을 알아보기 전에 먼저 색상과 글꼴 크기를 설정하는 간단한 지역 커스텀 지시자를 생성하고 요소에 부트스트랩 클래스를 추가해 봅시다. 완료한 모습은 그림 9-3과 같습니다.

▼ 그림 9-3 커스텀 지시자를 사용하여 추가한 안녕하세요 텍스트

안녕하세요

텍스트를 포함한 커스텀 지시자의 사용 예입니다.

새 파일을 열고 이름을 directive-example.html로 저장하세요. 해당 파일에 간단한 HTML을 추가하겠습니다. HTML은 Vue 스크립트 태그와 부트스트랩 CDN 스타일시트를 포함해야 합니다. 코드 9-6과 같이 앱에 새 지시자 v-style-me를 생성할 것입니다. 이 지시자는 〈p〉 태그 안에 넣습니다.

코드 9-6 Vue.js 지역 커스텀 지시자: chapter-09/directive-html.html

```
<!DOCTYPE html>
<html>
<head>
  <script src="https://unpkg.com/vue"></script>
  <link rel="stylesheet" ···· 앱에 추가된 부트스트랩입니다.
      href="https://maxcdn.bootstrapcdn.com/bootstrap/3.3.7/css/bootstrap.min.css">
</head>
<body>
  <div id='app'>
    <p v-style-me> ···· style-me에 대한 커스텀 지시자를 나열합니다.
      {{welcome}}
    </p>
  </div>
```

모든 커스텀 지시자는 v-*로 시작합니다. 이제 `<p>` 태그에 커스텀 지시자를 추가했으니 앱에 Vue 로직을 추가할 수 있습니다.

styleMe 지시자를 생성하세요. 각 지시자는 사용할 수 있는 수많은 인수에 접근할 수 있습니다.

- el: 지시자가 바인딩되어 있는 요소
- binding: name, value, oldValue, expression을 포함한 여러 속성을 가진 객체(https://vuejs.org/v2/guide/custom-directive.html#Directive-Hook-Arguments에서 커스텀 지시자 가이드 전체 목록을 살펴보세요)
- vnode: Vue 컴파일러가 생성한 가상 노드
- oldVnode: 이전 가상 노드

예제에서는 요소에 el만 사용합니다. 이는 항상 목록의 가장 첫 번째 인수입니다. styleMe 요소가 카멜 케이스로 되어 있는 것을 명심하세요. 카멜 케이스로 선언했기 때문에 템플릿에서 사용할 때는 케밥 케이스(v-style-me)여야 합니다.

모든 커스텀 지시자는 훅 하나를 명시해야 합니다. 이전 장에서 본 생명 주기와 애니메이션 훅처럼 커스텀 지시자 또한 유사한 훅을 가지고 있습니다. 해당 훅은 커스텀 지시자의 생명 주기 여러 곳에서 호출됩니다.

- bind: 이 훅은 요소에 지시자가 바인딩될 때 한 번만 호출됩니다. 설정 작업을 하기 좋은 곳입니다.
- inserted: 바인딩된 요소가 부모 노드에 삽입될 때 호출됩니다.
- update: 컴포넌트를 포함하는 VNode가 업데이트된 후 호출됩니다.
- componentUpdate: 컴포넌트를 포함하는 VNode와 VNode의 자식이 업데이트된 후 호출됩니다.
- unbind: 지시자가 요소에서 바인딩 해제될 때 호출됩니다.

VNode는 무엇일까요? Vue.js에서 VNode는 애플리케이션이 시작될 때 Vue가 생성하는 가상 DOM의 일부입니다. VNode는 가상 노드의 약어고 Vue.js가 DOM과 상호 작용할 때 생성된 가상 트리에서 사용됩니다.

이 예제에서는 바인드 훅을 사용하겠습니다. 이는 지시자가 요소에 바인딩되자마자 발동합니다. 바인드 훅은 요소에 스타일 작업을 하기 좋은 곳입니다. 자바스크립트를 사용해서 요소의 스타일과 className 메서드를 사용하겠습니다. 바인드 훅에 먼저 파란색을 추가하고, fontSize를 42px로 맞춘 후 마지막으로 className을 text-center로 설정합니다.

이제 directive-example.html 파일을 업데이트하세요. 코드 9-7과 동일해야 합니다.

코드 9-7 지역 지시자 Vue 인스턴스: chapter-09/directive-vue.html

```
<script>
  new Vue({
    el: '#app',
    data() {
      return {
        welcome: '안녕하세요' ---- 데이터 함수는 welcome 속성을 반환합니다.
      }
    },
    directives: { ---- 지시자가 등록되어 있는 곳입니다.
      styleMe(el, binding, vnode, oldVnode) { ---- 인수를 포함한 지역 커스텀 지시자의 이름입니다.
        bind: { ---- 바인드 훅을 확인하세요.
          el.style.color = "blue";
          el.style.fontSize = "42px";
          el.className = "text-center";
        }
      }
    }
  });
</script>
</body>
</html>
```

웹 브라우저를 열면 "안녕하세요" 메시지가 보일 것입니다. 이제 커스텀 지시자가 있으니 모든 요소에서 사용할 수 있습니다. 새로운 div 요소를 생성하고 v-style-me 지시자를 추가하세요. 웹 브라우저를 새로 고침하고 보면 텍스트가 가운데 정렬되어 있고, 글꼴 크기가 바뀌어 색상이 파란색인 것을 볼 수 있습니다.

9.2.1 수정자, 값, 인수를 포함한 전역 커스텀 지시자

이제 지역 지시자가 있으니, 전역 지시자를 사용하면 어떤 모습일지 봅시다. 예제를 바꾼 후 바인딩 인수를 살펴봅시다. 먼저 바인딩 인수와 함께 커스텀 지시자에 새로운 기능을 2개 추가합니다. 그리고 지시자에 텍스트 색을 전달하는 효과도 추가할 것입니다. 수정자도 추가해서 텍스트 크기도 선택할 수 있도록 하겠습니다. 그리고 인수로 클래스 이름을 전달합니다. 완료하고 나면 그림 9-4와 같습니다.

◆ 그림 9-4 바인딩 인수와 함께 전역 지시자 사용

❷ 해당 텍스트는 v-style-me.small 수정자를 사용합니다.

❶ 바인딩 인수를 포함한 커스텀 지시자를 사용한 예입니다.

이전 directive-example.html 코드를 directive-global-example.html 파일에 복사하세요. 가장 먼저 해야 할 일은 Vue.js 인스턴스에서 지시자 객체를 제거하는 것입니다. 새로 만든 directive-global-example.html 파일로 이동해서 데이터 객체 밑에 있는 지시자 객체를 삭제하세요.

다음으로 새 Vue.directive를 생성하겠습니다. 이는 Vue.js에 전역 지시자를 생성한다고 알려 줍니다. 첫 번째 인수는 지시자 이름입니다. style-me로 이름을 짓겠습니다. 다음은 훅 이름을 할당합니다. 이전 예제에서 사용한 방식과 동일하게 바인드 훅을 사용합니다.

훅 내부에는 el과 binding 인수가 2개 있습니다. 첫 번째 인수는 요소 그 자체입니다. 이전 예제에서 한 것처럼 el 인수를 사용하여 fontSize, className, color를 변경해서 지시자가 붙어 있는 요소를 조작할 수 있습니다. 두 번째 인수는 binding입니다. 이 객체는 여러 속성을 가집니다. binding.modifiers, binding.value, binding.arg를 살펴보겠습니다.

작업하기 가장 쉬운 바인딩 속성은 binding.value입니다. 요소에 새로운 커스텀 지시자를 추가할 때 값을 지정할 수 있습니다. 예를 들어 다음과 같이 'red'를 binding.value에 바인딩할 수 있습니다.

```
v-style-me="'red'"
```

또 객체 리터럴을 사용해서 여러 값을 보낼 수도 있습니다.

```
v-style-me="{color: 'orange', text: 'Hi there!'}"
```

그러고 나면 각 값을 binding.value.color와 binding.value.text를 사용해서 접근할 수 있습니다. 코드 9-8을 보면 요소의 el.style.color를 binding.value로 설정한 것을 볼 수 있습니다. binding.value가 없으면 기본값은 파란색입니다.

binding.modifiers는 커스텀 지시자 끝에 점을 추가해서 접근할 수 있습니다.

```
v-style-me.small
v-style-me.large
```

binding.modifiers.large에 접근하면 커스텀 지시자가 요소에 첨부될 때 선언 여부에 따라 참 혹은 거짓을 반환합니다. 코드 9-8을 보면 binding.modifiers.large가 참인지 확인할 수 있습니다. 참이라면 글꼴 크기를 42px로 설정합니다. binding.modifiers.small이 참이면 글꼴 크기는 17px로 설정됩니다. 어떤 수식어도 없다면 글꼴 크기는 변하지 않습니다.

마지막으로 알아볼 바인딩 속성은 콜론과 이름으로 된 커스텀 지시자에 선언된 binding.arg입니다. 이번 예제에서는 text-center가 인수입니다.

```
v-style-me:text-center
```

수식어, 인수, 값을 하나로 연결할 수 있습니다. 이 3개를 모두 합할 수도 있습니다. binding.arg는 text-center고, binding.modifiers는 'large'로 설정되어 있고, binding.value는 'red'입니다.

```
v-style-me:text-center.large="'red'"
```

전역 커스텀 지시자를 추가한 후에는 HTML로 돌아가서 "모두들 안녕하세요" 텍스트를 표시하는 두 번째 커스텀 지시자를 추가하세요. 이 텍스트에는 코드 9-8과 같이 바인딩 지시자 small을 사용합니다.

코드 9-8 완성된 Vue 전역 지시자: chapter-09/directive-global-example.html

```
<!DOCTYPE html>
  <script src="https://unpkg.com/vue"></script>
  <link rel="stylesheet" href="https://maxcdn.bootstrapcdn.com/bootstrap/3.3.7/css/
     bootstrap.min.css"> ···· 앱에 추가된 부트스트랩 CSS입니다.
<html>
<head>
</head>
<body>
  <div id='app'>
    <p v-style-me:text-center.large="'red'"> ···· 값, 인수, 수정자를 포함한 커스텀
    {{welcome}}                                    지시자 선언입니다.
    </p>
    <div v-style-me.small>안녕하세요 여러분</div> ···· 수정자만 포함한 두 번째 커스텀
  </div>                                              지시자입니다.
<script>
  Vue.directive('style-me', { ···· 전역 커스텀 지시자 선언은 바인드 훅을 사용합니다.
    bind(el, binding) {
      el.style.color = binding.value || "blue"; ···· el.style.color 요소는 binding.value 혹은
                                                     파란색으로 설정됩니다.

      if (binding.modifiers.large) ···· 여기서 binding.modifiers를 확인하여 글꼴 크기를 바꿉니다.
        el.style.fontSize = "42px";
```

```
      else if(binding.modifiers.small)
        el.style.fontSize = "17px"

      el.className = binding.arg; ┈┈ binding.arg는 요소의 클래스 이름에 설정되어 있습니다.
    }
  });

  new Vue({
    el: '#app',
    data() {
      return {
        welcome: '안녕하세요'
      }
    }
  });
</script>
</body>
</html>
```

웹 브라우저로 열면 "안녕하세요" 메시지가 보일 것입니다. 스크린 왼쪽에 두 번째 텍스트인 "안녕하세요 여러분"이 가운데 정렬되어 있지 않고, 글꼴 크기도 작은 것을 볼 수 있습니다. v-style-me 지시자에 small 수정자만 사용했기 때문입니다. 이 경우 글꼴 크기는 변합니다. 하지만 기본 색인 파란색은 그대로입니다.

소스 코드를 자세히 살펴보면 binding.arg를 커스텀 지시자의 el.className에 할당했기 때문에 두 번째 텍스트 div에 undefined 클래스가 추가된 것을 알 수 있습니다. 하지만 선언은 하지 않았기 때문에 기본적으로 undefined가 됩니다. 이러한 일은 충분히 생길 수 있습니다. 그래서 binding.arg를 el.className으로 설정하기 전에 확인하는 것이 좋습니다.

9.3 렌더 함수와 JSX

지금까지 템플릿을 사용해서 Vue.js 애플리케이션을 작성했습니다. 대부분은 괜찮습니다. 하지만 자바스크립트의 모든 기능이 필요할 때가 있을 수도 있습니다. 이때는 템플릿을 사용하기보다는 고유의 렌더 함수를 정의해서 사용하는 것이 좋습니다. 렌더 함수는 템플릿과 비슷하게 작동하니다. HTML이 출력되지만, 실제 코드는 자바스크립트로 작성해야 합니다.

JSX는 XML과 유사한 구문으로, 플러그인을 사용해서 자바스크립트로 변환될 수 있습니다. 이는 렌더 함수처럼 자바스크립트 내에 HTML을 정의하는 방법입니다. 또 다른 프런트엔드 프레임워크인 리액트에서 많이 사용됩니다. 바벨 플러그인의 도움을 받아 Vue.js와 함께 JSX의 모든 기능을 사용할 수 있습니다.

필자 경험상 Vue.js에서 복잡한 HTML을 생성하는 데 렌더 함수를 사용하는 것은 어렵습니다. v-for, v-if, v-model 같은 일반적인 지시자도 사용할 수 없습니다. 이 지시자의 대안은 있지만, 자바스크립트 코드를 추가로 작성해야 합니다. 하지만 JSX는 아주 강력한 대안입니다. JSX 커뮤니티는 매우 크고 구문은 템플릿에 훨씬 가깝기 때문에 자바스크립트 기능의 이점을 가질 수 있습니다. 또 Vue.js를 위한 바벨 플러그인과 JSX가 굉장히 잘 유지되기 때문에 아주 좋습니다. 그렇기 때문에 JSX로 넘어가기 전에 렌더 함수 개요만 간단히 알아보겠습니다.

> Tip ⭐ 자세한 렌더 함수 내용은 https://vuejs.org/v2/guide/render-function.html 공식 가이드를 확인하세요.

9.3.1 렌더 함수 예제

render를 사용해서 간단한 예제를 만들어 봅시다. welcome 속성을 가진 전역 Vue.js 컴포넌트가 있다고 가정합시다. HTML 헤더에 welcome 메시지를 표시하고 싶습니다. header 속성을 사용해서 〈h1〉, 〈h2〉, 〈h3〉, 〈h4〉, 〈h5〉 중 하나를 사용할 헤더를 전달하고, 추가로 메시지에 클릭 이벤트를 추가해서 알림창을 보여 주겠습니다. 부트스트랩 클래스를 사용해서 보기 좋게 하겠습니다. 〈h1〉 태그에 text-center 클래스가 붙어 있는지 확인하세요. 완료하고 나면 그림 9-5와 같습니다.

▼ 그림 9-5 렌더 함수를 사용한 예제

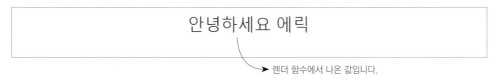

안녕하세요 에릭

↳ 렌더 함수에서 나온 값입니다.

render-basic.html 파일을 생성하세요. 이 파일로 앱을 만들겠습니다. 컴포넌트를 생성하기 전에 HTML을 만듭시다. HTML에 Vue 스크립트와 부트스트랩 CDN 링크를 추가하세요.

\<body\> 내에 ID가 app인 div와 my-comp 컴포넌트를 추가하세요. div는 선택입니다. my-comp 컴포
넌트에 app이라는 ID도 바로 할당할 수 있습니다. 명확하게 하기 위해 지금처럼 div를 남겨 두겠
습니다. 컴포넌트 안에 1로 할당된 header 속성이 있습니다. 시작과 끝 대괄호 사이에 에릭이라는
이름을 추가하겠습니다. 이전 장에서 배운 내용으로 컴포넌트의 대괄호 사이에 있는 값은 슬롯으
로 참조할 수 있습니다. 렌더 함수를 사용해서 슬롯에 접근할 수 있습니다. 코드 9-9를 render-
basic.html 파일에 복사하세요.

코드 9-9 렌더 기초 html: chapter-09/render-html.html

```
<!DOCTYPE html>
<html>
<head>
  <script src="https://unpkg.com/vue"></script> ···· Vue.js 스크립트가 추가됩니다.
  <link rel="stylesheet" href="https://maxcdn.bootstrapcdn.com/bootstrap/3.3.7/css/
    bootstrap.min.css"> ···· 부트스트랩 스타일시트가 추가됩니다.
</head>
<body>
  <div id="app">
    <my-comp header="1">에릭</my-comp> ···· 헤더 속성과 함께 컴포넌트가 추가됩니다.
  </div>
<script>
```

HTML을 추가했으니, 전역 컴포넌트를 추가하려면 루트 Vue.js 인스턴스를 추가해야 합니다. 웹
페이지 하단의 스크립트 태그 내에 new Vue({el: '#app'})을 추가하세요.

루트 Vue.js 인스턴스를 추가한 후 전역 컴포넌트를 생성하겠습니다. 전역 컴포넌트 이후에 루트
Vue.js 인스턴스가 있는지 꼭 확인하세요. 그렇지 않으면 에러가 발생합니다. 컴포넌트 내부에 처
음 필요한 것은 welcome을 반환하는 데이터 함수입니다. "안녕하세요"가 출력되게 하겠습니다.
또 헤더 속성도 선언해야 합니다.

컴포넌트에 템플릿 속성을 선언하는 대신 렌더 함수를 선언합니다. 함수에는 createElement라는
인수가 하나 있습니다(가끔 h로 볼 수도 있는데, 같은 것입니다). 렌더 함수에 올바른 인수와 함께
createElement를 반환해야 합니다.

createElement를 반환할 때 HTML에 정의하고 싶은 요소와 자식 요소를 기술해서 가상 DOM을
만듭니다. 이는 가상 노드(VNode)라고도 합니다. 근본적으로 가상 DOM을 대표하는 VNode 트
리를 생성하는 것입니다.

코드 9-10과 같이 createElement는 세 인수를 받습니다. 첫 번째는 문자열, 객체 혹은 함수입니다. 여기는 보통 div 같은 DOM 요소를 추가하는 곳입니다. 두 번째 인수는 객체입니다. 이는 요소에 포함하고자 하는 속성을 가리킵니다. 세 번째는 배열 혹은 문자열입니다. 문자열이라면 태그 내에 포함될 텍스트를 가리킵니다. 배열이라면 자식 VNode를 가리킵니다. 각 VNode는 또 다른 createElement를 추가할 때처럼 동일한 인수를 가집니다. 이번 예제에는 문자열만 사용하겠습니다.

Vue.component에 render(createElement) 함수를 추가하세요. 함수 내에는 코드 9-10과 같이 createElement를 반환하겠습니다. 필요한 첫 번째 인수는 header 태그입니다. 전달받은 속성을 사용해서 header 값을 생성해야 합니다. 현재는 1을 보냈으니, <h1>을 생성해야 합니다. 속성 this.header와 함께 문자 h를 연결할 수 있습니다.

다음 인수는 속성 객체입니다. 부트스트랩을 사용하고 있기 때문에 스크린에 텍스트를 가운데 정렬하려면 text-center 클래스를 사용해야 합니다. 그래서 객체를 생성하고 첫 번째 속성을 text-center 값을 가진 class로 합니다. 자바스크립트에서 class는 정의된 키워드이기 때문에 따옴표 사이에 있어야 합니다. 다음 속성은 이벤트입니다. 이번 예제에서는 클릭 이벤트를 사용해서 clicked를 보여 주는 알림창을 표시합니다.

마지막 인수는 배열 혹은 문자열입니다. 이는 <header> 태그에 보일 내용을 정의합니다. 재미를 위해 데이터 함수에 정의한 환영 메시지와 컴포넌트 시작과 끝 괄호 사이에 있는 에릭 텍스트를 합치겠습니다. this.$slots.default[0].text를 사용해서 해당 텍스트를 가져올 수 있습니다. 이제 환영 메시지와 해당 텍스트를 합칠 수 있습니다. render-basic.html 파일에 코드 9-10을 복사하세요.

코드 9-10 렌더 함수 추가하기: chapter-09/render-js.html

```
Vue.component('my-comp', { ···· my-comp 이름의 전역 컴포넌트입니다.
  render(createElement) { ···· 렌더 함수는 createElement 함수와 쌍을 이룹니다.
    return createElement('h' + this.header, ···· createElement 함수를 반환합니다.
    {'class':'text-center', ····┐
      on: {                     클래스를 포함한 속성 객체와
        click(e) {              클릭 이벤트를 정의합니다.
          alert(클릭됨);
        }
      }
    },
    this.welcome + this.$slots.default[0].text) ···· 헤더 요소에 표시될 문자열입니다.
  },
```

```
  data() {
    return {
      welcome: '안녕하세요 '
    }
  },
    props: ['header']
});

  new Vue({el: '#app'}) ···· 반드시 추가되어야 하는 루트 Vue.js 인스턴스입니다.
</script>
</body>
</html>
```

render-basic.html 파일을 불러와 출력 값을 보세요. 안녕하세요 에릭 메시지가 보일 것입니다.
속성 헤더를 다른 값으로 바꾸어 보세요. 숫자를 증가시킬 때마다 텍스트가 작아지는 것을 볼 수
있습니다. 메시지를 클릭하면 그림 9-6과 같습니다.

▼ 그림 9-6 메시지를 클릭한 후 렌더 함수를 사용해서 생성한 알림창

9.3.2 JSX 예제

JSX를 사용하면 템플릿과 비슷한 HTML을 생성하면서 자바스크립트의 모든 기능을 활용할 수 있
습니다. Vue-CLI를 사용해서 앱을 하나 생성하겠습니다. 우리 목표는 JSX를 사용해서 이전 예제
를 다시 만드는 것입니다. 이번 예제는 속성, 클래스를 받고 메시지를 클릭하면 알림 메시지를 보
여 줍니다.

시작하기 전에 Vue-CLI가 설치되어 있는지 확인해 주세요. 설치 방법은 부록 A에 있습니다. 터
미널 창을 열고 jsx-example 앱을 하나 만드세요. 몇 가지 프롬프트에 응답하라는 메시지가 표
시될 것입니다. 모두 no를 입력하면 됩니다.

```
$ vue init webpack jsx-example

? Project name jsx-example
? Project description A Vue.js Project
? Author Mark Jung <vgb0000123@gmail.com>
? Vue build standalone
? Install vue-router? No
? Use ESLint to lint your code? No
? Setup unit tests No
? Setup e2e tests with Nightwatch? No
? Should we run `npm install` for you after the project has been created? no

vue-cli · Generated "jsx-example".
To get started:
cd jsx-example
npm install
```

다음으로 jsx-example 디렉터리로 가서 npm install 명령어를 실행하세요. 연결되어 있는 필요한 모든 의존성을 설치할 것입니다. 이제 JSX를 위한 바벨 플러그인을 설치해야 합니다. 플러그인 설치에 문제가 있다면 https://github.com/vuejs/babel-plugin-transform-vue-jsx 공식 깃허브 페이지를 확인하세요. 지금 볼 예제는 기본적인 JSX만 사용합니다. 깃허브의 공식 문서에서 가능한 모든 옵션을 읽어 보길 강력히 추천합니다. npm install 명령어를 실행해서 다음 추천 라이브러리를 모두 설치하세요.

코드 9-12 플러그인 설치를 위한 터미널 명령어

```
$ npm install \
babel-plugin-syntax-jsx \
babel-plugin-transform-vue-jsx \
babel-helper-vue-jsx-merge-props \
babel-preset-env \
--save-dev
```

플러그인을 설치하고 나면 .babelrc 파일을 업데이트해야 합니다. 해당 파일은 루트 폴더에 있습니다. 이곳에서 많은 프리셋과 플러그인을 볼 수 있습니다. 코드 9-13과 같이 프리셋 목록에는 "env"를 추가하고, 플러그인 목록에는 "transform-vue-jsx"를 추가하세요.

```
{
  "presets": [
    ["env", {
      "modules": false
    }],
    "stage-2",
    "env"  ---- 프리셋 목록에 env를 추가합니다.
  ],
  "plugins": ["transform-runtime", "transform-vue-jsx"],  ---- 플러그인 목록에 transform-vue-jsx를
  "env": {                                                      추가합니다.
    "test": {
      "presets": ["env", "stage-2"]
    }
  }
}
```

JSX 설정이 끝났으니 이제 코딩을 시작할 수 있습니다. 기본적으로 Vue-CLI는 HelloWorld.vue 파일을 생성합니다. 이 파일을 사용할 것이지만, 조금 수정이 필요합니다. src/App.vue 파일로 가서 템플릿을 업데이트하세요. img 노드를 삭제하고 속성 2개와 함께 HelloWorld 컴포넌트를 추가하세요. 첫 번째 속성은 헤더 태그 레벨을 결정할 헤더입니다. 두 번째 속성 이름은 name으로 합니다. 코드 9-10에서는 지정된 속성이 아닌 슬롯을 사용했습니다. 코드 9-14에서는 조금 변경해서 name을 속성으로 넘겨주겠습니다. 결과는 같습니다. src/App.vue 파일을 코드 9-14와 동일하게 업데이트하세요.

코드 9-14 App.vue 업데이트하기: chapter-09/jsx-example/src/App.vue

```
<template>
  <div id="app">
    <HelloWorld header="1" name="에릭"></HelloWorld>  ---- name과 header 속성을 포함한
  </div>                                                     안녕하세요 컴포넌트입니다.
</template>

<script>
import HelloWorld from './components/HelloWorld'

export default {
  name: 'app',
  components: {
    HelloWorld
```

```
      }
  }
</script>

<style>
</style>
```

부트스트랩을 사용하고 있기 때문에 어딘가에는 추가해야 합니다. 루트 폴더에서 index.html 파일을 찾으세요. 코드 9-15와 같이 부트스트랩 CDN 링크를 추가하세요.

코드 9-15 index.html 파일 업데이트하기: chapter-09/jsx-example/index.html

```
<!DOCTYPE html>
<html>
  <head>
    <meta charset="utf-8">
    <meta name="viewport" content="width=device-width,initial-scale=1.0">
    <title>jsx-예제</title>
    <link rel="stylesheet" href="https://maxcdn.bootstrapcdn.com/bootstrap/3.3.7/css/
        bootstrap.min.css" integrity="sha384-BVYiiSIFeK1dGmJRAkycuHAHRg320mUcww7on3RYdg4Va
        +PmSTsz/K68vbdEjh4u" crossorigin="anonymous">  ···· 부트스트랩 CDN을 추가합니다.
  </head>
  <body>
    <div id="app"></div>
    <!-- built files will be auto injected -->
  </body>
</html>
```

src/components/HelloWorld.vue 파일을 여세요. 이제 JSX를 사용할 것이기 때문에 상단 템플릿을 삭제하세요. export default 내에 데이터 객체를 먼저 설정하겠습니다. 데이터 객체는 welcome과 message를 반환합니다. msg 속성은 헤더의 HTML을 만들고 ES6 템플릿 리터럴을 사용해서 화면에 보여 주고 싶은 메시지를 합칩니다.

methods 객체도 추가하겠습니다. 객체의 pressed 메서드는 clicked를 보여 주는 알림창을 실행합니다. 마지막으로 하단에 헤더와 name을 위한 속성 배열을 추가하세요.

JSX의 렌더 함수는 첫 예제에서 사용했던 렌더 함수와 비슷합니다. 관습에 따라 createElement를 사용하는 대신 문자 h를 사용합니다. 그리고 필요한 JSX를 반환합니다.

코드 9-16과 같이 렌더 함수는 여러 태그를 반환합니다. 첫 번째 태그는 JSX를 감싸고 있는 ⟨div⟩ 태그입니다. 그리고 text-center 클래스를 가진 div가 있습니다. 또 this.pressed에 연결된 클릭 이벤트 핸들러를 추가합니다. 일반적인 Vue.js에서는 수염 구문을 사용한 텍스트 보간법으로 데이터 바인딩을 합니다. JSX에서는 단일 괄호를 사용합니다.

마지막으로 추가할 것은 domPropsInnerHTML이라는 특별한 속성입니다. 이는 babel-plugin-transform-vue-jsx 플러그인이 추가한 특별한 옵션입니다. 리액트를 어느 정도 안다면 dangerouslySetInnerHTML 옵션과 유사합니다. this.msg가 HTML로 해석됩니다. 사용자 입력을 받아 HTML로 전환하는 것은 크로스 사이트 스크립팅 공격을 초래할 수 있으니 domPropsInnerHTML 은 주의해서 사용해야 합니다. 코드 9-16을 복사하세요.

코드 9-16 HelloWorld.vue 업데이트하기: chapter-09/jsx-example/src/components/HelloWorld.vue

```
<script>
export default {
  name: 'HelloWorld',
  render(h) {  ···· JSX 렌더 함수입니다.
    return (
      <div>  ···· JSX를 감싸고 있는 ⟨div⟩ 태그입니다.
        <div class="text-center"  ···· 클래스 속성을 포함한 ⟨div⟩ 태그입니다.
            on-click={this.pressed}  ···· 팝업창을 생성하는 클릭 이벤트 핸들러입니다.
            domPropsInnerHTML={this.msg}></div>  ···· domPropsInnerHTML은 this.msg를 div에 추가합니다.
      </div>
    )
  },
  data() {
    return {
      msg: `<h${this.header}>안녕하세요 ${this.name}</h${this.header}>`,  ···· name이 추가된
    }                                                                        안녕하세요 메시지
  },                                                                         입니다.
  methods: {
    pressed() {  ···· 알림창을 표시하는 메서드입니다.
      alert('클릭됨')
    }
  },
  props: ['header', 'name']  ···· header와 name에 대한 속성 2개입니다.
}
</script>

<style>
</style>
```

파일을 저장하고 서버를 실행하세요. 명령어에 npm run dev(vue-clie 3.0 버전이라면 npm run serve)를 실행하면, http://local-host:8080에서 웹 페이지를 열 수 있습니다. 안녕하세요 메시지가 표시되어야 합니다. App.vue 내의 안녕하세요 컴포넌트에 다양한 값을 전달해보세요. 헤더를 변경하면 표시되는 헤더 태그의 수준을 변경할 수 있습니다.

9.4 연습 문제

이 장에서 배운 내용을 바탕으로 다음 질문에 답하세요.

- 믹스인은 무엇이고 언제 사용해야 하나요?

부록 B에서 답을 확인하세요.

9.5 요약

- 믹스인을 사용해서 여러 컴포넌트 간에 코드를 공유할 수 있습니다.
- 커스텀 지시자를 사용해서 각 요소의 행동을 바꿀 수 있습니다.
- 수정자, 값, 인수로 커스텀 지시자에게 정보를 전달하여 페이지에 동적 요소를 생성할 수 있습니다.
- 렌더 함수는 HTML 내에서 자바스크립트의 모든 기능을 제공합니다.
- JSX는 Vue.js 애플리케이션에서 렌더 함수의 대안으로 사용할 수 있으며, HTML 내에서 자바스크립트의 모든 기능도 사용할 수 있습니다.

제 **3** 부

데이터 모델링, API 사용과 테스트

Vue.js 애플리케이션이 성장하고 복잡해지면서 이제 데이터를 저장할 더 효율적인 방법을 생각해야 합니다. 운 좋게도 Vuex는 이 과정을 쉽게 해결할 수 있는 놀라운 해답을 제공합니다. 자세한 내용은 10장에서 배우겠습니다.

11장에서는 10장에 이어서 서버와 통신하는 방법을 살펴봅니다. 백엔드 시스템과 통신하는 방법과 데이터를 처리하는 방법을 알아볼 것입니다. 그다음에는 서버 사이드 렌더링을 배웁니다. 서버 사이드 렌더링은 애플리케이션 속도를 높여 줄 새로운 기술입니다.

12장에서는 테스트하는 방법을 배워 보겠습니다. 전문적인 웹 개발자라면 애플리케이션을 테스트하는 방법 정도는 알아야 합니다. 테스트를 해서 버그를 제거할 수 있고, 애플리케이션을 안정화할 수 있습니다. 또 데브옵스라는 개발 운영도 배웁니다. 이를 사용해서 애플리케이션을 배포하고 모든 것이 잘 작동하는지 확인해야 할 때 개발 생명 주기에 어떤 도움을 줄 수 있는지 알아보겠습니다.

10^장

Vuex

이 장에서 다룰 핵심 내용

- 상태 이해
- 게터 사용
- 뮤테이션 구현
- 액션 생성
- Vuex 헬퍼 사용
- 프로젝트 설정과 모듈

9장에서 Vue.js를 확장하고 반복되는 코드 없이 기능 일부를 재사용하는 여러 방법을 살펴보았습니다. 이 장에서는 애플리케이션에 데이터를 저장하는 방법과 컴포넌트 간에 데이터를 공유하는 방법을 살펴보겠습니다. 애플리케이션에서 가장 선호하는 데이터 공유 방법은 Vuex 라이브러리를 사용하는 것입니다. Vuex는 애플리케이션의 모든 컴포넌트가 공유하는 중앙 저장소를 생성할 수 있도록 도와주는 상태 관리 라이브러리입니다.

먼저 언제 Vuex를 사용하고, 언제 사용하지 않는지 알아봅시다. 일부 애플리케이션은 다른 애플리케이션보다 Vuex에서 더 많은 이점을 얻습니다. 다음으로 상태와 중앙 저장소에서 상태를 찾는 방법을 살펴보겠습니다. 이후에는 게터, 뮤테이션, 액션을 배웁니다. 이 세 가지 모두 애플리케이션 상태를 확인할 수 있습니다. 그리고 상용구 코드의 일부를 제거하는 데 도움이 되는 Vuex 헬퍼도 살펴보겠습니다. 마지막으로 규모가 더 큰 애플리케이션에서 Vuex 장점을 최대한 활용할 수 있는 디렉터리 구조의 종류를 알아봅니다.

10.1 Vuex, 뭐가 좋을까?

Vuex 상태 관리 라이브러리는 상태를 변경합니다. 중앙 위치에서 상태를 저장해서 어떤 컴포넌트라도 쉽게 상호 작용할 수 있습니다. 상태는 애플리케이션을 뒷받침해 주는 정보나 데이터입니다. 믿을 수 있고 이해할 수 있는 방법으로 해당 정보에 접근해야 하기 때문에 굉장히 중요한 개념입니다.

리액트와 같은 다른 단일 페이지 프레임워크를 사용해 보았다면 이러한 개념에 친숙할 것입니다. 리액트는 Redux라고 하는 유사한 상태 관리 시스템을 사용합니다. Redux와 Vuex 모두 Flux라고 하는 상태 관리 시스템에서 영감을 받은 라이브러리입니다. Flux는 페이스북에서 클라이언트 단 웹 애플리케이션 구축을 도와주려고 만든 아키텍처입니다. 이는 액션에서 디스패처와 스토어, 뷰까지 단일 데이터 흐름을 장려합니다. 이러한 흐름은 애플리케이션 이외의 부분에서 상태를 분리하고 동기 업데이트를 촉진합니다. https://facebook.github.io/flux/docs/overview/ 공식 문서에서 더 많은 Flux 정보를 찾을 수 있습니다.

Vuex는 이러한 원리를 사용해서 예측 가능한 동기식 방법으로 상태를 변화시킵니다. 개발자는 예상치 못한 방식으로 상태를 변경하는 동기식 혹은 비동기식 함수를 걱정할 필요가 없습니다.

JSON 페이로드를 애플리케이션에 전달하는 백엔드 API와 상호 작용한다고 가정해 봅시다. 그런데 동시에 서드파티 라이브러리가 해당 정보를 변경하고 있습니다. 서드파티 라이브러리가 예상치 못한 방법으로 데이터를 변경하는 시나리오가 나와서는 안 됩니다. Vuex는 모든 뮤테이션을 동기화해서 이러한 시나리오가 나오지 않도록 막아 줍니다.

Vuex가 왜 필요한지 궁금할 수 있습니다. 어쨌든 Vue.js는 컴포넌트에 정보를 전달하는 방법을 제공합니다. 컴포넌트를 다룬 장에서 배웠듯이, 속성과 커스텀 이벤트를 사용하여 데이터를 전달할 수 있습니다. 심지어 이벤트 버스로 정보를 전달하고 컴포넌트 간 통신을 용이하게 할 수도 있습니다. 그림 10-1에서 어떤 모습인지 살펴봅시다.

▼ 그림 10-1 속성과 이벤트 버스를 사용한 간단한 예제

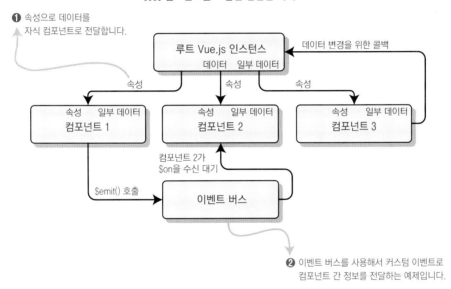

이는 적은 컴포넌트만으로도 가능한 소규모 애플리케이션에 적합합니다. 이러한 애플리케이션에서는 몇몇 컴포넌트에만 정보를 전달해야 합니다. 애플리케이션 규모가 훨씬 더 크고 복잡하고 여러 계층이 있다면 어떻게 할까요? 이러한 대규모 애플리케이션에서 모든 콜백과 전달받은 속성, 이벤트 버스를 관리하기란 굉장히 힘들 것입니다.

바로 여기서 Vuex가 필요합니다. 중앙 저장소에서 상태를 관리할 수 있는 좀 더 체계적인 방법을 제시합니다. Vuex 사용을 고려하는 상황이라고 가정해 보겠습니다. 블로그를 만들어야 하는데, 블로그에는 게시글, 댓글, 생성, 수정, 삭제 등 작업을 포함하는 컴포넌트가 있습니다. 또 사용자를 추방하고 추가하는 관리자 인터페이스도 있습니다.

Vuex를 사용하면 어떻게 될지 확인해 보겠습니다. 그림 10-2와 같이 개인 정보 수정 컴포넌트가 관리자 컴포넌트 아래에 중첩되어 있습니다. 개인 정보 수정 컴포넌트는 사용자 정보에 접근해서 업데이트할 수 있어야 합니다. Vuex에서 중앙 저장소를 사용하면 개인 정보 수정 컴포넌트에서 직접 저장소에 접근하고 정보를 변경하고 커밋할 수 있습니다. 속성을 사용하여 루트 Vue.js 인스턴스에서 관리자 컴포넌트로, 최종적으로는 개인 정보 수정 컴포넌트까지 정보를 전달하지 않아도 되는 엄청난 개선점입니다. 여러 곳에서 정보를 똑바로 유지하기는 쉽지 않습니다.

▼ 그림 10-2 Vuex에서 중앙 저장소가 사용되는 방식

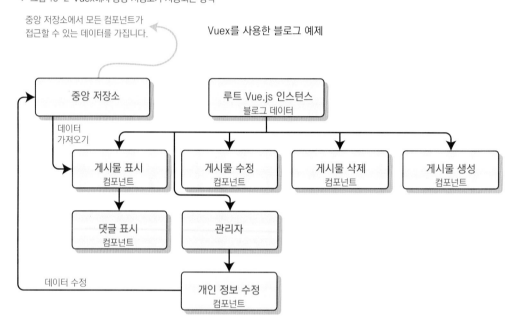

Vuex를 사용하려면 대가가 있습니다. 바로 복잡성과 상용구 코드가 추가된다는 것입니다. 일전에도 언급했듯이, 컴포넌트를 단 몇 개만 사용하는 간단한 앱에서 Vuex를 사용할 필요는 없습니다. Vuex는 상태가 굉장히 복잡해질 수 있는 대규모 애플리케이션에 더 효율적입니다.

10.2 Vuex 상태와 뮤테이션

Vuex는 애플리케이션 상태가 포함된 단일 객체를 사용합니다. 이는 진실의 단일 소스라고도 합니다. 이름에서도 알 수 있듯이, 모든 데이터가 정확히 한곳에 저장되고 애플리케이션 다른 곳에서는 중복되지 않습니다.

> Tip ✗ Vuex를 사용하더라도 Vuex에 모든 상태를 담을 필요는 없습니다. 개별 컴포넌트는 각각의 지역 상태를 가질 수 있습니다. 특정 상황에서는 이것이 바람직할 수도 있습니다. 예를 들어 컴포넌트에는 해당 컴포넌트에서만 사용하는 지역 변수가 있습니다. 이 경우 해당 변수는 지역 변수여야 합니다.

Vuex로 상태를 사용하는 간단한 예제를 만들어 봅시다. 이번 예제에서는 단일 파일을 사용하겠습니다. 나중에 Vuex를 Vue-CLI 애플리케이션에 추가하는 방법도 알아봅니다. 에디터를 열고 vuex-state.html 파일을 생성하세요. 이 파일에서는 중앙 저장소에 저장된 메시지를 표시하고 카운터를 보여 줍시다. 완료된 모습은 그림 10-3과 같습니다.

일단 Vue와 Vuex ⟨script⟩ 태그 CDN을 추가하세요. 다음으로 HTML을 추가하겠습니다. HTML에는 ⟨h1⟩, ⟨h2⟩, ⟨h3⟩, ⟨button⟩ 태그를 사용하겠습니다. ⟨h1⟩ 태그는 Vue.js 인스턴스에 정의된 지역 변수 header를 표시합니다. welcome과 counter 메시지는 Vuex 저장소에서 가져온 계산된 속성이 될 것입니다. 버튼 요소는 increment라고 하는 액션을 트리거합니다. vuex-state.html 파일 상단에 코드 10-1을 추가하세요.

▼ 그림 10-3 Vuex를 사용한 간단한 앱 생성

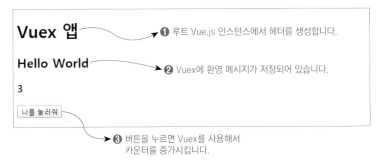

Vuex 앱 ──── ❶ 루트 Vue.js 인스턴스에서 헤더를 생성합니다.

Hello World ──── ❷ Vuex에 환영 메시지가 저장되어 있습니다.

3

나를 눌러줘

──── ❸ 버튼을 누르면 Vuex를 사용해서 카운터를 증가시킵니다.

```
<!DOCTYPE html>
<html>
<head>
  <script src="https://unpkg.com/vue"></script> ···· Vue CDN 스크립트 태그입니다.
  <script src="https://unpkg.com/vuex"></script> ···· Vuex CDN 스크립트 태그입니다.
</head>
<body>
  <div id="app">
    <h1>{{header}}</h1> ···· 헤더 변수를 나타냅니다.
    <h2>{{welcome}}</h2> ···· welcome 계산된 속성을 나열합니다.
    <h3>{{counter}}</h3> ···· counter 계산된 속성을 보여 줍니다.
    <button @click="increment">나를 눌러줘</button> ···· 증가하도록 설정된 클릭 액션을
  </div>                                                  포함한 버튼입니다.
```

이제 HTML도 추가했으니, Vuex 저장소를 추가하겠습니다. Vuex 저장소는 예제의 모든 데이터를 가지며, msg와 count 속성도 포함합니다.

상태를 업데이트하기 위해 뮤테이션(mutations)을 사용할 것입니다. 뮤테이션은 다른 프로그래밍 언어에서 말하는 세터라고 생각하면 됩니다. 세터(setters)는 값을 설정합니다. 뮤테이션은 애플리케이션 상태를 업데이트하는 데 사용합니다. Vuex에서 뮤테이션은 동기적이어야 합니다. 우리 예제에서 카운터는 버튼이 눌릴 때만 트리거되기 때문에 비동기 코드에 대한 것은 걱정하지 않아도 됩니다(나중에 비동기와 관련된 것을 다룰 때 문제 해결을 도와주는 액션을 살펴보겠습니다).

뮤테이션 객체 내부에 상태를 증가시키는 증가 함수를 추가하겠습니다. 코드 10-2를 복사해서 vuex-state.html 파일 하단에 추가하세요.

```
<script>
  const store = new Vuex.Store({
    state: {
      msg: 'Hello World', ···· Vuex.Store는 상태 정보를 가집니다.
      count: 0
    },
    mutations: {
      increment(state) { ···· 상태를 증가시키는 뮤테이션입니다.
        state.count++;
      }
    }
  });
```

HTML과 Vuex 저장소도 추가했으니, 이제 모든 것을 연결하는 로직을 추가할 수 있습니다. 템플릿이 Vuex 상태로부터 msg와 counter를 표시하고 해당 카운터를 업데이트할 수 있는지 확인해야 합니다.

새로운 데이터 함수와 함께 Vue.js 인스턴스를 생성하세요. 이는 Vuex App을 표시하는 지역 헤더 속성을 반환할 것입니다. 다음 절에서는 welcome과 counter 두 함수를 포함한 계산된 속성을 추가하겠습니다. welcome 속성은 store.state.msg를 반환합니다. counter는 store.state.count를 반환할 것입니다.

마지막으로 increment 메서드를 추가해야 합니다. 저장소를 업데이트하고 Vuex에 설정한 뮤테이션에 접근하기 위해 뮤테이션을 직접 호출할 수는 없습니다. commit이라는 특별한 함수를 사용해야 합니다. 이 함수는 Vuex의 저장소를 업데이트하고 변경 사항을 커밋합니다. store.commit('increment')가 우리가 생성한 뮤테이션에 커밋을 담당합니다. 코드 10-3을 코드 10-2에 생성한 vuex-state.html 파일 하단에 추가하세요.

코드 10-3 Vue.js 인스턴스 추가하기: chapter-10/vuex-instance.html

```
new Vue({
  el: '#app',
  data() {
    return {
      header: 'Vuex 앱' ---- 메시지를 표시하는 헤더 속성입니다.
    }
  },
  computed: {
    welcome() {
      return store.state.msg ---- 계산된 속성은 msg 상태를 반환합니다.
    },
    counter() {
      return store.state.count; ---- 계산된 속성은 counter 상태를 반환합니다.
    }
  },
  methods: {
    increment() {
      store.commit('increment') ---- increment 메서드는 Vuex increment 뮤테이션을 트리거합니다.
    }
  }
});
</script>
</body>
</html>
```

이제 Vuex를 사용하는 완벽한 기능의 앱이 완성되었습니다. 버튼을 몇 번 눌러 보면 버튼을 누를 때마다 카운터가 증가하는 것을 볼 수 있습니다.

애플리케이션은 업데이트에서 각 버튼을 누를 때마다 카운터를 10씩 증가시키게 하겠습니다. 뮤테이션 increment 함수를 잘 보면 state 인수 하나만 있습니다. 하지만 다른 인수도 전달할 수 있습니다. 이를 페이로드라고 합니다. 이 페이로드는 루트 Vue.js 인스턴스에서 생성한 increment 메서드에서 전달할 수 있습니다.

vuex-state.html 파일을 복사해서 이름을 vuex-state-pass.html로 변경하세요. 이 파일에 페이로드를 전달하는 방법을 보여 줄 새 애플리케이션을 넣겠습니다.

코드 10-4와 같이 뮤테이션 객체와 increment 메서드만 업데이트하면 됩니다. increment 뮤테이션에 또 다른 인수 payload를 추가하세요. payload는 state.count에 추가됩니다. increment 메서드의 store.commit에 10을 또 다른 인수로 추가하세요. 코드 10-4와 같이 vuex-state.html 파일을 업데이트하세요.

코드 10-4 뮤테이션에 payload 전달하기: chapter-10/vuex-state-pass-1.html

```
...
mutations: {
  increment(state, payload) {  ···· increment 뮤테이션은 페이로드를 받아 count에 추가합니다.
    state.count += payload;
  }
}
...
methods: {
  increment() {
    store.commit('increment', 10)  ···· increment 메서드는 이제 뮤테이션에 10을 전달합니다.
  }
...
```

vuex-state-pass.html 파일을 저장하고 웹 브라우저를 새로 고침하세요. 버튼을 누르면 이제 1이 아니라 10씩 증가하는 것을 볼 수 있습니다. 제대로 창이 뜨지 않으면 웹 브라우저 콘솔에서 오타가 없는지 확인하세요.

10.3 게터와 액션

이전 예제에서는 계산된 속성을 사용해서 저장소에 직접 접근했습니다. 여러 컴포넌트에서 계산된 속성에 접근해야 한다면 어떻게 할까요? 환영 메시지를 항상 대문자로 표시하려면 어떻게 해야 할까요? 게터로 이 문제를 해결할 수 있습니다.

Vuex 내부에는 게터(getters)가 있습니다. 게터를 사용하면 모든 컴포넌트가 동일한 방법으로 상태에 접근할 수 있습니다. 10.2절의 예제를 계속해서 진행해 봅시다. 계산된 속성에서 직접 상태에 접근하는 대신에 게터를 사용하도록 업데이트하겠습니다. 추가로 msg의 게터로 모든 메시지를 대문자로 변환하겠습니다.

이전 예제의 vuex-state-pass.html 파일 코드를 가져와 vuex-state-getter-action.html에 복사하세요. HTML은 그대로 두겠습니다. 모두 완료하고 나면 그림 10-4와 같습니다.

▼ 그림 10-4 게터와 액션을 사용한 Hello World 앱

이제 Hello World 메시지가 대문자로 표시되는 것을 볼 수 있습니다. **나를 눌러줘** 버튼을 누르면 이전 예제에서 그랬듯이 카운터가 증가합니다.

새롭게 생성한 vuex-state-getter-action.html 파일에서 <script> 태그 밑에 Vuex.Store를 찾으세요. mutations 객체 밑에 새로운 객체 getters를 추가하세요. getters 안에 코드 10-5와 같이 msg와 count를 생성하겠습니다. msg와 count는 모두 state 인수 하나만 갖습니다.

msg 게터에서 state.msg.toUppercase()를 반환할 것입니다. 이는 msg 게터를 사용할 때마다 값을 대문자로 반환하도록 합니다. counter 게터에는 state.count를 반환하겠습니다. 뮤테이션 밑에 새로운 게터 객체로 vuex-state-getter-action.html 파일을 업데이트하세요.

```
...
mutations: {
  increment(state, payload) {
    state.count += payload;
  }
},
getters: { ···· 새 게터 객체가 Vuex의 게터를 정의합니다.
  msg(state) { ···· msg 게터는 대문자로 msg를 반환합니다.
    return state.msg.toUpperCase();
  },
  count(state) { ···· count 게터입니다.
    return state.count;
  }
},
...
```

액션은 Vuex의 또 다른 필수 부분입니다. 이전에 뮤테이션은 동기적이라고 이야기했습니다. 하지만 비동기 코드를 다룰 때는 어떻게 해야 할까요? 비동기 코드가 여전히 상태에 영향을 줄 수 있는지 어떻게 장담할 수 있을까요? Vuex 액션을 사용해서 해결할 수 있습니다.

예제에서 현재 서버에 접근하여 응답을 기다리는 중이라고 가정합시다. 이는 비동기 액션의 예입니다. 하지만 뮤테이션은 동기적이어야 하므로 사용하지 않겠습니다. 그 대신 Vuex 액션을 사용해서 비동기 연산을 추가하겠습니다.

이번 예제에는 setTimeout을 사용한 딜레이를 추가하겠습니다. vuex-state-getter-action.html 파일을 열어 우리가 생성한 게터 객체 다음에 새로운 객체 actions를 추가하세요. 이 객체에는 context와 payload를 받는 increment 액션을 넣겠습니다. context는 변경 사항을 커밋하는 데 사용할 것입니다. context.commit을 setTimeout 안에 감싸겠습니다. 이렇게 서버에서 딜레이를 시뮬레이션할 수 있습니다. 페이로드를 context.commit에 전달할 수도 있습니다. 이는 뮤테이션으로 전달될 것입니다. 코드 10-6으로 업데이트하세요.

코드 10-6 액션 추가하기: chapter-10/vuex-state-getter-action2.html

```
...
},
actions: {
  increment(context, payload) { ···· increment 함수는 컨텍스트와 페이로드를 받습니다.
    setTimeout(function() {
      context.commit('increment', payload); ···· increment 뮤테이션을 트리거해서 페이로드를 전달합니다.
    }, 2000);
```

```
        }
      }
    ...
```

이제 Vuex.Store도 업데이트했으니, 루트 Vue.js 인스턴스로 넘어갈 수 있습니다. 저장소에 직접 접근하는 대신 계산된 속성을 사용해서 게터에 접근하도록 업데이트하겠습니다. increment 메서드도 업데이트하겠습니다. store.dispatch('increment', 10)을 사용해서 생성한 새로운 Vuex 액션에 접근하겠습니다.

dispatch의 첫 번째 인수는 항상 액션 이름입니다. 두 번째 인수는 항상 액션에 전달될 페이로드입니다.

> Tip ✄ 페이로드는 단순한 변수 혹은 객체가 될 수 있습니다.

코드 10-7의 새 Vue.js 인스턴스로 vuex-state-getter-action.html 파일을 업데이트하세요.

코드 10-7 Vue.js 인스턴스 업데이트하기: chapter-10/vuex-state-getter-action3.html

```
...
  new Vue({
    el: '#app',
    data() {
      return {
        header: 'Vuex 앱'
      }
    },
    computed: {
      welcome() {
        return store.getters.msg;  ---- 계산된 속성인 welcome은 getters msg를 반환합니다.
      },
      counter() {
        return store.getters.count;  ---- 계산된 속성인 counter는 getters counter를 반환합니다.
      }
    },
    methods: {
      increment() {
        store.dispatch('increment', 10);  ---- 메서드는 increment 액션을 디스패치합니다.
      }
    }
  });
...
```

앱을 불러오고 버튼을 몇 번 눌러 보세요. 딜레이는 있지만 카운터는 클릭할 때마다 10씩 업데이트되는 것을 알 수 있습니다.

10.4 애완용품샵 앱과 함께 Vue-CLI에 Vuex 추가

작업하고 있던 애완용품샵 애플리케이션으로 되돌아오겠습니다. 마지막으로 작업한 것을 떠올려 보면 애니메이션과 트랜지션을 추가했습니다. 이제 Vuex 기본을 배웠으니 믹스에 추가해 봅시다.

상품 데이터를 저장소로 이동시킵시다. 이전 장을 되짚어 보면 애완용품샵 애플리케이션의 Main 컴포넌트 created 훅에서 저장소를 초기화했습니다. 여기서는 create 훅이 Vuex 내부에 저장소를 초기화하는 새로운 액션을 붙이겠습니다. 또 이따가 설정할 Vuex 게터를 사용해서 상품을 가져오는 새로운 products 계산된 속성도 추가하겠습니다. 완료하고 나면 그림 10-5와 같이 이전과 모습이나 작동은 똑같습니다.

▼ 그림 10-5 완성된 애완용품샵 애플리케이션 표시

❷ Vue-CLI는 기본적으로 포트 8080입니다.
config/index.js에서 변경할 수 있습니다.

Vue.js 애완용품샵 　🛒체크아웃

❶ 기존 애완용품샵 앱입니다.

고양이 사료, 25파운드

당신의 고양이를 위한 *거부할 수 없는*, 유기농 25파운드 사료입니다.

$20.00

장바구니 담기 　지금 구매하세요!

★ ☆ ☆ ☆ ☆

고양이 집

10.4.1 Vue-CLI에서 Vuex 설치

Vuex 설치를 시작하겠습니다. 간단합니다. 8장에서 마지막으로 작업한 애완용품샵 애플리케이션의 최신 버전을 가져오세요. 길벗출판사 깃허브(https://github.com/gilbutITbook/007024)에서 완성된 코드를 내려받을 수 있습니다.

터미널 창을 열고 애완용품샵 애플리케이션 폴더의 루트 디렉터리로 이동하세요. 프롬프트에서 다음 명령어를 실행하여 최신 버전의 Vuex를 설치하고 package.json에 저장하세요.

```
$ npm install vuex
```

다음으로 src 폴더의 main.js 파일에 저장소를 추가해야 합니다. 아직 저장소를 생성하지 않았지만 일단 임포트합시다. 관습에 따라 저장소는 보통 src/store/store.js 파일에 있습니다. 개발자마다 서로 다른 관습이 있기에 선택은 여러분 몫입니다. 지금은 관습처럼 하겠습니다. 이 장 후반에서 모듈이라고 하는 대체 폴더 구조에 관해 이야기할 것입니다.

루트 Vue.js 인스턴스 내부에 코드 10-8과 같이 저장소를 추가해야 합니다. 라우터 밑 루트 인스턴스에 저장소를 추가하세요. ES6를 사용하므로 store: store 대신 짧게 store를 쓸 수 있습니다.

코드 10-8 main.js 파일 업데이트하기: chapter-10/petstore/src/main.js

```
// 'import' 명령어로 Vue 빌드 버전 불러오기
// webpack.base.conf에 별칭으로 (runtime-only 혹은 standalone) 설정
import Vue from 'vue'
import App from './App'
import router from './router'
require('./assets/app.css')
import {store} from './store/store'; ···· main.js 파일에 저장소를 임포트합니다.

Vue.config.productionTip = false

new Vue({
  el: '#app',
  router,
  store, ···· Vue.js 인스턴스에 저장소를 추가합니다.
  template: '<App/>',
  components: {App}
})
```

루트 인스턴스에 저장소를 추가했으니 이제 애플리케이션을 이용하여 접근할 수 있습니다. src/store/store.js로 파일을 하나 생성하세요. 이 파일이 Vuex 저장소가 되어 애완용품샵 애플리케이션의 상품 정보를 담고 있을 것입니다. 파일 상단에 Vue와 Vuex를 위한 임포트 문을 추가하세요. 그다음 Vue.use(Vues)를 추가하면 모든 것이 연결됩니다.

main.js 파일 내부에서 ./store/store로부터 저장소를 가져옵니다. store.js 파일 내부의 저장소 객체를 엑스포트해야 main.js 파일에서 임포트할 수 있습니다. 코드 10-9와 같이 Vuex.Store의 const store를 엑스포트합니다.

먼저 상태와 뮤테이션 객체를 추가하겠습니다. 상태 객체는 products라는 빈 객체를 가질 것입니다. 곧 initStore를 사용하여 불러오겠습니다. 뮤테이션은 SET_STORE라고 합시다. 뮤테이션은 전달받은 상품을 받아 state.products에 할당합니다. 새로 만든 src/store/store.js 파일에 코드 10-9를 추가하세요.

코드 10-9 main.js 파일 생성하기: chapter-10/store-part1.html

```
import Vue from 'vue';
import Vuex from 'vuex';

Vue.use(Vuex); ···· Vue로 Vuex를 설정합니다.


export const store = new Vuex.Store({ ···· Vuex.Store를 엑스포트해서 추후에 main.js 파일에서
  state: { ···· 상태 객체는 상품을 보여 줍니다.          사용할 수 있도록 합니다.
    products: {}
  },
  mutations: { ···· 뮤테이션 객체는 set store 함수를 보여 줍니다.
    'SET_STORE' (state, products) {
      state.products = products;
    }
  },
  ...
```

저장소에 액션과 게터를 추가해야 합니다. 게터는 products를 반환합니다. 액션은 좀 더 복잡합니다. Axios를 사용하는 created 훅을 이동해서 static/products.json 파일을 Vuex의 액션 객체에 전달해야 합니다.

뮤테이션은 동기적이어야 하고 Vuex 내부의 액션만 비동기 코드를 받을 수 있다고 한 말을 기억하나요? 이 문제를 해결하기 위해 Vuex 액션 내부에 Axios 코드를 추가하겠습니다.

store.js 파일 안에 액션 객체를 생성하고 initStore를 추가하세요. 해당 액션에 components/ Main.vue 파일의 created 생명 주기 훅을 복사하세요. 상품 객체에 response.data.products를 할당하는 대신 커밋 함수를 사용해서 뮤테이션을 트리거하겠습니다. response.data.products를 페이로드해서 SET_STORE를 설정하겠습니다. 완료된 모습은 코드 10-10과 같습니다.

코드 10-10 store.js에 액션과 게터 추가하기: chapter-10/store-part2.html

```
...
actions: { ---- 비동기 코드를 위해 액션 객체를 사용합니다.
  initStore: ({commit}) => { ---- initStore 액션은 뮤테이션을 커밋합니다.
    axios.get('static/products.json')
    .then((response) => {
      console.log(response.data.products);
      commit('SET_STORE', response.data.products)
    });
  }
},
getters: { ---- 상품 게터는 상품 저장소를 반환합니다.
  products: state => state.products
}
});
```

거의 다 왔습니다. 이제 해야 할 일은 Main.vue 파일을 업데이트해서 지역 상품 객체가 아닌 Vuex 저장소를 사용하는 것입니다. src/components/Main.vue 파일을 열고 데이터 함수를 찾으세요. Products: {} 행을 삭제하세요. 이제부터 저장소를 반환하는 계산된 속성을 사용하여 상품 객체에 접근할 것입니다.

Main.vue 내부에 메서드 다음에 있는 계산된 속성을 찾으세요. cartItemCount와 sortedProducts 가 보일 것입니다. 새로운 계산된 속성인 products를 추가하고 상품 게터를 반환하세요.

main.js 파일 내 루트 Vue.js 인스턴스에 저장소를 추가했기 때문에 특정 임포트를 할 필요가 없 습니다. 또 Vue-CLI를 사용할 때 저장소는 항상 this.$store로 접근할 수 있습니다. 달러 표시를 꼭 넣어 주세요. 아니면 에러가 발생합니다. 코드 10-11과 같이 Main.vue 파일에 상품의 계산된 속성을 추가하세요.

코드 10-11 상품의 계산된 속성 추가하기: chapter-10/computed-petstore.html

```
computed: { ---- Main.vue 파일의 계산된 속성입니다.
  products() {
    return this.$store.getters.products; ---- 상품의 계산된 속성은 상품에 대한 게터를 리턴합니다.
```

```
    },
    ...
```

상품 객체를 초기화하는 created 훅을 찾으세요. 해당 객체 내용을 삭제하고 이전에 Vuex 저장소에 생성한 initStore 액션을 호출하도록 하세요. 이전 예제에서 했던 것처럼, dispatch를 사용해서 액션을 트리거합니다. Main.vue 파일의 created 훅을 업데이트해서 코드 10-12와 같이 Vuex initStore 액션을 트리거하도록 하세요.

코드 10-12 created 훅 업데이트하기: chapter-10/created-petstore.html

```
...
},
created: function() {
    this.$store.dispatch('initStore'); ---- Vuex 저장소를 초기화하는 코드를 디스패치합니다.
}
...
```

다 되었습니다. 콘솔에서 npm run dev 명령어를 실행하면 애완용품샵 애플리케이션 창을 볼 수 있을 것입니다. 장바구니에 상품을 추가해 보고 잘되는지 확인해 보세요. 무언가 잘 작동되지 않는다면 콘솔에 있는 에러를 확인해 보세요. 실수로 src/store/store.js 파일의 Vuex.Store를 Vuex.store로 했을 수도 있습니다.

10.5 Vuex 헬퍼

Vuex는 애플리케이션에 게터, 세터, 뮤테이션, 액션을 추가할 때 자세한 정보와 반복의 양을 줄일 수 있는 몇몇 헬퍼를 제공합니다. Vuex 헬퍼의 모든 목록은 https://vuex.vuejs.org/guide/ 공식 가이드에서 확인할 수 있습니다. 이러한 헬퍼가 어떻게 작동하는지 살펴봅시다.

첫 번째 헬퍼는 mapGetters입니다. 이 헬퍼는 모든 계산된 속성을 입력할 필요 없이 계산된 속성에 게터를 추가할 때 사용합니다. mapGetters를 사용하려면 일단 컴포넌트에 임포트해야 합니다. 애완용품샵 애플리케이션에 mapGetters 헬퍼를 추가해 봅시다.

src/components/Main.vue 파일을 열어 스크립트 태그를 찾으세요. 해당 태그 내에 헤더 컴포넌트에 대한 임포트를 볼 수 있습니다. 해당 임포트 다음에 코드 10-13과 같이 mapGetters를 추가하세요.

코드 10-13 mapGetters 추가하기: chapter-10/map-getter.html

```
...
<script>
import MyHeader from './Header.vue';
import {mapGetters} from 'vuex'; ···· Vuex에서 mapGetters를 임포트합니다.
export default {
...
```

다음으로 계산된 속성을 업데이트해야 합니다. 이전에 추가한 products의 계산된 속성을 찾아 삭제한 후 새로운 mapGetters 객체를 추가하세요.

mapGetters는 고유 객체입니다. 이를 올바르게 추가하려면 인수가 0개 이상 예상되는 위치에서 표현식을 확장하는 ES6 스프레드 연산자를 사용해야 합니다. ES6 스프레드 구문에 대한 더 많은 정보는 https://mng.bz/b0J8 MDN 문서를 확인하세요.

mapGetters는 모든 게터가 계산된 속성인 것처럼 추가되도록 합니다. 이 구문은 각 게터에 계산된 속성을 추가하는 것보다 훨씬 간단하고 깔끔합니다. 각 게터는 mapGetters 내에 배열로 목록화되어 있습니다. Main.vue 파일에 mapGetters를 추가하세요.

코드 10-14 계산된 속성에 mapGetters 추가하기: chapter-10/map-getter2.html

```
...
},
computed: {
  ...mapGetters([ ···· mapGetters 헬퍼 배열입니다.
      'products' ···· 게터 목록을 표시합니다.
  ]),
  cartItemCount() {
...
```

npm run dev 명령어를 실행하고 나면 정상적으로 애완용품샵 애플리케이션이 작동하는 것을 볼 수 있습니다. 애플리케이션에 mapGetters를 사용하는 것이 그다지 유용하지는 않지만, 애플리케이션이 성장하고 더 많은 게터를 추가하면 시간을 절약할 수 있습니다.

알아야 할 다른 세 헬퍼는 mapState, mapMutations, mapActions입니다. 이 세 헬퍼 모두 동일하게 작동하며 작성해야 할 상용구 코드의 양을 줄이는 데 도움을 줍니다.

저장소에 여러 데이터가 있다고 가정해 봅시다. 해당 인스턴스에는 게터가 필요 없고 컴포넌트에서 직접 상태에 접근할 것입니다. 이때는 계산된 속성 안에서 mapState 헬퍼를 사용할 수 있습니다.

코드 10-15 mapState 예제: chapter-10/map-state.html

```
import {mapState} from 'vuex' ···· Vuex에서 mapState를 임포트합니다.
...
computed: {
  ...mapState([ ···· spread 연산자를 사용해서 mapState와 변수를 정의합니다.
      'data1',
      'data2',
      'data3'
  ])
}
...
```

mapState, mapGetters와 마찬가지로 컴포넌트에서 접근하고 싶은 여러 뮤테이션이 있다고 가정합시다. mapMutations 헬퍼 메서드를 사용해서 쉽게 접근할 수 있습니다(코드 10-16 참고). 코드의 mut1은 this.mut1()을 this.$store.commit('mut1')에 매핑합니다.

코드 10-16 mapMutations 예제: chapter-10/map-mut.html

```
import {mapMutations} from 'vuex' ···· Vuex에서 mapMutations를 컴포넌트로 임포트합니다.
...
methods: {
  ...mapMutations([ ···· mapMutations 헬퍼는 해당 메서드를 추가합니다.
      'mut1',
      'mut2',
      'mut3'
  ])
}
...
```

마지막으로 mapActions 헬퍼를 살펴보겠습니다. 이 헬퍼는 액션을 앱에 매핑해서 모든 메서드를 생성할 필요 없이 각 액션을 디스패치해 줍니다. 같은 예제에서 애플리케이션 비동기 작업이 있다고 합시다. 뮤테이션은 사용할 수 없고 액션을 사용해야 합니다. Vuex에 액션은 생성했습니다.

이제는 컴포넌트 메서드 객체에서 액션에 접근해야 합니다. mapActions를 추가하면 해결할 수 있습니다. 코드 10-17과 같이 act1은 this.act1()을 this.$store.dispatch('act1')에 매핑합니다.

코드 10-17 mapActions 예제: chapter-10/map-actions.html

```
import {mapActions} from 'vuex'  ···· Vuex에서 mapActions를 임포트합니다.
...
methods: {
    ...mapActions([  ···· mapActions 헬퍼는 act1, act2, act3 메서드를 추가합니다.
        'act1',
        'act2',
        'act3'
    ])
}
...
```

애플리케이션이 성장하면 이러한 헬퍼는 아주 편리하고 작성해야 할 코드의 양도 줄여 줄 것입니다. 헬퍼를 사용하면서 저장소 이름을 컴포넌트 이름으로 매핑하기 때문에 저장소 이름을 미리 계획해야 한다는 점을 기억하세요.

VUE.JS

10.6 / 모듈 살펴보기

이 장 앞 절에서 애완용품샵 애플리케이션의 src/store 디렉터리에 store.js 파일을 생성했습니다. 이는 소규모 애플리케이션에서는 무리가 없습니다. 하지만 애플리케이션 규모가 훨씬 크다면 어떻게 될까요? store.js 파일이 금방 부풀어 올라 그 안에 있는 모든 것을 지속해서 확인하기 힘들 것입니다.

Vuex 해결책은 모듈(module)입니다. 모듈은 저장소를 여러 작은 조각으로 분리해 줍니다. 각 모듈은 나만의 상태, 뮤테이션, 액션, 게터를 사용하여 모듈을 중첩할 수도 있습니다.

애완용품샵 애플리케이션에 모듈을 사용하도록 리팩토링해 봅시다. 일단 store.js 파일은 계속 가지고 있고, store 폴더 안에 modules라는 새 폴더를 생성합니다. 해당 폴더에 products.js 파일을 생성하세요. 폴더 구조는 그림 10-6과 같습니다.

products.js 파일 안에 상태, 게터, 액션, 뮤테이션 객체를 총 4개 생성할 것입니다. store.js에 있는 각 값을 products.js 파일에 복사하세요.

▼ 그림 10-6 모듈 폴더 구조

❶ 저장소가 위치한 디렉터리

```
└── store
     ├── modules
     │    └── products.js
     └── store.js
```

❷ Vuex 저장소 파일

src/store/store.js 파일을 열어 복사하세요. 완료하고 나면 product.js 파일은 코드 10-18과 같습니다.

코드 10-18 products 모듈 추가하기: chapter-10/products-mod.js

```javascript
const state = { ···· 모든 Vuex 상태를 가집니다.
  products: {}
};

const getters = { ···· 모든 Vuex 게터를 가집니다.
  products: state => state.products
};

const actions = { ···· 모든 Vuex 액션을 가집니다.
  initStore: ({commit}) => {
    axios.get('static/products.json')
    .then((response) => {
      console.log(response.data.products);
      commit('SET_STORE', response.data.products)
    });
  }
};

const mutations = { ···· 모든 Vuex 뮤테이션을 가집니다.
  'SET_STORE' (state, products) {
    state.products = products;
  }
};
```

products.js 파일에 모두 추가한 후에는 엑스포트를 생성해야 합니다. 이는 store.js 파일에 파일이 임포트될 수 있게 합니다. 파일 하단에 export default를 추가하세요. 이는 ES6 엑스포트 명령어로 다른 파일에서 임포트할 수 있게 합니다.

products.js 하단에 export default를 추가하세요.

코드 10-19 엑스포트 추가하기: chapter-10/products-export.js

```
...
export default {  ---- 모든 것에 대한 ES6 엑스포트입니다.
  state,
  getters,
  actions,
  mutations,
}
```

이제 store.js 파일을 업데이트해야 합니다. 이 파일에 새로운 모듈 객체를 추가합니다. 해당 객체에 우리가 추가한 모든 모듈을 목록화할 수 있습니다. 앞서 생성한 modules/products 파일 임포트를 추가하세요.

현재는 목록이 하나밖에 없지만 일단 모듈 객체에 추가하겠습니다. Vuex.store의 내용을 모두 삭제하고, 코드 10-20과 일치하는지 확인해 주세요.

코드 10-20 새로운 store.js 파일: chapter-10/store-update.js

```
import Vue from 'vue';
import Vuex from 'vuex';
import products from './modules/products';  ---- 상품 모듈을 임포트합니다.

Vue.use(Vuex);

export const store = new Vuex.Store({
  modules: {  ---- 모듈 객체는 모든 모듈을 나열합니다.
    products
  }
});
```

모듈을 임포트하고 나면 모든 준비가 완료되었습니다. 애플리케이션을 새로 고침하면 이전과 동일하게 작동합니다.

몇몇 대규모 애플리케이션에서 저장소를 여러 모듈로 분리하는 것은 문제가 될 수 있습니다. 프로그램이 점점 더 커지고 더 많은 모듈이 추가되면서 액션, 게터, 뮤테이션, 상태의 이름이 충돌할 수 있습니다. 예를 들어 실수로 다른 파일 2개에서 게터 이름을 동일하게 지을 수 있습니다. Vuex에서는 동일한 전역 네임스페이스를 공유하기 때문에 이 경우 콘솔에 중복된 게터 키 에러가 발생합니다.

이러한 문제는 네임스페이스를 사용하여 해결할 수 있습니다. Vuex.store 상단에 namespaced: true를 설정함으로써 모듈을 각 네임스페이스로 분리할 수 있습니다. 네임스페이스에 대한 더 많은 정보와 파일에 네임스페이스를 설정하는 방법은 https://vuex.vuejs.org/en/modules.html의 Vuex 공식 문서에서 확인할 수 있습니다.

10.7   연습 문제

이 장에서 배운 내용을 바탕으로 다음 질문에 답하세요.

- Vue.js 애플리케이션의 일반적인 데이터 전달 방식보다 Vuex를 사용했을 때, 어떤 이점을 얻을 수 있나요?

부록 B에서 답을 확인하세요.

10.8   요약

- 중앙 상태 관리를 사용해서 애플리케이션 구조를 조정할 수 있습니다.
- 애플리케이션 안 어느 곳에서든 데이터 저장소에 접근할 수 있습니다.
- Vuex의 뮤테이션과 액션을 사용해서 애플리케이션 동기화가 어긋나는 문제를 피할 수 있습니다.
- Vuex 헬퍼를 사용해서 필요한 관용구 코드의 양을 줄일 수 있습니다.
- 대규모 애플리케이션에서는 모듈과 네임스페이스를 사용해서 더 효율적으로 상태 관리를 할 수 있습니다.

11장

서버와의 통신

이 장에서 다룰 핵심 내용

- 서버 사이드 렌더링을 위한 Nuxt.js 사용
- Axios를 사용한 서드파티 데이터 검색
- VuexFire 사용
- 인증 추가

Vuex와 상태 관리가 대형 Vue.js 애플리케이션에 도움을 주는지 알아보았습니다. 이제 서버와 통신하는 방법을 살펴봅시다. 이 장에서는 서버 사이드 렌더링(SSR)과 이를 사용해서 앱 반응성을 향상할 수 있는지 알아봅니다. Axios를 사용해서 서드파티 API에서 데이터를 가져오도록 합시다. 그다음 VuexFire를 살펴봅니다. VuexFire는 애플리케이션 개발에 도움을 주는 백엔드 서비스인 파이어베이스(Firebase)와 통신을 도와주는 라이브러리입니다. 마지막으로 VuexFire 앱에 간단한 인증 기능을 추가하는 방법을 살펴보겠습니다.

더 나아가기 전에 Vue.js에서 서버와 통신하는 다양한 방법이 있다고 이야기하고 싶습니다. XMLHttpRequest를 사용할 수도 있고, 수많은 AJAX 라이브러리를 사용할 수도 있습니다. 과거에는 Vue에서 공식 AJAX 라이브러리로 Vue 리소스 라이브러리를 사용하도록 권장했습니다. Vue 창시자인 에반 유(Evan You)는 2016년 후반에 공식 추천 목록에서 해당 라이브러리를 삭제했습니다. Vue 커뮤니티가 그러하듯이, 내가 좋아하는 라이브러리를 사용해도 됩니다.

그래서 필자는 Axios, Nuxt.js, VuexFire가 어떤 방식으로든 서버와 통신을 도와주는 가장 인기 있는 라이브러리라고 생각했습니다. 하지만 이 셋은 모두 다릅니다. Nuxt.js는 서버 사이드 렌더링 앱을 생성하는 강력한 프레임워크이지만 Axios는 프런트엔드 HTTP 클라이언트입니다. VuexFire는 Firebase와 통신할 수 있게 합니다. 이 셋 모두 통신 방식이 다릅니다.

이 장 목적은 이 세 가지 라이브러리와 프레임워크에 대한 실무 지식을 전달하는 것입니다. 각각의 예제를 만들어 보겠지만, 너무 깊게 파고들지는 않을 것입니다. 각 주제를 담기 위해서는 각 장이 필요하고, Nuxt는 책 하나의 분량이 될 수 있습니다. 그럼에도 이 장은 이러한 주제를 입문하기에 좋을 것입니다. 그리고 각 리소스 링크도 있으니 자세한 내용을 확인할 수 있습니다.

11.1 서버 사이드 렌더링

Vue.js는 클라이언트 사이드 렌더링을 사용하는 단일 페이지 애플리케이션 프레임워크입니다. 애플리케이션의 로직과 라우팅이 자바스크립트로 작성되어 있습니다. 웹 브라우저가 서버에 연결할 때 자바스크립트를 내려받습니다. 그러면 이제 웹 브라우저는 자바스크립트 렌더링을 담당하고 Vue.js 애플리케이션을 실행합니다. 대규모 애플리케이션에서는 애플리케이션을 내려받고 렌더링하는 시간이 굉장히 중요할 수 있습니다. 그림 11-1을 한번 보죠.

Vue.js의 서버 사이드 렌더링은 다릅니다. 이 경우 Vue.js는 서버에 다가가고, 서버가 HTML을 전송해서 웹 페이지가 즉시 표시될 수 있도록 합니다. 사용자는 웹 페이지가 빠르게 로딩되는 것을 볼 수 있습니다. 그다음 서버는 자바스크립트를 전송하고 백그라운드에서 로드합니다. 사용자는 웹 페이지를 보고 있지만, Vue가 실행 완료될 때(그림 11-2 참고)까지는 상호 작용할 수 없습니다.

▼ 그림 11-1 클라이언트 사이드 렌더링

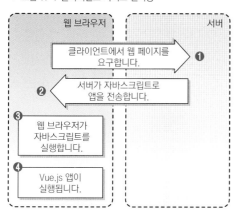

▼ 그림 11-2 서버 사이드 렌더링

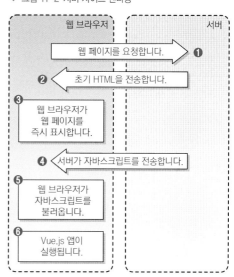

일반적으로 서버 사이드 렌더링은 초기 로드가 빠르기 때문에 사용자에게 더 나은 경험을 제공합니다. 대부분의 사용자는 느린 앱이 로드될 때까지 기다리지 못합니다.

또 서버 사이드 렌더링은 검색 엔진 최적화(SEO)의 독특한 이점이 있습니다. 검색 엔진 최적화는 검색 엔진 결과에 대한 유기적 가시성(무보수)을 설명하는 용어입니다. 구글이나 다른 검색 엔진이 검색 엔진 순위를 결정할 때 어떤 방법이 가장 정확한지는 거의 알려지지 않았지만, 검색 엔진 로봇이 클라이언트 사이드 렌더링 페이지를 크롤링할 때 문제가 있다는 이야기가 있습니다. 이는 순위를 결정할 때 문제가 될 수 있습니다. 서버 사이드 렌더링은 이러한 문제를 방지할 수 있습니다.

11.2 Nuxt.js 소개

Nuxt.js는 생산 준비가 완료된 서버 렌더링 애플리케이션의 모든 측면을 걱정할 필요 없이 서버 사이드 렌더링 애플리케이션을 생성할 때 도움을 주는 Vue 생태계 상단에 구축된 상위 수준의 프레임워크입니다.

Nuxt는 UI 렌더링에 집중하고, 대부분의 클라이언트/서버 계층이 추상화됩니다. 이는 독립형 프로젝트 또는 Node.js 기반 프로젝트에 추가로 작용할 수 있습니다. 추가로 Vue.js 웹 사이트를 생성할 때 사용하는 내장된 정적 생성기도 있습니다.

Nuxt로 프로젝트를 생성하면 Vue2, Vue 라우터, .Vuex, vue-server-renderer, vue-meta도 함께 설치됩니다. 웹팩을 사용해서 이 모든 것을 하나로 합칠 수 있게 합니다. 애플리케이션을 시작하고 작동할 수 있는 올인원 패키지입니다.

> Note ≡ 기존 Node.js 애플리케이션에서 Nuxt를 사용할 수 있지만, 여기서는 살펴보지 않습니다. 기존 Node.js 프로젝트에 Nuxt 앱을 생성하는 방법을 알려 주는 정보는 https://nuxtjs.org/guide/installation 공식 문서에서 확인할 수 있습니다.

Nuxt는 시작에 도움이 되는 스타터 템플릿을 제공합니다. 이 스타터 템플릿은 http://mng.bz/w0YV 공식 깃허브 저장소에서 내려받을 수 있습니다. 또 Vue-CLI와 함께 스타터 템플릿을 사용해서 프로젝트를 생성할 수 있습니다(아직 Vue-CLI를 설치하지 않았다면 부록 A에서 설치 방법을 확인하세요).

Nuxt를 사용하려면 Node.js가 필요합니다. Nuxt는 8 버전 이상이 필요합니다. 8 버전 미만은 프로젝트를 시작하려고 하면 비동기 에러가 발생합니다.

> Note ≡ 이 장에 있는 프로젝트는 Nuxt 1.0에서 작동합니다. 그러나 이 글을 쓰는 시점에서 Nuxt 2.0을 개발 중에 있으며, 베타 버전도 있습니다. 이번 예제는 이 두 버전에서 모두 작동할 것입니다. 문제가 생긴다면 https://github.com/ErikCH/VuejsInActionCode 공식 깃허브 저장소를 확인하세요. 해당 코드는 유지 관리됩니다.

우리는 Vue-CLI를 사용해서 프로젝트를 생성하겠습니다. 명령 프롬프트에서 다음 명령어를 실행하세요.

```
$ vue init nuxt-community/starter-template <project-name>
```

이는 스타터 템플릿을 사용한 새로운 Nuxt 프로젝트를 생성할 것입니다. 그리고 다음 명령어로 디렉터리를 변경하고 의존 라이브러리를 설치해야 합니다.

```
$ cd <project-name>
$ npm install
```

프로젝트를 시작하려면 npm run dev 명령어를 실행하세요.

```
$ npm run dev
```

이 명령어를 실행하면 로컬호스트 포트 3000에서 새 프로젝트를 시작합니다. 웹 브라우저를 열어 보면, 환영 페이지를 볼 수 있습니다(그림 11-3 참고). 환영 페이지가 표시되지 않는다면 npm install을 했는지 다시 한 번 확인하세요.

❤ 그림 11-3 Nuxt.js 스타터 템플릿 페이지

실제 앱에서 Nuxt.js를 사용하는 방법을 살펴봅시다.

11.2.1 음악 검색 앱 생성

서버 사이드 렌더링 앱은 유용하고 강력합니다. Nuxt.js로 무엇을 할 수 있는지 한번 살펴봅시다. iTunes API와 상호 작용하는 앱을 만든다고 가정해 보겠습니다. iTunes API는 아티스트 수백만 명과 앨범 목록을 보유하고 있습니다. 어떤 아티스트를 검색해서 해당 아티스트의 디스코 그래피를 표시하고 싶습니다.

> Note ≡ iTunes API에 대한 더 많은 정보는 http://mng.bz/rm99 공식 문서에서 확인할 수 있습니다.

앱을 만들면서 경로를 2개 사용하겠습니다. 첫 번째 경로는 iTunes API를 검색하는 입력 박스를 표시할 것입니다. 이 웹 페이지는 그림 11-4와 같습니다.

▼ 그림 11-4 iTunes API 검색 페이지

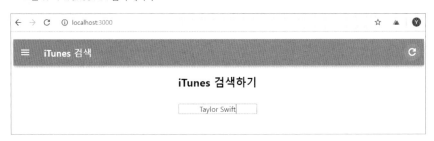

다음 경로는 아티스트 앨범 정보를 표시할 것입니다.

> Note ≡ 앱을 좀 멋지게 만들기 위해 Vuetify라는 메터리얼 컴포넌트 프레임워크를 사용할 것입니다. 나중에 자세히 알아보겠습니다.

재미를 위해 매개변수를 사용해서 검색 경로 정보를 결과 경로에 전달해 봅시다. 검색 창에서 아티스트 이름을 입력하고 나면(Taylor Swift) 결과 페이지가 표시됩니다(그림 11-5 참고). 웹 페이지 상단 URI 상자에서 "Taylor%20Swift"가 전달된 것을 볼 수 있습니다.

검색 페이지는 검색한 아티스트와 관련된 앨범들을 표시할 것입니다. 앨범 이름, 아티스트 이름, 커버 사진을 표시하고 카드에는 iTunes 아티스트 페이지 링크를 달아 줄 것입니다. 이번 예제에서는 경로가 렌더링되기 전에 코드를 작성할 수 있게 하는 미들웨어도 살펴보겠습니다. Axios 라이브러리를 사용해서 iTunes API와 통신하는 방법도 살펴보겠습니다. 그리고 Vuex로 다시 한번 돌아와서 마무리합시다.

11.2.2 프로젝트 생성과 의존성 설치

Vue-CLI 스타터 템플릿을 사용해서 음악 API 앱을 생성해 봅시다. 그럼 일단 모든 의존 라이브러리를 설치하겠습니다. 프롬프트에서 다음 명령어를 실행하세요.

```
$ vue init nuxt-community/starter-template itunes-search
```

애플리케이션이 생성된 후에 npm install 명령어를 사용해서 Vuetify와 Axios를 npm 패키지로 설치하세요. 추가로 Vuetify는 stylus와 stylus-loader 둘 다 필요하므로 Vuetify가 사용하는 stylus CSS를 설정할 수 있습니다.

> Note ≣　Vuetify는 Vue.js 2.0의 메터리얼 컴포넌트 프레임워크입니다. 이것으로 사용하기 쉽고 아름답게 꾸며진 컴포넌트를 추가할 수 있습니다. Vuetify는 부트스트랩과 같은 다른 UI 프레임워크와 유사점이 있습니다. Vuetify에 대한 더 많은 정보는 https://vuetifyjs.com 공식 사이트에서 찾아볼 수 있습니다.

다음 명령어를 실행해서 Vuetify, Axios, stylus, stylus-loader를 설치하세요.

```
$ cd itunes-search
$ npm install
$ npm install vuetify@1.5.19
$ npm install axios
$ npm install stylus --save-dev
$ npm install stylus-loader --save-dev
```

이 명령어들로 시작할 때 필요한 모든 의존성을 설치할 수 있습니다. 하지만 이 의존성이 올바르게 작동하려면 설정이 조금 더 필요합니다. vendor 파일에 Axios와 Vuetify를 설정하고, 앱 내부에 Vuetify를 등록하고, Vuetify 플러그인을 설정하고, 마지막으로 CSS와 글꼴을 설정해야 합니다.

nuxt.config.js 파일을 사용해서 Nuxt 앱을 구성해야 합니다. /itunes-search 폴더의 루트에 있는 nuxt.config.js 파일을 여세요. Extend(config, ctx)로 시작하는 부분을 찾으세요. 해당 부분은 저장할 때마다 자동으로 ESLint가 실행하려고 할 때 사용합니다(ESLint는 플러그인형 린팅 유틸리티로, 스타일 및 서식 지정 코드를 확인합니다). .eslintrc.js 파일을 수정해서 기본 린팅을 바꿀 수 있습니다. 하지만 간단하게 이 부분만 삭제하겠습니다. 이는 자동 린팅을 해제합니다. 다음으로 build 밑에 새로운 vendor 옵션을 추가하세요. 그리고 코드 11-1과 같이 Axios와 Vuetify를 vendor 옵션에 추가해야 합니다.

어떻게 작동하는지 알아봅시다. Nuxt.js에서 모듈을 임포트할 때마다 웹팩이 생성한 웹 페이지 번들이 코드에 추가됩니다. 이는 코드 스플릿팅의 일부입니다. 웹팩은 코드를 번들로 분리하고, 요구에 따라 혹은 병렬로 번들을 불러옵니다. vendor 옵션을 추가하면 vendor 번들 파일이 딱 한 번만 추가됩니다. 그렇지 않으면 각 임포트가 모든 웹 페이지 번들에 추가되어 프로젝트 크기가 커집니다. 항상 모듈을 vendor 옵션에 추가해서 프로젝트에 중복되지 않도록 하는 것이 좋습니다. (Nuxt 2.0은 더 이상 vendor 옵션이 필요하지 않습니다. 삭제해도 됩니다.) 새 vendor 옵션으로 /itunes-search 폴더의 nuxt.config.js 파일을 업데이트하세요.

코드 11-1 nuxt.config.js에서 ESLint 삭제하기: chapter-11/itunes-search/nuxt.config.js

```
...
  build: {
    vendor: ['axios', 'vuetify'] ···· vendor 번들에 Axios와 Vuetify를 추가하고 linting을 삭제합니다.
  }
...
```

vendor에 Axios와 Vuetify를 추가하기는 했지만 아직 끝난 것은 아닙니다. Vuetify는 조금 더 설정이 필요합니다. nuxt.config.js 파일에 플러그인 섹션을 추가하고 /plugins 폴더에 플러그인을 추가해야 합니다.

Nuxt.js의 플러그인은 외부 모듈을 추가하는 방법으로 추가 설정이 필요합니다. 플러그인은 루트 Vue.js 인스턴스가 초기화되기 전에 실행됩니다. vendor 옵션을 추가하는 것과 다르게 해당 파일은 /plugins 폴더에서 실행됩니다.

Vuetify 공식 문서에서는 Vuetify를 임포트하고 Vue에서 플러그인으로 사용하길 권장합니다.

해당 코드를 plugins 파일에 추가하겠습니다. plugins 폴더에 새로운 파일을 생성하고 이름을 vuetify.js로 지으세요. 해당 파일에서 코드 11-2와 같이 Vue와 Vuetify를 등록하겠습니다.

코드 11-2 Vuetify 플러그인 추가하기: chapter-11/itunes-search/plugins/vuetify.js

```
import Vue from 'vue'
import Vuetify from 'vuetify'

Vue.use(Vuetify) ····  Vue 앱에 Vuetify를 추가합니다.
```

다음으로 nuxt.config.js에 플러그인 참조를 추가해야 합니다. 앱 폴더의 루트에 있는 nuxt. config.js 파일을 열어 플러그인을 추가하세요.

코드 11-3 플러그인 참조 추가하기: chapter-11/itunes-search/nuxt.config.js

```
...
  plugins: ['~plugins/vuetify.js'], ····  플러그인 파일에 대한 참조입니다.
...
```

Vuetify가 작동하기 위해 마지막으로 할 일은 CSS를 추가하는 것입니다. 공식 문서에서는 구글에서 메터리얼 디자인 아이콘을 임포트해서 Vuetify CSS 파일에 링크를 추가하길 권장합니다.

이전에 stylus loader를 임포트했던 것을 기억하나요? 이제 nuxt.config.js 파일에 우리만의 stylus 파일 링크를 추가할 수 있습니다. 상단 CSS 블록에서 main.css 파일을 참조하는 부분이 있으면 삭제하세요. 그리고 이제 곧 생성할 app.styl 파일 링크를 추가하세요. 추가로 헤드 부분에 구글 메터리얼 디자인 아이콘 스타일시트를 추가하세요. 완료한 nuxt.config.js 파일은 코드 11-4와 같습니다.

코드 11-4 CSS와 글꼴 추가하기: chapter-11/itunes-search/nuxt.config.js

```
module.exports = {
  /*
  ** 페이지 헤더
  */
  head: {
    title: 'iTunes Search App',
    meta: [
      {charset: 'utf-8'},
      {name: 'viewport', content: 'width=device-width,initial-scale=1'},
      {hid: 'description', name: 'description', content: 'iTunes search project'}
    ],
```

```
    link: [
      {rel: 'icon', type: 'image/x-icon', href: '/favicon.ico'},
      {rel: 'stylesheet', href: 'https://fonts.googleapis.com/css?family=Roboto:300,400,
        500,700|Material+Icons'}  ---- 메터리얼 디자인 아이콘 링크를 추가합니다.
    ]
  },
  plugins: ['~plugins/vuetify.js'],
  css: ['~assets/app.styl'],  ---- main.css를 삭제하고 app.styl에 대한 링크를 추가합니다.
  /*
  ** 진행 표시 줄의 색을 정의하세요
  */
  loading: {color: '#3B8070'},
  /*
  ** 빌드 구성
  */
  build: {
    vendor: ['axios', 'vuetify']
  }
}
```

이제 코드 11-5와 같이 assets/app.styl 파일을 생성해야 합니다. 이는 앱에 Vuetify 스타일을 임포트합니다.

코드 11-5 CSS stylus 추가하기: chapter-11/itunes-search/assets/app.styl

```
// Vuetify 스타일 임포트
@require '~vuetify/src/stylus/main'  ---- main CSS를 임포트합니다.
```

완료했다면 `npm run dev` 명령어를 실행하고 콘솔에 에러가 없는지 확인하세요. 에러가 있다면 nuxt.config.js 파일에 빠진 쉼표나 오타를 확인해 보세요. 추가로 stylus와 stylus-loader를 포함한 모든 의존성이 설치되어 있는지 확인하세요. 이 의존성이 모두 설치되어 있어야 Vuetify가 작동합니다.

11.2.3 빌딩 블록 및 컴포넌트 생성

컴포넌트는 애플리케이션의 빌딩 블록입니다. 여기서 앱을 다시 합칠 수 있는 별개의 부품으로 나눌 수 있습니다. 경로를 만들기 전에 컴포넌트 폴더가 있는 것을 알 수 있습니다. 해당 폴더에서 일반적이고 평범한 컴포넌트를 추가할 수 있습니다.

이 절에서는 컴포넌트 폴더에서 컴포넌트를 사용하는 방법을 알아보겠습니다. iTunes 검색 애플리케이션에 우리가 찾은 각 아티스트 앨범의 정보를 가진 Card와 Toolbar 컴포넌트를 2개 생성할 것입니다. Toolbar 컴포넌트는 각 경로 상단에 표시될 간단한 도구 모음을 생성합니다. Vuetify를 사용해서 각 컴포넌트를 생성하겠습니다. Vuetify를 사용해서 해당 컴포넌트의 HTML과 CSS를 보여 주지만, 너무 자세히 들어가지는 않습니다.

컴포넌트 폴더에 Toolbar.vue 파일을 생성하세요. 이 파일에는 Toolbar 템플릿이 있습니다. 템플릿에는 여러 Vuetify의 내장된 컴포넌트를 사용할 것입니다. 범위 지정 CSS도 추가해서 링크의 텍스트 장식을 제거하겠습니다. 완료한 도구 모음 모습은 그림 11-6과 같습니다.

❤ 그림 11-6 iTunes 검색 ToolBar.vue

모든 웹 페이지 상단에 ToolBar.vue가 표시됩니다.

Vue.js는 보통 애플리케이션에서 웹 페이지를 이동할 때 route-link 컴포넌트를 사용합니다. 하지만 Nuxt에는 해당 컴포넌트가 존재하지 않습니다. 경로 간 이동하려면 nuxt-link 컴포넌트를 사용해야 합니다. nuxt-link는 route-link와 똑같이 작동합니다. 코드 11-6과 같이 nuxt-link 컴포넌트를 사용해서 누군가 상단의 iTunes 검색 텍스트를 클릭하면, 애플리케이션의 루트로 가는 링크를 생성하겠습니다. Toolbar.vue 파일에 코드 11-6을 추가하세요.

코드 11-6 Toolbar 컴포넌트 추가하기: chapter-11/itunes-search/components/Toolbar.vue

```
<template>
  <v-toolbar dark color="blue">  ···· v-toolbar Vuetify 컴포넌트를 추가합니다.
    <v-toolbar-side-icon></v-toolbar-side-icon>
    <v-toolbar-title class="white--text">
      <nuxt-link class="title" to="/">iTunes 검색</nuxt-link>  ···· nuxt-link 컴포넌트는 "/"로
                                                                    이동시킵니다.
```

```
    </v-toolbar-title>
    <v-spacer></v-spacer>
    <v-btn to="/" icon>
      <v-icon>refresh</v-icon>
    </v-btn>
  </v-toolbar>
</template>
<script>
</script>
<style scoped> ---- 해당 컴포넌트의 범위 CSS입니다.
.title {
  text-decoration: none !important;
}
.title:visited {
  color: white;
}
</style>
```

다음으로 생성할 컴포넌트는 Card 컴포넌트입니다. 이 컴포넌트는 결과 경로에서 사용될 것이며, 아티스트의 각 앨범을 표시할 것입니다. Vuetify를 사용해서 이 컴포넌트를 좀 꾸며 보겠습니다. 완료된 모습은 그림 11-7과 같습니다.

▼ 그림 11-7 예제 텍스트를 포함한 Card.vue 컴포넌트

Vuetify 외에 props도 사용하겠습니다. 결과 경로는 API에 접근해서 앨범 정보를 가져오는 일을 할 것입니다. 그다음 props를 사용해서 해당 정보를 컴포넌트에 전달합니다. title, image, artistName, url, color를 전달하겠습니다.

v-card 컴포넌트는 href와 color 속성을 받습니다. v-bind 지시자를 사용해서 props를 해당 속성에 바인딩할 수 있습니다. v-card-media 컴포넌트는 src 속성을 받습니다. 이 속성에는 image 속성을 바인딩하겠습니다. 마지막으로 클래스를 사용해서 artistName과 title을 표시합니다. 이는

카드 제목과 아티스트 이름을 가운데 정렬할 것입니다. 코드 11-7을 복사하고 컴포넌트 폴더에 Card.vue 파일을 생성하세요.

```
<template>
  <div id="e3" style="max-width: 400px; margin: auto;"
      class="grey lighten-3">
    <v-container
        fluid
        style="min-height: 0;"
        grid-list-lg>
      <v-layout row wrap>
        <v-flex xs12>
          <v-card target="_blank" :href="url" :color="color" class="white--text">  ----  Vuetify v-card 컴포넌트는 href와
            <v-container fluid grid-list-lg>                                                        color 속성이 있습니다.
              <v-layout row>
                <v-flex xs7>
                  <div>
                    <div class="headline">{{title}}</div>  ----  headline 클래스 이름의 div는
                    <div>{{artistName}}</div>  ----  해당 div는 아티스트 이름을 표시합니다.       제목을 표시합니다.
                  </div>
                </v-flex>
                <v-flex xs5>
                  <v-card-media
                      :src="image"  ----  Vuetify v-card-media 컴포넌트는 src 이미지를 가집니다.
                      height="100px"
                      contain>
                  </v-card-media>
                </v-flex>
              </v-layout>
            </v-container>
          </v-card>
        </v-flex>
      </v-layout>
    </v-container>
  </div>
</template>
<script>
export default {
  props: ['title', 'image', 'artistName', 'url', 'color'],  ----  속성 목록이 컴포넌트로
}                                                                       전달됩니다.
</script>
```

Toolbar와 Card 컴포넌트는 나중에 웹 페이지와 기본 레이아웃을 합칠 때 유용합니다.

11.2.4 기본 레이아웃 업데이트

이제 컴포넌트도 추가했으니, 레이아웃 폴더의 기본 레이아웃을 업데이트해야 합니다. 이름에서 알 수 있듯이, 기본 레이아웃은 애플리케이션의 모든 웹 페이지를 감싸는 컴포넌트입니다. 각 레이아웃에는 ⟨nuxt/⟩ 컴포넌트가 있습니다. 이는 각 웹 페이지의 진입점입니다. default.vue 파일에서 기본 레이아웃을 구현합니다. 이는 모든 웹 페이지 컴포넌트에서 재정의될 수 있습니다. 다음 절에서는 웹 페이지 구조를 살펴봅시다. 웹 페이지는 특별한 속성을 가진 컴포넌트로 애플리케이션 라우팅 정의를 도와줍니다.

앱의 default.vue 파일을 업데이트하고 조금 수정하겠습니다. 모든 경로 상단에 Toolbar.vue 파일을 추가하겠습니다. 이렇게 하면 모든 웹 페이지에 해당 파일을 추가할 필요가 없습니다. 기본 레이아웃에 한 번 추가하고 나면 애플리케이션의 모든 웹 페이지에 나타날 것입니다. default.vue 파일을 업데이트하고 container 클래스를 새로운 섹션 요소에 추가하세요. ⟨script⟩에 Toolbar 컴포넌트를 임포트하고 컴포넌트에 추가하세요. 그리고 코드 11-8과 같이 ⟨nuxt/⟩ 컴포넌트 상단에 ⟨ToolBar/⟩ 컴포넌트를 추가하세요. 코드 11-8과 일치하도록 /layouts 폴더의 default.vue 파일을 업데이트하세요.

코드 11-8 기본 레이아웃 업데이트하기: chapter-11/itunes-search/layouts/default.vue

```
<template>
  <section class="container"> ···· div를 감싸고 있는 섹션 컨테이너입니다.
    <div>
      <ToolBar/> ···· 템플릿에 Toolbar 컴포넌트를 추가합니다.
      <nuxt/>
    </div>
  </section>
</template>

<script>
import ToolBar from '~/components/Toolbar.vue'; ···· ToolBar 컴포넌트를 임포트합니다.
export default {
  components: {
    ToolBar
  }
}
</script>
<style>
...
```

11.2.5 Vuex를 사용해서 저장소 추가

iTunes API의 앨범 정보는 Vuex 저장소에 있습니다. Nuxt.js에서는 Vuex 저장소를 미들웨어를 포함한 애플리케이션 안의 모든 곳에서 접근할 수 있습니다. 미들웨어는 경로를 불러오기 전에 코드를 작성할 수 있게 합니다. 이후 절에서 미들웨어를 살펴보겠습니다.

Vuex를 사용해서 간단한 저장소를 하나 생성하겠습니다. albums 속성을 하나 가지며, add라는 뮤테이션을 가집니다. add는 페이로드를 받아 코드 11-9와 같이 store/index.js 파일의 state. albums에 할당합니다. 저장소 폴더에 index.js 파일을 하나 생성하고 코드 11-9를 추가하세요.

코드 11-9 Vuex 저장소 추가하기: chapter-11/itunes-search/store/index.js

```
import Vuex from 'vuex'

const createStore = () => {
  return new Vuex.Store({
    state: { ···· 앨범 속성은 Vuex 저장소의 유일한 상태입니다.
      albums: []
    },
    mutations: {
      add (state, payload) { ···· 앨범에 페이로드를 추가하는 뮤테이션입니다.
        state.albums = payload;
      }
    }
  })
}
export default createStore
```

이제 저장소도 추가했으니, 미들웨어가 API를 호출하게 해서 저장소에 저장하겠습니다.

11.2.6 미들웨어 사용

미들웨어는 Node.js와 Express에서 요청 객체와 응답 객체에 접근하는 함수를 참조할 때 쓰는 용어입니다. Nuxt.js에서 미들웨어도 유사합니다. 서버와 클라이언트에서 작동하고 애플리케이션의 모든 웹 페이지에서 설정할 수 있습니다. 요청과 응답 객체에 접근할 수 있고 경로가 렌더링되기 전에 실행됩니다.

미들웨어와 나중에 알아볼 asyncData는 서버와 클라이언트에서 동작합니다. 이것은 경로를 처음 불러올 때 asyncData와 미들웨어는 서버에서 작동을 시작한다는 의미입니다. 하지만 이후의 모든 경로를 불러올 때는 클라이언트에서 작동합니다. 때로는 순수하게 코드를 클라이언트가 아닌 서버에서 실행하고 싶을 수 있습니다. 이때는 serverMiddleware 속성이 유용합니다. 이 속성은 nuxt.config.js에 구성되어 있고 서버에서 애플리케이션 코드를 실행할 때 사용할 수 있습니다. serverMiddleware에 대한 더 많은 정보는 https://nuxtjs.org/api/configuration-servermiddleware/ 공식 가이드를 확인하세요.

미들웨어는 /middleware 디렉터리에서 생성됩니다. 각 미들웨어 파일은 context 객체에 접근하는 함수를 가지고 있습니다. context는 request, response, store, params, environment 같은 여러 키를 가지고 있습니다. context 객체 키에 대한 모든 목록은 https://nuxtjs.org/api/context 공식 문서에서 찾을 수 있습니다.

우리 애플리케이션에서는 경로 매개변수에 아티스트 이름을 전달하고 싶습니다. 이는 context.params 객체를 사용해서 접근할 수 있습니다. 해당 매개변수를 사용해서 iTunes 검색 API에 해당 매개변수에 대한 데이터를 요청하고 앨범 목록을 가져올 수 있습니다. 그리고 해당 목록을 가져와 Vuex 저장소 내 앨범 속성에 할당할 수 있습니다.

서버에 요청을 보내려면 요청 과정을 단순화할 수 있는 라이브러리를 사용해야 합니다. 많은 라이브러리가 있지만 필자는 웹 브라우저 혹은 Node.js에서 HTTP 요청을 보낼 수 있는 Axios를 좋아합니다. JSON 데이터를 자동으로 변환하고 프로미스를 제공합니다. Axios에 대해 더 배우고 싶다면 https://github.com/axios/axios 공식 깃허브 페이지를 확인하세요.

미들웨어 폴더에 search.js 파일을 생성하고, 코드 11-10을 입력하세요. 이 코드는 iTunes API에 HTTP GET 요청을 만들고 params.id를 요청 검색어로 전달합니다. 프로미스가 반환되면 store.commit 함수를 사용해서 뮤테이션을 추가합니다. {params, store}에 대해 ES6 비구조화를 사용하는 것을 알 수 있습니다. 내용을 전달하는 대신 비구조화를 사용해서 필요한 키만 빼낼 수 있습니다.

코드 11-10 미들웨어 설정하기: chapter-11/itunes-search/middleware/search.js

```
import axios from 'axios'

export default function ( {params, store} ) { ···· params와 store에 접근할 수 있는 기본 함수입니다.
  return axios.get(`https://itunes.apple.com/search?term=${params.id}&entity=album`)
      .then((response) => {
          store.commit('add', response.data.results) ···· 저장소에 서버 요청에 대한
          // console.log(response.data.results); });         응답을 추가합니다.
}
```

11.2.7 Nuxt.js를 사용해서 경로 생성

Nuxt.js의 라우팅은 일반적인 Vue.js 애플리케이션과 조금 다릅니다. 모든 경로에 설정해야 하는 VueRouter가 없습니다. 그 대신 웹 페이지 디렉터리 하위에 생성된 파일 트리로 경로가 생성됩니다.

각 디렉터리는 애플리케이션 경로입니다. 디렉터리의 각 .vue 파일은 경로와도 일치합니다. 웹 페이지 경로가 있고 해당 경로에 사용자 경로가 있다고 가정합시다. 경로를 생성하는 디렉터리 구조는 그림 11-8과 같습니다.

▼ 그림 11-8 경로를 생성하는 디렉터리 구조

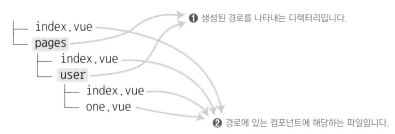

```
├── index.vue
└── pages
    ├── index.vue
    └── user
        ├── index.vue
        └── one.vue
```

❶ 생성된 경로를 나타내는 디렉터리입니다.

❷ 경로에 있는 컴포넌트에 해당하는 파일입니다.

웹 페이지 폴더의 디렉터리 구조는 자동으로 코드 11-11과 같은 경로를 생성합니다.

코드 11-11 자동 생성된 경로 구조

```
router: {
  routes: [
    {
      name: 'index',
      path: '/',
      component: 'pages/index.vue'  ---- 웹 페이지 index 경로입니다.
    },
    {
      name: 'user',
      path: '/user',
      component: 'pages/user/index.vue'
    },
    {
      name: 'user-one',
      path: '/user/one',
      component: 'pages/user/one.vue'
    }
  ]
}
```

이는 가능한 경로를 생성하는 방법 중 간단한 예입니다. 라우팅에 대한 더 많은 정보는 https://nuxtjs.org/guide/routing 공식 가이드에서 확인할 수 있습니다.

우리 앱은 좀 더 간단합니다. 경로가 2개 있는데, 하나는 동적입니다. Nuxt에서 동적 경로를 정의하려면 이름 앞에 밑줄을 추가해야 합니다. 그림 11-9와 같이 웹 페이지의 루트 폴더에는 index.vue 파일이 있습니다. 이는 루트 컴포넌트고 애플리케이션이 시작될 때 로드됩니다. README.md 파일도 볼 수 있는데, 디렉터리 안에 무엇이 있어야 하는지만 알려 주므로 삭제해도 됩니다. _id 경로는 동적입니다. ID는 아티스트 이름과 일치하고 경로에 전달됩니다.

웹 페이지 폴더 안에 결과 디렉터리를 생성하세요. 그리고 index.vue 파일을 여세요. 안의 내용은 전부 다 삭제하고 코드 11-12를 추가하면 됩니다. 상단에 태그 및 요소와 함께 템플릿이 있습니다. v-on 지시자가 폼의 submit 이벤트에 연결되어 있습니다. 또 이벤트 수식어 prevent를 사용해서 폼에서 제출하는 것을 막아 보겠습니다.

▼ 그림 11-9 iTunes 검색 앱의 디렉터리 구조

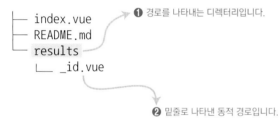

submit 메서드에 this.$router.push를 사용하겠습니다. 이는 애플리케이션을 results/ 페이지로 이동시킵니다. 검색 결과를 매개변수로 경로에 전달하겠습니다. 우리가 동적 _id 경로를 설정했기 때문에 검색 결과가 URL 일부분으로 나타날 것입니다. 예를 들어 Taylor Swift를 검색하면, URL이 /results/Taylor%20Swift가 됩니다. %20은 너무 걱정하지 마세요. 자동으로 추가되며, 공백 문자를 의미합니다.

웹 페이지 컴포넌트 하단에 코드 11-12와 같이 스타일 태그를 추가하세요. 이 코드는 텍스트를 가운데 정렬하고 패딩을 조금 추가합니다.

코드 11-12 index 페이지 생성하기: chapter-11/itunes-search/pages/index.vue

```
<template>
  <div>
    <h1>iTunes 검색하기</h1>
    <br />
    <form @submit.prevent="submit">  ···· 입력할 때 submit 메서드를 호출하는
                                          v-on 지시자를 가진 폼 요소입니다.
```

```
      <input placeholder="아티스트 이름 입력" v-model="search" ref='search' autofocus />
    </form>
  </div>
</template>
<script>
export default {
  data() {
    return {
      search: ''
    }
  },
  methods: {
    submit(event) {
      this.$router.push(`results/${this.search}`); ···· 결과 페이지로 앱을 이동시킵니다.
    }
  }
}
</script>

<style> ···· 웹 페이지에 패딩을 추가하고 가운데 정렬합니다.
* {
  text-align: center;
}

h1 {
  padding: 20px;
}
</style>
```

이 앱의 마지막 부분은 결과에 각 앨범 카드를 표시할 _id 페이지입니다. 카드마다 빨간색과 파란색이 번갈아 가며 나타나도록 하겠습니다.

이 장 초반에 페이지가 슈퍼 차지 컴포넌트라고 이야기했습니다. 이것은 Nuxt 전용 옵션을 사용할 수 있다는 의미입니다. 해당 옵션으로는 fetch, scrollToTop, head, transition, layout, validate가 있습니다. 우리는 다른 옵션인 asyncData와 middleware 2개를 알아볼 것입니다. Nuxt options를 더 알고 싶다면 https://nuxtjs.org/guide/ 공식 문서를 확인하세요.

middleware 옵션은 웹 페이지에 사용하려는 미들웨어를 정의할 수 있게 합니다. 이 미들웨어는 컴포넌트를 불러올 때마다 실행됩니다. 코드 11-13과 같이 _id.vue 파일은 일전에 생성한 미들웨어 검색을 사용하고 있습니다.

다른 옵션은 asyncData입니다. 이는 저장소를 사용하지 않고 데이터를 가져와 미리 렌더링할 수 있게 하므로 굉장히 유용합니다. 미들웨어를 다룬 절에서 보았듯이, 컴포넌트에서 접근하기 위해서는 Vuex 저장소를 사용하여 데이터를 저장해야 합니다. asyncData를 사용하면 그렇지 않습니다. 일단 미들웨어를 사용해서 데이터에 접근하는 방법을 살펴봅시다. 그리고 asyncData를 사용해서 리팩토링하겠습니다.

pages/results 폴더에 _id.vue 파일을 생성하세요. 해당 컴포넌트에 albumData를 위한 v-if 지시자를 추가하세요. 이것으로 앨범 데이터가 표시되기 전에 데이터를 불러옵니다. 다음으로 albumData를 순환하는 v-for 지시자를 생성하세요.

반복마다 카드를 하나 보여 주고 title, image, artistname, url, color 앨범 데이터를 전달하겠습니다. 색상은 picker 메서드가 계산합니다. 이 메서드는 색인 값에 따라 빨간색과 파란색을 번갈아 가며 표시합니다.

파일 상단에서 {{$route.params.id}}로 접근하겠습니다. 이는 각 검색 결과에 전달되는 매개변수입니다.

코드 11-13에서 볼 수 있듯이, albumData라는 계산된 속성을 추가하겠습니다. 이는 저장소에서 데이터를 가져올 것입니다. 다음과 같이 저장소는 경로를 불러오자마자 트리거되는 미들웨어 search로 채워집니다.

코드 11-13 동적 경로 생성하기: chapter-11/itunes-search/pages/result/_id.vue

```
<template>
  <div>
    <h1>{{$route.params.id}}에 대한 결과</h1> ···· 해당 메시지는 검색에서 전달된
                                                   경로 매개변수를 표시합니다.
    <div v-if="albumData"> ···· albumData가 있을 때만 표시하는 v-if 지시자입니다.
      <div v-for="(album, index) in albumData"> ···· albumData를 순환하는 v-for 지시자입니다.
        <Card :title="album.collectionCensoredName" ···· 앨범 정보를 전달받는
                                                          Card 컴포넌트입니다.
              :image="album.artworkUrl60"
              :artistName="album.artistName"
              :url="album.artistViewUrl"
              :color="picker(index)" />
      </div>
    </div>
  </div>
</template>
<script>
import axios from 'axios';
import Card from '~/components/Card.vue'
```

```
  export default {
    components: {
      Card
    },
    methods: {
      picker(index) { ---- red와 blue를 번갈아 가며 반환하는 picker 메서드입니다.
        return index % 2 == 0 ? 'red' : 'blue'
      }
    },
    computed: { ---- 앨범에 대한 저장소 속성을 반환하는 계산된 속성입니다.
      albumData() {
        return this.$store.state.albums;
      }
    },
    middleware: 'search' ---- 이 경로에서 실행할 미들웨어를 지정합니다.
  }
</script>
```

npm run dev 명령어를 실행하고 로컬호스트 포트 3000에 웹 브라우저를 여세요. 이전에 열어 놓은 창이 있다면 창을 닫고 다시 여세요. iTunes 검색 앱이 열린 것을 볼 수 있습니다. 열리지 않는다면 콘솔 에러를 확인하세요. 가끔은 컴포넌트 이름을 오타로 입력한 것처럼 간단한 문제일 수 있습니다.

앱에서 하나만 더 수정하겠습니다. 일전에 이야기했듯이, 우리는 asyncData에 접근할 수 있습니다. 이 옵션은 컴포넌트를 처음 로드할 때 서버 사이드에서 데이터를 가져오는 데 사용합니다. 이는 컨텍스트에 접근할 수 있다는 점에서 미들웨어를 사용할 때와 비슷합니다.

asyncData를 사용할 때는 주의해야 할 점이 있습니다. 컴포넌트가 초기화되기 전에 호출되기 때문에 이 옵션을 사용해서 컴포넌트에 접근할 수 없습니다. 하지만 컴포넌트를 가져온 데이터와 합쳐 주기 때문에 Vuex를 사용할 필요는 없습니다. asyncData에 대한 더 많은 정보는 https://nuxtjs.org/guide/async-data 공식 문서를 확인하세요.

_id.vue 파일을 다시 열고 계산된 속성인 albumData를 삭제하세요. 더는 사용하지 않을 것입니다. 그 대신 코드 11-14와 같이 asyncData 옵션을 생성하세요. 이 옵션에 Axios를 사용한 HTTP GET 요청을 하겠습니다. 미들웨어와 비슷하게 asyncData 또한 컨텍스트 객체에 접근할 수 있습니다. ES6 비구조화를 사용해서 params를 가져와 iTunes API 호출에서 사용하겠습니다. 응답에는 albumData 객체를 설정하겠습니다. 해당 객체는 코드 11-14와 같이 컴포넌트가 초기화된 후에 접근 가능합니다.

```
asyncData ({ params }) { ···· asyncData 옵션은 params 키에 접근할 수 있습니다.
    return axios.get(`https://itunes.apple.com/search?term=${params.id}&entity=album`)
        .then((response) => { ···· params.id를 axios.get 명령에 전달한 후 iTunes response가 나타납니다.
            console.log(response.data.results);
            return {albumData: response.data.results} ···· 컴포넌트 안에서 접근할 수 있는 새로운
        });                                                 albumData 속성을 반환합니다.
},
```

여기까지가 asyncData입니다. 파일을 저장하고 npm run dev 명령어를 다시 실행하세요. 이전과 같은 웹 페이지를 볼 수 있습니다. 이전과 같은 결과를 보여 주지만 Vuex 저장소를 사용하지 않았습니다.

11.3 파이어베이스와 VuexFire로 서버와 통신

파이어베이스는 모바일과 데스크톱을 위한 앱을 빠르게 생성할 수 있게 도와주는 구글 상품입니다. 이는 통계, 데이터베이스, 메시지, 충돌 보고, 클라우드 저장소, 호스팅, 인증을 포함한 여러 서비스를 제공합니다. 파이어베이스는 자동으로 크기를 조절하고 쉽게 시작하고 실행할 수 있습니다. 파이어베이스 서비스에 대한 더 많은 정보는 https://firebase.google.com/ 공식 사이트에서 확인할 수 있습니다.

이 절의 예제에는 인증과 실시간 데이터베이스 이 두 서비스를 사용할 것입니다. 지금까지 만든 애완용품샵 애플리케이션이 해당 서비스를 포함하도록 수정하겠습니다.

클라우드에서 애완용품샵 앱의 상품을 호스팅해야 하고 인증을 추가해야 한다고 가정하겠습니다. 애완용품샵 애플리케이션은 products.json 파일을 사용합니다. 해당 products.json 내용을 파이어베이스 실시간 데이터베이스로 옮겨야 합니다. 그리고 애플리케이션을 수정하여 파일이 아닌 파이어베이스에서 내용을 가져오도록 해야 합니다.

또 다른 중요한 측면은 파이어베이스 내장 클라우드 제공자 중 하나를 사용해서 간단한 인증을 추가하는 것입니다. 헤더에 **로그인**과 **로그아웃** 버튼을 추가하고 Vuex 저장소에 세션 데이터를 어떻게 저장할 수 있는지 알아보겠습니다. 완료된 앱의 모습은 그림 11-10과 같습니다.

▼ 그림 11-10 파이어베이스를 사용하여 완성한 애완용품샵 애플리케이션

11.3.1 파이어베이스 설정

구글 계정이 있으면 http://firebase.google.com에서 로그인하세요. 계정이 없다면 http://accounts.google.com에서 계정을 하나 생성하세요. 무료입니다(파이어베이스는 한 달에 일정한 트랜잭션 횟수는 무료이나, 이후에는 유료입니다).

로그인하면 파이어베이스 환영 페이지가 나옵니다. 그림 11-11과 같이 프로젝트를 하나 생성할 수 있습니다.

▼ 그림 11-11 파이어베이스 프로젝트 생성

여기를 클릭해서 새로운 프로젝트를 생성합니다.

프로젝트 추가를 클릭하면 프로젝트 이름과 지역을 입력할 수 있습니다. **프로젝트 만들기**를 누르고
나면 파이어베이스 콘솔을 볼 수 있습니다. 여기서 데이터베이스, 인증을 설정하고 필요한 키를
가져올 수 있습니다.

왼쪽에서 **개발** 〉 Database를 클릭하세요. 스크롤하면 실시간 데이터베이스와 클라우드 파이어
스토어 옵션이 2개 보일 것입니다.

▼ 그림 11-12 데이터베이스 선택

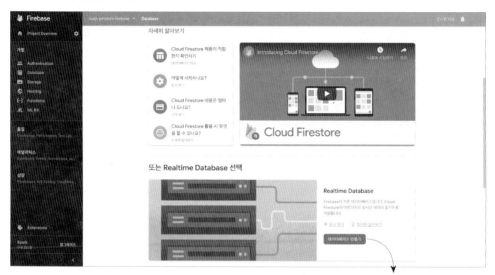

여기를 클릭해서 실시간 데이터베이스를 생성합니다.

이 시점에서 파이어베이스 데이터베이스에 product.json 파일을 추가하겠습니다. JSON 파일
을 임포트할 수도 있지만, 어떻게 작동하는지 이해하기 위해 수동으로 추가하겠습니다. 데이터
베이스에 부여한 이름 옆에 있는 **+** 버튼을 누르세요. Products child를 추가하세요. **추가** 버튼
을 누르기 전에 **+** 버튼을 다시 누르세요. 또 다른 자식이 생성될 것입니다. 이름 상자에 숫자를 추
가하세요. **+** 버튼을 다시 눌러 자식을 7개 생성하세요. 각각 title, description, price, image,
availableInventory, id, rating이 될 것입니다. 정보를 채우고 또 다른 상품을 위해 과정을 반복
하세요. 완료하고 나면 그림 11-13과 같습니다.

❤ 그림 11-13 파이어베이스 실시간 데이터베이스 설정

➊ ⟨+⟩ 버튼을 눌러 각 상품을 생성합니다.

➋ ⟨추가⟩ 버튼을 눌러 상품을 모두 추가합니다.

추가 버튼을 누르면 데이터베이스에 상품이 2개 보일 것입니다. 이 과정을 반복해서 원하면 몇 개 더 추가하세요(규칙 탭에서 ".read":true로 설정).

여기까지 완료한 후에는 인증을 설정해야 합니다. 왼쪽에서 Authentification을 클릭하세요. **로그 인 방법 설정** 버튼이 보일 것입니다. 그림 11-14와 같이 버튼을 누르세요.

❤ 그림 11-14 인증 설정

이 버튼을 눌러 새로운 로그인 방법을 생성할 수 있습니다.

다음에 나오는 웹 페이지에서 Google을 선택하세요. 앱 인증으로 사용할 것입니다. Facebook 이나 Twitter도 쉽게 설정할 수 있지만 이번 예제에서는 우리 앱에 로그인하고 싶은 사용자는 반드시 구글 계정이 있어야 한다고 가정하겠습니다. 그림 11-15와 같이 설정 창에서 **사용 설정** 버튼을 누르고 프로젝트 지원 이메일 항목에서 자신의 이메일 계정을 선택한 후 저장하세요. 다 되었습니다. 이제 Google로 로그인할 수 있습니다.

▼ 그림 11-15 구글 로그인 활성화

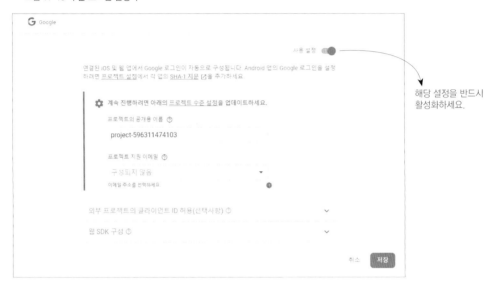

마지막으로 구성 정보를 가져와야 합니다. 왼쪽에서 Project Overview를 클릭해서 프로젝트 개요 콘솔창으로 가세요. 앱에 Firebase를 추가하여 시작하기 아래에 있는 〈/〉(웹) 버튼이 보일 것입니다. 버튼을 누르면 파이어베이스 키와 초기화 정보가 열립니다. 웹 앱에 파이어베이스를 추가합니다(여기서 앱을 등록 – 앱 닉네임 설정 후 다음 버튼 클릭). 나중을 위해 해당 정보를 기록하세요. 앱에 파이어베이스를 설정할 때 필요합니다.

11.3.2 파이어베이스로 애완용품샵 앱 설정

이제 파이어베이스도 설정했으니, 애완용품샵 앱을 업데이트해서 사용해 보겠습니다. Vuex를 추가했던 10장에서 마지막으로 애완용품샵을 사용했습니다. 이전 장에서 애완용품샵 앱을 복사하거나 해당 장 코드를 내려받으세요. 해당 코드를 시작점으로 사용하겠습니다.

Vue에서 파이어베이스가 정상적으로 작동하기 위해서는 VueFire라는 라이브러리를 사용해야 합니다. 이는 파이어베이스와 통신을 도와주고 필요한 바인딩을 설정해 줍니다.

VueFire에 대한 더 많은 정보는 https://github.com/vuejs/vuefire 공식 깃허브 페이지에서 확인할 수 있습니다.

콘솔을 열고 애완용품샵 앱 위치의 디렉터리로 이동하세요. 다음 명령어로 VueFire와 파이어베이스를 설치하세요.

```
$ cd petstore
$ npm install firebase vuefire@4.8.0 --save
```

이것으로 필요한 모든 의존성을 설치하고 저장할 것입니다.

애완용품샵 앱의 루트에 있는 src 폴더에 firebase.js 파일을 하나 생성하세요. 파이어베이스에서 기록해 둔 초기화 정보를 기억하나요? 여기서 필요합니다. 파일 상단에 import {initializeApp} from 'firebase'를 추가하세요. 임포트 밑에 app 이름의 const 변수를 생성하고 이전에 기록해 둔 초기화 정보를 넣어 주세요.

엑스포트를 2개 생성하겠습니다. 하나는 db고, 다른 하나는 productsRef입니다. 이것으로 파이어베이스 데이터베이스에 연결하고, 이전에 생성한 상품 정보를 가져올 수 있습니다. 파이어베이스 API에 대한 더 많은 정보는 https://firebase.google.com/docs/reference/js/에 있는 공식 API 문서를 확인하세요. src/firebase.js 파일에 코드 11-15를 복사하고 앱 정보를 넣으세요.

코드 11-15 파이어베이스 설정과 파일 초기화: chapter-11/petstore/src/firebase.js

```
import {initializeApp} from 'firebase';  ···· 파일에 initializeApp을 임포트합니다.

const app = initializeApp({  ···· 파이어베이스 콘솔에서 가져온 파이어베이스 관련 키입니다.
    apiKey: "<API KEY>",
    authDomain: "<AUTH DOMAIN>",
    databaseURL: "<DATABASE URL>",
    projectId: "<PROJECT ID>",
    storageBucket: "<STORAGE BUCKET>",
    messagingSenderId: "<SENDER ID>"
});

export const db = app.database();  ···· 데이터베이스를 ES6 엑스포트를 통해 내보냅니다.

export const productsRef = db.ref('products');  ···· 상품 참조를 ES6 엑스포트를 통해 내보냅니다.
```

이제 main.js 파일을 설정해서 이전에 설치한 VueFire 라이브러리를 사용할 수 있도록 해야 합니다. 또 이전에 생성한 firebase.js와 파이어베이스를 제대로 임포트하는지 확인해야 합니다. Vue.use(VueFire) 행은 VueFire를 앱의 플러그인으로 설정합니다. 이는 VueFire를 설치하는 데 필요합니다. 코드 11-16으로 src/main.js 파일을 업데이트하세요.

코드 11-16 main 파일 설정하기: chapter-11/petstore/src/main.js

```
// 임포트 명령어를 사용해서 Vue 빌드 버전 로드
// (런타임 전용 또는 독립 실행은) 별칭으로 webpack.base.conf에 설정되어 있습니다.
import Vue from 'vue'
import App from './App'
import router from './router'
require('./assets/app.css')
import {store} from './store/store';
import './firebase';  ···· firebase.js 파일을 임포트합니다.
import VueFire from 'vuefire';  ···· vuefire를 임포트합니다.

Vue.use(VueFire);  ···· vuefire를 플러그인으로 설정합니다.
Vue.config.productionTip = false

new Vue({
  el: '#app',
  router,
  store,
  template: '<App/>',
  components: {App}
})
```

이 시점에서 에러가 없는지 확인하는 것이 좋습니다. 파일을 저장하고 콘솔에 npm run dev 명령어를 실행하세요. 이는 로컬호스트에 서버를 시작합니다. 콘솔에 에러가 없는지 확인하세요. 임포트를 잊기 쉬우니 main.js 파일에 빠짐없이 추가했는지 확인하세요. 이제 모든 설정을 완료했으니, 앱에 인증을 설정하는 방법을 살펴보겠습니다.

11.3.3 인증 상태로 Vuex 업데이트

이전에 앱에서 인증을 사용하겠다고 이야기했습니다. 인증 정보를 저장하려면 Vuex 저장소를 업데이트해야 합니다. 간단하게 session이라는 상태 속성을 생성하겠습니다. 사용자가 인증된 후 파이어베이스는 세션 정보를 포함한 사용자 객체를 반환합니다. 해당 정보를 저장해서 앱 어디서든 사용할 수 있도록 하는 것이 좋습니다.

store/modules/products.js 파일을 열고 상태에 새로운 세션 속성을 추가하세요. 이전 장에서
했던 것처럼 게터와 뮤테이션을 추가하겠습니다. 뮤테이션 이름은 SET_SESSION으로 하겠습니
다. 코드 11-17과 일치하도록 src/store/modules/products.js 파일을 업데이트하세요.

코드 11-17 Vuex 업데이트하기: chapter-11/petstore/src/store/modules/products.js

```javascript
const state = {
    products: {},
    session: false  ···· 세션 상태 속성의 기본값은 거짓입니다.
};

const getters = {
    products: state => state.products,
    session: state => state.session  ···· 세션을 위한 게터입니다.
};

const actions = {
    initStore: ({commit}) => {
      axios.get('static/products.json')
      .then((response) => {
        console.log(response.data.products);
        commit('SET_STORE', response.data.products)
      });
    }
};

const mutations = {
    'SET_STORE' (state, products) {
      state.products = products;
    },
    'SET_SESSION' (state, session) {  ···· SET_SESSION 뮤테이션은 세션 데이터를 설정합니다.
      state.session = session;
    }
};

export default {
    state,
    getters,
    actions,
    mutations,
}
```

11.3.4 인증으로 헤더 컴포넌트 업데이트

헤더에 웹 사이트 이름과 **체크아웃** 버튼을 표시합니다. 헤더를 업데이트해서 **로그인**과 **로그아웃** 버튼을 보여 주도록 합시다.

헤더를 완료하고 나서 로그인한 모습은 그림 11-16과 같습니다. 그림 11-16을 보면 '로그아웃' 텍스트 옆에 'Y'라고 표시된 것을 볼 수 있습니다. 이는 파이어베이스에서 받은 사용자 객체에서 가져왔습니다.

▼ 그림 11-16 사용자가 로그인된 상태

사용자가 로그인했을 때 〈로그아웃〉 버튼이 표시됩니다.

사용자가 로그아웃한 후에는 그림 11-17과 같이 버튼이 '로그인'으로 바뀝니다.

▼ 그림 11-17 사용자가 로그아웃된 상태

사용자가 로그인하지 않았을 때 〈로그인〉 버튼이 표시됩니다.

src/components/Header.vue 파일을 여세요. 이 파일에 새로운 버튼으로 템플릿을 업데이트 하겠습니다. 또 로그인과 로그아웃을 위한 새로운 메서드도 추가해야 합니다. navbar-header 밑에 로그인을 위한 새로운 div 섹션을 추가하세요(코드 11-18 참고). 그 밑에 로그아웃을 위한 새로운 div 섹션을 추가하세요. 로그아웃 div 안에 mySession 속성에서 가져온 이미지도 추가하겠습니다.

v-if 지시자를 위의 두 div가 감싸고 있습니다. mySession 속성이 false이면 **로그인** 버튼을 표시합니다. v-else 지시자를 사용해서 mySession이 true이면 **로그아웃** 버튼을 보여 줍시다. 세션이 있으면 **로그아웃** 버튼이 보이고, 세션이 없으면 **로그인** 버튼이 보일 것입니다.

헤더 컴포넌트의 코드가 너무 방대하기 때문에 코드를 3개로 나누었습니다(코드 11-18~11-20). 각 코드를 꼭 합쳐 주세요. 합친 코드를 가지고 src/components/Header.vue 파일을 덮어 쓰세요.

```
<template>
  <header>
    <div class="navbar navbar-default">
      <div class="navbar-header">
        <h1><router-link :to="{name: 'iMain'}">
          {{sitename}}
        </router-link></h1>
      </div>
      <div class="nav navbar-nav navbar-right cart">
        <div v-if="!mySession"> ···· mySession 속성이 거짓이면 〈로그인〉 버튼이 표시됩니다.
          <button type="button"
            class="btn btn-default btn-lg"
            v-on:click="signIn"> ···· 로그인을 위한 v-on 지시자가 있는 버튼입니다.
            로그인
          </button>
        </div>
        <div v-else> ···· mySession 속성이 참이면 〈로그아웃〉 버튼이 표시됩니다.
          <button type="button"
            class="btn btn-default btn-lg"
            v-on:click="signOut"> ···· mySession에서 이미지를 표시합니다.
            <img class="photo"
              :src="mySession.photoURL" />
            로그아웃
          </button>
        </div>
      </div>
      <div class="nav navbar-nav navbar-right cart">
        <router-link
          active-class="active"
          tag="button"
          class="btn btn-default btn-lg"
          :to="{name: 'Form'}">
          <span class="glyphicon glyphicon-shopping-cart">
          {{cartItemCount}}
          </span>
          체크아웃
        </router-link>
      </div>
    </div>
  </header>
</template>
```

템플릿에 signIn과 signOut 두 메서드를 생성했습니다. 또 mySession이라는 새 속성도 추가했습니다. 새로 만든 메서드와 계산된 속성으로 컴포넌트의 스크립트 섹션을 생성합시다. 스크립트 상단에서 import firebase from 'firebase'를 확인해 주세요(코드 11-19 참고).

가장 처음 해야 할 일은 beforeCreate라는 생명 주기 훅을 추가하는 것입니다. 이 훅은 컴포넌트가 생성되기 전에 실행됩니다. 해당 훅에서 현재 세션으로 Vuex 저장소를 설정하고 싶습니다. 편하게도 파이어베이스에는 onAuthStateChanged라는 관찰자가 있습니다. 이 관찰자는 사용자가 로그인 혹은 로그아웃할 때마다 실행됩니다. SET_STORE를 사용해서 저장소의 세션 정보를 업데이트할 수 있습니다. onAuthStateChanged에 대한 더 많은 정보는 http://mng.bz/4F31에 있는 공식 문서를 확인하세요.

이제 사용자가 로그인 그리고 로그아웃한 시점을 추적할 수 있으니 앞의 메서드를 생성할 수 있습니다. signIn 이름의 메서드를 생성하세요. 이 메서드에 firebase.auth.GoogleAuthProvider() 제공자를 생성하세요. 해당 제공자를 firebase.auth().signInWithPopup에 전달하세요. 이는 구글 계정으로 사용자에게 로그인하라는 팝업창을 생성할 것입니다. signInWithPopup은 프로미스를 생성합니다. 로그인이 성공하면 콘솔에 "로그인!"을 표시합니다. 성공하지 못하면 콘솔에 "에러"를 표시합니다.

beforeCreate 훅 내부에 onAuthStateChanged 관찰자를 설정했기 때문에 사용자가 로그인한 후 다른 변수를 설정할 필요가 없습니다. 관찰자가 로그인 혹은 로그아웃할 때 자동으로 저장소를 업데이트합니다.

singOut 메서드도 동일하게 작동합니다. 사용자가 로그아웃하면 콘솔에 "로그아웃!" 메시지가 표시됩니다. 에러가 있다면 "로그아웃 에러!"가 나타납니다.

계산된 속성 mySession에는 session을 위한 Vuex 게터를 반환할 것입니다. 세션이 존재하지 않으면 false로 설정합니다. Vuex와 함께 mapGetters를 사용할 수도 있었습니다. 이는 컴포넌트 이름 세션과 게터 세션을 자동으로 맵핑합니다. 하지만 게터를 하나만 사용하기에 this.$store.getters.session을 반환하도록 했습니다.

코드 11-19를 복사하여 src/components/Header.vue에서 사용할 새 결합 파일의 하단에 추가하세요.

코드 11-19 헤더 컴포넌트 업데이트하기 2: chapter-11/header-script.js

```
<script>
import firebase from 'firebase';
export default {
```

```
    name: 'my-header',
    data() {
      return {
        sitename: "Vue.js 애완용품샵"
      }
    },
    props: ['cartItemCount'],
    beforeCreate() {
      firebase.auth().onAuthStateChanged((user) => {   ···· beforeCreate 훅에 onAuthStateChanged
        this.$store.commit('SET_SESSION', user || false)      관찰자가 설정되어 있습니다.
      });
    },
    methods: {
      signIn() {   ···· signIn 메서드로 사용자가 로그인합니다.
        let provider = new firebase.auth.GoogleAuthProvider();
        firebase.auth().signInWithPopup(provider).then(function(result) {
          console.log('로그인!');
        }).catch(function(error) {
          console.log('에러 ' + error)
        });
      },
      signOut() {   ···· signOut 메서드로 사용자가 로그아웃합니다.
        firebase.auth().signOut().then(function() {
          // 로그아웃 성공
          console.log("로그아웃!")
        }).catch(function(error) {
          console.log("로그아웃 에러!")
          // 에러 발생
        });
      }
    },
    computed: {
      mySession() {   ···· 계산된 속성인 mySession은 세션 정보를 가져옵니다.
        return this.$store.getters.session;
      }
    }
  }
</script>
```

마지막으로 버튼에 있는 이미지 크기를 정하는 CSS에 새로운 사진 클래스를 추가해야 합니다. 코드 11-20을 복사해서 이전 코드와 합쳐 src/components 폴더에 새로운 Header.vue 파일을 생성하세요.

코드 11-20 헤더 스타일 업데이트하기: chapter-11/header-style.html

```
<style scoped>
a {
  text-decoration: none;
  color: black;
}

.photo {  ---- 이미지의 가로와 세로 길이를 설정하는 photo 클래스입니다.
  width: 25px;
  height: 25px;
}

.router-link-exact-active {
  color: black;
}
</style>
```

새 Header.vue 파일에 모든 코드를 추가한 후 npm run dev 명령어를 실행해서 에러를 확인하세요. onAuthStateChanged 관찰자를 실수로 Vuex 저장소에 커밋하지 않았을 수도 있습니다.

11.3.5 파이어베이스 실시간 데이터베이스로 Main.vue 업데이트

모든 인증 과정이 끝났으니, 데이터베이스에서 정보를 가져오기 시작하겠습니다. 기본적으로 파이어베이스에 데이터베이스 구성을 읽기 전용으로 해 놓았습니다.

일단 src/components/Main.vue 파일의 mapGetters를 업데이트합시다. 현재 products 게터를 가져오는 것을 알 수 있습니다. 삭제하고 session 게터를 추가하세요. 지금 사용하지는 않지만, 메인 컴포넌트에서 세션을 사용할 수 있음을 아는 것은 좋은 일입니다.

파이어베이스의 실시간 데이터베이스를 사용하기 위해 해야 할 일은 firebase.js 파일에서 products Ref를 임포트하는 것입니다. 끝입니다! Main.vue 파일의 다른 코드는 그대로 두면 됩니다. 코드 11-21을 복사해서 src/components/Main.vue 파일을 업데이트하세요.

코드 11-21 Main.vue 파일 업데이트하기: chapter-11/update-main.js

```
...
import {productsRef} from '../firebase';  ---- firebase/.js 파일에서 productsRef를 임포트합니다.
export default {
  name: 'imain',
```

```
  firebase: {  ···· productsRef를 products에 매핑합니다.
    products: productsRef
  },
  ...
  computed: {
    ...mapGetters([
        'session'  ···· 상품이 아닌 세션만 가져오는 mapGetters를 업데이트합니다.
    ])
  ...
```

모든 파일을 저장하고 npm run dev 명령어를 실행하세요. 웹 브라우저에 상품이 나오기 전에 약간의 지연이 있는 것을 알 수 있습니다. 이는 파이어베이스에서 상품을 내려받고 있다는 것을 의미합니다. 언제든지 파이어베이스에서 새로운 상품을 추가하고 나면 상품 목록에 표시됩니다.

다음으로 무엇을 할 수 있는지 궁금할 것입니다. 세션 속성을 사용해서 앱에 사용자가 로그인되었을 때만 접근 가능한 다른 섹션을 설정할 수 있습니다. v-if 지시자나 라우터를 사용해서 이를 구현할 수 있습니다. 라우터를 사용하면 경로에 메타 태그를 추가할 수 있습니다. 그러면 router.beforeEach를 사용해서 로그인한 사용자를 특정 경로로 이동시킬 수 있습니다. 이러한 개념을 navigation guards라고 합니다. https://router.vuejs.org/guide/advanced/navigation-guards.html에서 navigation guards 섹션을 볼 수 있습니다. 다음 장에서는 테스트와 테스트를 통해 어떻게 앱이 우리가 예상한 대로 작동하게 할 수 있는지 살펴보겠습니다.

11.4 연습 문제

VUE.JS

이 장에서 배운 내용을 바탕으로 다음 질문에 답하세요.

- Nuxt 애플리케이션에서 asyncData나 미들웨어를 사용하면 어떤 이점이 있나요?

부록 B에서 답을 확인하세요.

11.5 요약

- Axios 같은 라이브러리를 사용해서 웹 API와 대화할 수 있습니다.

- 서버 사이드에서 렌더링된 Nuxt.js 앱으로 빠른 로딩 사이트를 만들 수 있습니다.

- 파이어베이스를 사용한 온라인 데이터 저장소에 정보를 가져올 수 있습니다.

- 사용자는 애플리케이션 안에서 인증될 수 있습니다.

12^장

테스트

이 장에서 다룰 핵심 내용

• 테스트를 하는 이유

• 단위 테스트 구현

• 컴포넌트 테스트

• Vuex 테스트

이 책에서 중요한 주제들을 많이 살펴보았지만, 자주 등한시되는 주제가 하나 있습니다. 바로 테스트입니다. 테스트는 모든 소프트웨어 개발 프로젝트에서 굉장히 중요한 요소로, 앱이 버그 없이 원하는 기능을 할 수 있도록 보장합니다. 이 장에서는 애플리케이션에 테스트를 생성해야 하는 이유를 알아보고, 단위 테스트 기초도 살펴보겠습니다. 그다음 출력과 메서드에 대한 컴포넌트 테스트를 알아보겠습니다. 마지막으로는 Vuex로 테스트하는 방법을 알아봅니다.

시작하기에 앞서 테스트가 매우 큰 주제라는 것을 이야기하고 싶습니다. 이 장에서는 Vue.js로 테스트할 때 가장 중요한 몇 가지 측면만 다룰 것입니다. 에드 여버그(Edd Yerburgh)의 〈Testing Vue.js Applications〉(Manning Publications, 2018)를 먼저 살펴보길 적극 추천합니다. 이 책은 테스트 작성 및 개발에 대한 세부 사항을 자세히 설명하고, 서버 사이드 렌더링 테스트, 스냅샷 테스트, 테스트 믹스인과 필터도 다룹니다.

> **Note** ☰ **스냅샷 테스트**
>
> 스냅샷 테스트는 UI가 예상치 못하게 변하지 않게 하고 싶을 때 유용합니다. 이 장에서는 mocha-webpack을 사용할 것입니다. 필자가 글을 쓰는 시점에서 스냅샷 테스트는 지원하지 않습니다. Jest에 스냅샷 테스트를 설정하는 방법은 https://vue-test-utils.vuejs.org/guides/#testing-single-file-components-with-jest 공식 가이드에서 찾을 수 있습니다.

12.1 테스트 케이스 생성

일반적으로 소프트웨어 개발 세계에서 코드를 테스트하는 방법은 수동과 자동 두 가지가 있습니다. 수동 테스트를 먼저 알아봅시다.

아마 코딩하면서 이미 수동 테스트를 하고 있을 것입니다. 작성한 코드를 살펴보면서 내가 작성한 코드가 원하는 대로 동작하는지 확인하니까요. 예를 들어 애완용품샵 앱에서 장바구니에 상품을 담는 버튼을 추가했을 때, 이전 장에서는 직접 버튼을 누르면서 장바구니 개수를 확인했습니다.

애완용품샵 앱에서 체크아웃 페이지로 이동시키는 버튼도 추가했습니다. 여기서도 마찬가지로 버튼을 누르면서 실제로 체크아웃 페이지로 이동하는지 확인했습니다. 수동 테스트는 이렇게 규모가 작은 앱에서는 크게 무리가 없습니다.

여러 개발자가 모인 팀에서 작업을 진행한다고 생각해 봅시다. 현재 서비스 중인 앱에 여러 개발자가 코드를 작성하고 있습니다. 개발자는 버전 관리 시스템에 온종일 코드를 푸시하고 있습니다. 이러한 상황에서 모든 개발자가 수동으로 코드를 테스트하고 문제가 없는지 확인하는 것은 거의 불가능합니다. 수동 테스트는 악몽이 되고 버그는 점점 쌓이게 됩니다.

특정 조직에서는 품질 보증 부서에서 개발 부서가 릴리스한 코드를 수동으로 테스트하는 일을 합니다. 확실히 서비스 전에 버그를 줄일 수 있지만, 그만큼 전체 과정 속도도 줄어듭니다. 많은 품질 보증 개발자에게는 코드에 대한 완전한 회귀 테스트를 할 만한 자원과 시간이 없습니다.

> **Note** ≡ 회귀 테스트는 애플리케이션이 업데이트된 후에도 잘 작동하는지 확인하는 소프트웨어 테스트 종류의 하나입니다.

하지만 자동 테스트를 사용하면 수동 테스트를 할 때 생기는 여러 문제점을 해결할 수 있습니다. 앞서 예로 든 상황에서는 자동 테스트를 여러 개 생성해서 개발자가 코드를 푸시하기 전에 실행하게 할 수 있었습니다. 자동 테스트는 수동 테스트보다 훨씬 빠르게 작동하고 버그도 즉시 잡아냅니다. 자동 테스트 케이스로 개발자는 코드 베이스의 완전한 회귀를 실행할 수 있으므로 많은 시간을 쓰면서 모든 것을 수동으로 테스트할 필요는 없습니다.

자동 테스트는 장점이 많지만, 단점도 있습니다. 반드시 고려해야 할 단점 중 하나는 선행 비용입니다. 테스트 케이스를 작성하는 데 시간이 걸리고(물론 길게 보면 시간을 절약할 수 있지만), 코드를 작성하는 것과 비교해서 테스트 케이스를 작성하는 것이 시간이 더 오래 걸릴 것입니다. 하지만 모든 설정을 완료하고 나면 지속적인 통합·전달·배포하는 데 소비되는 시간을 단축할 수 있습니다.

12.2 지속 통합·전달·배포

자동 테스트는 지속적인 개발 같은 작업 흐름을 가능하게 합니다. 이러한 작업 흐름에는 지속적인 통합·전달·배포를 포함합니다. 이름에서 알 수 있듯이, 이러한 작업 흐름은 서로 밀접한 관계를 가집니다. 간략하게 알아보겠습니다.

책 관련 웹 사이트를 위해 데이터베이스에 연결해서 정보를 가져오는 기본적인 앱을 만든다고 합시다. 코드 베이스에 작업하는 여러 개발자가 있고, 이슈도 여러 가지입니다. 대부분의 개발자가 버전 관리 시스템에 코드를 푸시할 때 병합 충돌이 일어납니다. 게다가 매주 금요일마다 한 사람이 가장 최근 코드에 대한 스테이징 환경을 수동으로 생성합니다(스테이징 환경에서는 테스트 목적으로 프로덕션 코드를 실행합니다). 코드 베이스가 커지고 복잡해지면서 점점 더 많은 시간이 걸립니다. 프로덕션에 푸시하는 상황도 심각합니다. 프로덕션 코드가 제대로 빌드되지 않고, 수정에도 몇 시간이 걸립니다. 관리자는 결국 이러한 문제를 해결하려고 테스트 없이 개발만 진행하기로 결심합니다. 가장 첫 번째 단계는 지속 통합입니다.

12.2.1 지속 통합

지속 통합(CI, Continuous Integration)은 코드를 마스터 브랜치에 하루에 여러 번 병합하는 방식입니다.

> **Note ☰** 마스터 브랜치는 보통 프로덕션 코드가 있는 곳입니다. 브랜치는 버전 관리 용어인데, 코드 베이스 복사본으로 여러 브랜치에서 수정이 가능하게 합니다.

CI의 명확한 장점은 병합 충돌을 피하는 데 도움이 됩니다. 병합 충돌은 여러 개발자가 단일 브랜치에 자신들의 코드를 합칠 때 일어납니다. 하루 동안 한 개발자가 작업 중인 코드를 마스터 브랜치에 여러 번 병합해서 이 코드가 다른 개발자 코드에 영향을 미치는 것을 피할 수 있습니다. 마스터 브랜치는 지속해서 업데이트되기 때문에 동일한 프로젝트를 작업 중인 다른 개발자가 자신의 개발 환경에 가장 최근 코드를 받아 상대적으로 최신 버전을 유지할 수 있습니다.

앞의 시나리오로 돌아와서, 관리자는 모든 개발자가 코드를 푸시하기 전에 자동으로 테스트 케이스를 실행하는 서비스를 구현하여 CI 과정을 좀 더 매끄럽게 하고자 합니다. Git 같은 버전 관리 시스템에서 개발자는 풀 요청을 등록할 수 있습니다. 트래비스, 써클 CI, 젠킨스 같은 서비스는 풀 요청이 코드를 병합하기 전에 모든 테스트 케이스를 통과하는지 확인하도록 도와줍니다. 시스템을 도입하고 난 후 병합 충돌은 줄었지만, 아직 배포 문제가 남아 있습니다.

12.2.2 지속 전달

지속 전달은 빠르고 빈번하게 소프트웨어를 작성하고 테스트해서 출시하는 것을 목표로 하는 소프트웨어 엔지니어링 방식입니다. 코드를 릴리스하기 전에 통과해야 하는 검사를 해서 빠르고 안정적으로 배포 파이프라인을 만드는 것이 목적입니다. 예를 들어 소프트웨어가 출시되기 전에 모든 테스트 케이스를 통과하고, 에러나 경고 없이 빌드도 통과해야 합니다. 이것이 확인되어야 더 신뢰할 수 있고 일관된 릴리스를 제공할 수 있습니다.

일반적으로 CI는 개발 팀이 하는 일이 아닙니다. 보통 데브옵스(DevOps) 혹은 개발 운영 팀에서 설정과 지속 전달을 유지하는 일을 담당합니다. CI 과정의 기본과 CI가 테스트와 어떤 관계가 있는지 알아 둘 필요가 있습니다.

지속 전달을 사용하면 마스터 브랜치에 대한 코드 병합과 커밋이 웹 사이트 빌드를 트리거합니다. 이는 스테이징 환경에 웹 사이트를 수동으로 배포할 때 걸리는 시간을 줄일 수 있습니다. 웹 사이트가 최대한 멈추지 않게 모든 테스트 케이스를 통과했을 때만 배포될 수 있는 추가적인 이점이 있습니다.

지속 전달로 누군가가 스테이징 환경을 생성하고 배포하는 데 걸리는 시간을 낭비할 필요가 없어졌습니다. 지속 전달은 이 작업을 매일 반복합니다. 그렇다면 지속 배포는 지속 전달과 어떤 관계가 있을까요?

12.2.3 지속 배포

지속 배포는 지속 전달에서 한 단계 더 나아가 수정이 있을 때마다 코드를 프로덕션에 직접 배포합니다. 지속 전달로 개발자는 코드가 프로덕션에 배포되기 전에 모든 테스트를 통과했는지 확인하고 안심할 수 있습니다.

자동 테스트가 앱의 모든 부분을 검사할 정도로 강력하지 않다면 모든 수정 사항을 프로덕션에 배포한다는 것은 굉장히 위험할 수 있습니다. 최악의 경우에는 작동하지 않는 웹 사이트가 프로덕션에 배포되는 것입니다. 이 시점에서 롤백 혹은 긴급 픽스가 필요합니다. 지금까지 작업 흐름에 테스트를 통합하는 방법을 알아보았습니다. 이제 어떤 종류의 테스트가 있고 Vue.js에서 어떻게 사용하는지 알아보겠습니다.

12.3 테스트 종류

하나가 아닌 여러 종류의 테스트를 생성할 수도 있습니다. 이 장에서는 단위 및 컴포넌트 테스팅을 포함한 많이 사용되는 테스트를 알아보겠습니다.

단위 테스트는 애플리케이션의 작은 부분에 대한 테스트입니다. 대부분은 앱의 함수이지만, 항상 그렇지는 않습니다. 이는 컴포넌트가 될 수도 있습니다. 기본 단위 테스트를 만들어 어떻게 작동하는지 확인해 보겠습니다.

단위 테스트는 특별한 이점들이 있습니다. 그중 하나는 빠르고 즉시 실행된다는 것입니다. 작은 코드 조각만 테스트하기 때문에 빠르게 실행할 수 있습니다. 또 문서 역할도 가능합니다. 단위 테스트는 코드가 실행되어야 하는 모습을 적어 놓은 문서입니다. 단위 테스트는 수천 번 실행해도 같은 결과를 출력하기 때문에 신뢰할 수 있습니다. 종종 실패하는 API에 의존하는 다른 테스트와 다르게 단위 테스트는 이러한 문제가 전혀 없습니다. 화씨에서 섭씨로 온도를 변환해 주는 애플리케이션을 만들었다고 합시다. 이 앱에는 변환하는 함수 하나만 있습니다. 우리는 쉽게 반환된 값이 올바른지 확인하는 단위 테스트를 구성할 수 있습니다. 코드 12-1을 보세요.

코드 12-1 기본 단위 테스트: chapter-12/unit.js

```
function convert(degree) {
  let value = parseFloat(degree);
  return (value-32) / 1.8;
}

function testConvert() {  ···· convert 함수를 체크하는 기본 단위 테스트입니다.
  if (convert(32) !== 0) {
    throw new Error("변환 실패");
  }
}

testConvert();
```

두 번째로 알아볼 테스트 유형은 컴포넌트 테스트입니다. 이 테스트는 각 컴포넌트에서 실행하여 각 컴포넌트가 제대로 작동하는지 확인합니다. 이는 애플리케이션 전반에서 테스트하고 디버그하기가 좀 더 어렵기 때문에 단위 테스트보다는 더욱 복잡합니다. 하지만 컴포넌트가 요구 사항을 충족하고 목표를 달성하는지 확인할 수 있습니다.

12.4 환경 설정

지금까지 자주 사용되는 테스트 종류와 테스트를 사용하는 이유를 전반적으로 알아보았습니다. 이제 환경을 설정해 봅시다. 애완용품샵 앱에서 여러 테스트를 할 수 있으니 추가해 봅시다.

이 절에서는 애완용품샵 앱을 수정하여 Vue.js에서 추천하는 최신 테스트 라이브러리를 사용하겠습니다. 이 글을 쓰는 시점에 프로젝트를 생성할 때는 Vue-CLI에 이러한 라이브러리가 내장되어 있지 않아 설정이 좀 더 필요합니다. 그러려면 몇몇 패키지를 설치하고 파일을 구성해야 합니다.

설정하려면 먼저 애완용품샵 앱의 복사본이 필요합니다. 지금까지 직접 코드를 작성하고 있었다면 그대로 사용하면 되고, 그렇지 않다면 길벗출판사 깃허브(https://github.com/gilbutITbook/007024)에서 11장에 있는 애완용품샵 앱을 내려받으세요.

vue-test-utils는 Vue.js의 공식 단위 테스트 라이브러리입니다. Vue.js를 쉽게 테스트할 수 있으니 이 라이브러리를 사용합니다. 이 장에서 라이브러리의 기본 내용을 다룰 것입니다. 더 많은 정보가 필요하다면 https://vue-test-utils.vuejs.org 공식 가이드에서 확인하세요.

7장에서 애완용품샵 앱을 만들 때 Nightwatch와 Karma에 Yes를 했습니다. 당시 글을 쓰던 시점에서는 Vue-CLI가 vue-test-utils 라이브러리를 제공하지 않았습니다. 따라서 기본으로 해당 라이브러리가 설치되어 있지 않으므로 설치해야 합니다.

또 vue-test-utils 라이브러리에서 어떤 test-runner를 사용할지도 정해야 합니다. test-runner는 우리가 생성한 단위 테스트를 골라 실행합니다. 애완용품샵 앱을 처음 만들 때는 Mocha와 Karma가 유일한 test-runner 선택 옵션이었습니다. Karma는 vue-test-utils와 함께 사용해도 되지만 공식적으로는 추천하지 않습니다. vue-test-utils 팀은 Jest 혹은 mocha-webpack을 추천합니다. 이미 Mocha가 설치되어 있으므로 mocha-webpack을 설치하겠습니다. Jest 또한 훌륭한 선택이지만 이 책에서는 다루지 않습니다.

> Note ≡ Jest를 사용한다면 이 책의 모든 테스트를 활용할 수 있지만, 조금 다른 설정이 필요합니다. http://mng.bz/3Dch에서 Jest를 설정하는 방법을 찾을 수 있습니다.

mocha-webpack을 test-runner로 사용하므로 몇몇 다른 것들을 설치해야 합니다. 테스트를 실행하려면 웹 브라우저가 필요합니다. 크롬이나 파이어폭스 같은 실제 웹 브라우저에서 테스트를 실행해도 되지만, 헤드리스 브라우저를 사용하는 것만큼 유연하지 않고 느리기 때문에 추천하지 않습니다. 그 대신에 jsdom과 jsdom-global 모듈을 사용하겠습니다. 이 모듈로 테스트 케이스를 실행할 때 사용할 헤드리스 브라우저를 시뮬레이션합니다.

> Note ☰ 헤드리스 브라우저는 GUI가 없고 웹 페이지를 자동으로 제어하기가 용이합니다. 헤드리스 브라우저는 현대 웹 브라우저와 거의 동일하게 작동하지만, 일반적으로 CLI를 사용해서 상호 작용합니다.

이제 어설션 라이브러리를 선택해야 하는데, Chai와 Expect를 주로 사용합니다. 어설션 라이브러리는 if 문과 같은 분기문에 의존하지 않고 참을 확인할 때 사용합니다. vue-test-utils 팀은 mocha-webpack과 함께 Expect를 사용하도록 권장하기에 Expect도 설치하겠습니다. https://vue-test-utils.vuejs.org/guides/#testing-single-file-components-with-mocha-webpack에서 어설션 선택에 대한 더 많은 정보를 확인할 수 있습니다.

마지막으로 설치해야 할 라이브러리는 webpack-node-externals입니다. 이 라이브러리는 테스트 번들에서 특정 npm 의존성을 제외할 수 있게 합니다.

이 책에 포함된 애완용품샵 앱의 가장 최신 버전을 가져옵시다. 깃허브에서 11장으로 최신 애완용품샵 앱을 내려받았다면 src 폴더에 있는 firebase.js에 파이어베이스 설정을 입력해야 합니다. 그렇지 않으면 애플리케이션이 실행되지 않습니다.

애완용품샵 앱의 최신 버전을 가져왔다면 다음 명령어로 의존 라이브러리를 설치하세요.

```
$ cd petstore
$ npm install
$ npm install --save-dev @vue/test-utils mocha-webpack
$ npm install --save-dev jsdom jsdom-global
$ npm install --save-dev expect
$ npm install --save-dev webpack-node-externals
```

의존 라이브러리 설치가 완료된 후에 설정을 추가하겠습니다. 애완용품샵 앱의 build 폴더에 있는 webpack.base.config.js 파일을 수정합니다. 코드 12-2를 파일 하단에 추가해서 webpack-node-externals와 inline-cheap-module-source-map을 구성하겠습니다.

코드 12-2 source map과 node externals 설정하기: chapter-12/setup.js

```
if (process.env.NODE_ENV === 'test') {
  module.exports.externals = [require('webpack-node-externals')()] ···· 테스트 환경을 설정합니다.
  module.exports.devtool = 'inline-cheap-module-source-map'
}
```

test 폴더를 보면 unit과 e2e 폴더가 있습니다. 해당 폴더는 사용하지 않으므로 삭제해도 됩니다. test 폴더에 setup.js라는 새 파일을 추가합니다. setup.js 파일은 jsdom-global과 expect 전역 변수를 설정할 곳입니다. 이렇게 하면 모든 테스트 케이스에서 해당 모듈을 불러오지 않아도 됩니다. 코드 12-3을 test/setup.js 파일에 복사하세요.

코드 12-3 테스트 설정하기: chapter-12/petstore/test/setup.js

```
require('jsdom-global')()  ···· jsdom-global을 설정합니다.
global.expect = require('expect')  ···· 앱 내부에 expect를 설정합니다.
```

다음으로 package.json 파일에 테스트 스크립트를 업데이트해야 합니다. 이 스크립트는 mocha-webpack test runner와 테스트를 실행합니다. 단순하게 하기 위해 모든 테스트는 spec.js 파일 확장자로 저장될 것입니다. package.json 파일을 열고 스크립트의 test 부분을 코드 12-4와 같이 변경하세요.

코드 12-4 package.json 업데이트하기: chapter-12/testscript.js

```
"test": "mocha-webpack --webpack-config
build/webpack.base.conf.js --require
test/setup.js test/**/*.spec.js"  ···· package.json 파일에 들어갈 "test" 스크립트입니다.
```

여기까지가 설정에 필요한 모든 구성입니다. 이제 테스트 케이스를 생성할 수 있습니다.

VUE.JS

12.5 vue-test-utils로 첫 테스트 케이스 생성

vue-test-utils를 사용한 첫 테스트로 **주문하기** 버튼을 누른 후 Form 컴포넌트가 제대로 작동하는지 확인해 보겠습니다. Form 컴포넌트의 **주문하기** 버튼을 누르면 알림창이 표시됩니다. 알림창을 테스트할 수 있지만, 현재 설정으로는 쉽지 않고 jsdom-global 구성도 변경해야 합니다. 그래서 알림창을 테스트하기 위해 madeOrder 속성을 생성합시다. 기본값은 false입니다. **주문하기** 버튼을 누르고 나면 true가 됩니다.

order 폼이 업데이트되어 주문을 완료했다는 메시지가 하단에 나타납니다(그림 12-1 참고).

madeOrder가 true이면 텍스트가 나타나고, false이면 나타나지 않습니다. 이제는 알림창을 사용하지 않을 것이므로 madeOrder를 추가해서 **주문하기** 버튼을 누를 때 피드백을 받을 수 있습니다.

▼ 그림 12-1 하단에 주문 완료를 표시하는 애완용품샵 체크아웃 페이지

애완용품샵 체크아웃

정보를 입력하세요

이름:
John

성:
Smith

주소:
555 Olive St

도시:
Jefferson

주:
AL ▼

우편 번호:
78542

☑ 선물로 보내기   ⦿ 자택 ○ 직장

주문하기

```
이름: John
성: Smith
주소: 555 Olive St
도시: Jefferson
우편번호: 78542
주: 알라바마
배송지: 자택 주소
선물: 선물로 보내기
```

주문완료

➤ 주문 완료를 표시하는 하단의 새로운 메시지

그러려면 src/components/Form.vue 파일을 업데이트해야 합니다. 데이터 함수에 madeOrder 속성을 추가합니다. submitForm 메서드를 수정하고 알림창을 삭제한 후 this.madeOrder = true를 추가합니다. 이 설정은 앱이 시작할 때 속성을 true로 설정합니다. 코드 12-5와 같이 src/components/Form.vue를 업데이트하세요.

코드 12-5 Form 컴포넌트 업데이트하기: chapter-12/form-update.js

```
...
        dontSendGift: '선물로 보내지 않기'
      },
      madeOrder: false  ···· madeOrder에 새로운 속성을 추가합니다.
...
  methods: {
    submitForm() {
      this.madeOrder = true;  ···· madeOrder를 true로 설정합니다.
    }
  }
...
```

이제 첫 번째 테스트 케이스를 생성할 준비가 되었습니다. **주문하기** 버튼을 눌러 madeOrder 속성이 true가 되는지 확인합시다. 테스트를 위해 vue-js-utils의 shallow 함수를 사용하겠습니다. shallow 함수는 Vue 컴포넌트가 가진 자식 컴포넌트를 제외하고 렌더링합니다. 다른 공통 함수는 mount로 자식 컴포넌트를 제외하지 않는다는 점을 제외하면 shallow와 동일합니다.

Form 컴포넌트도 임포트해야 합니다. 나중에 해당 컴포넌트를 shallow 함수에 넘겨 주위에 래퍼를 생성하겠습니다. 다음으로 describe가 있습니다. describe 함수는 유사한 테스트를 그룹으로 묶어 테스트 스위트 하나로 만드는 데 사용됩니다. 커맨드라인에서 테스트를 실행해 보면 테스트 스위트가 통과했는지 실패했는지를 볼 수 있습니다.

it 함수는 테스트 케이스로 버튼을 테스트해서 madeOrder 속성이 올바르게 업데이트되는지 확인할 단위 테스트가 될 것입니다. 각 테스트 스위트에 여러 테스트 케이스를 둘 수 있습니다.

현재 익스펙트 어설션 라이브러리를 사용하기 때문에 이것으로 madeOrder 속성이 true로 설정되는지 확인할 수 있습니다. 코드 12-6을 보면 속성에 접근하려고 wrapper.vm.madeOrder를 사용합니다. shallow 함수에서 반환된 래퍼 객체는 vm을 포함한 여러 속성을 가집니다. vm 속성을 사용하여 모든 Vue 인스턴스 메서드와 속성에 접근해서 Vue 컴포넌트 안에 속성을 가져오거나 메서드를 실행할 수 있습니다. 아주 유용합니다.

또 래퍼에는 선택자를 허용하는 find 함수가 있습니다. find 함수는 태그 이름, ID, 클래스 같은 유효한 CSS 선택자를 사용할 수 있습니다. 그러면 trigger 함수를 사용해서 이벤트를 트리거할 수 있습니다. 현재는 버튼의 클릭 이벤트가 됩니다. 코드 12-6으로 새 Form.spec.js 파일을 생성하세요.

코드 12-6 첫 번째 테스트 케이스: chapter-12/petstore/test/Form.spec.js

```
import {shallow} from '@vue/test-utils' ···· 테스트 케이스에서 사용하려고 shallow를 임포트합니다.
import Form from '../src/components/Form.vue' ···· Form 컴포넌트를 임포트합니다.

describe('Form.vue', () => {

    it('버튼을 눌렀을 때 madeOrder가 true가 되는지 확인', () => {
        const wrapper = shallow(Form) ···· shallow 버전의 컴포넌트에 래퍼를 할당합니다.
        wrapper.find('button').trigger('click') ···· 버튼을 찾아 트리거합니다.
        expect(wrapper.vm.madeOrder).toBe(true); ···· madeOrder가 true인지 확인합니다.
    })

})
```

이제 테스트 케이스를 실행해 봅시다. 애완용품샵의 최상위 디렉터리에 있는지 확인하고 npm test 명령어를 실행하세요. 테스트 스위트가 실행될 것입니다. 에러가 발생한다면 모든 의존 라이브러리가 제대로 설치되어 있는지, package.json 파일에 테스트 스크립트가 있는지 확인하세요. 그림 12-2는 모든 테스트가 통과했을 때 모습입니다.

▼ 그림 12-2 성공적인 첫 번째 테스트 케이스 확인

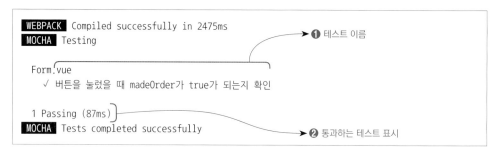

테스트가 통과했기 때문에 성공했다는 메시지가 표시됩니다. 실패했을 때는 어떤 모습인지 볼까요? petstore/test/Form.spec.js 파일로 돌아가세요. expect 문을 찾아 값을 true가 아닌 false로 설정하세요. npm test 명령어를 다시 실행했을 때 실패해야 합니다. 그림 12-3에서는 결과창에 예상 값과 전달받은 값을 표시합니다.

▼ 그림 12-3 테스트 케이스 실패

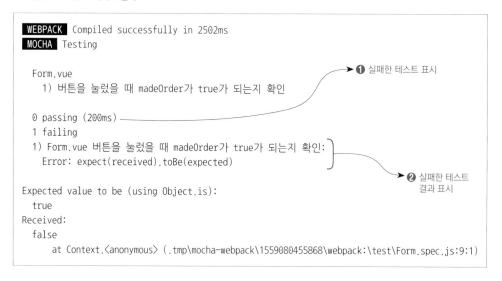

이제 테스트 기본을 알아보았으니 테스트 컴포넌트를 살펴봅시다.

12.6 테스트 컴포넌트

컴포넌트를 테스트하기 전에 무엇을 테스트할지 정해야 합니다. 우리는 컴포넌트가 무엇을 하도록 예상해야 할까요? 애완용품샵 앱을 예로 들어 보겠습니다.

애플리케이션에는 Main, Header, Form 컴포넌트 3개가 있습니다. Header 컴포넌트의 임무는 장바구니에 담긴 상품 개수를 표시하고 **로그인** 혹은 **로그아웃** 버튼을 표시하는 것입니다. Form 컴포넌트의 임무는 모든 입력 폼을 보여 주고 **주문하기** 버튼을 눌러 주문하는 옵션을 제공합니다. Main 컴포넌트는 모든 상품을 표시할 때 사용됩니다. 이는 파이어베이스 저장소에서 모든 컴포넌트를 렌더링해야 합니다.

12.6.1 테스트 속성

대부분의 컴포넌트는 전달받은 속성을 가지고 있습니다. 예를 들어 애완용품샵 앱에서 cartItemCount는 Header 컴포넌트에 전달되고 오른쪽 상단에 표시됩니다. 해당 속성이 전달되었는지 확인하는 테스트 케이스를 만들어 봅시다.

petstore/test/ 디렉터리에 Header.spec.js 파일을 생성하세요. 이 파일에는 Header 컴포넌트를 위한 모든 테스트를 포함할 것입니다. 시작하기에 앞서 설정이 조금 필요합니다.

Header.vue 파일을 보면 파이어베이스와 Vuex를 사용하고 있습니다. beforeCreate 혹이 파이어베이스 함수를 호출하고 세션을 커밋하는 Vuex 저장소 명령을 사용해서 값을 설정합니다. 이번 예제에서는 Vuex나 파이어베이스를 테스트하지는 않지만, 에러가 발생하기 때문에 임포트는 해야 합니다. 코드 12-7과 같이 ../src/firebase와 ../src/store/store를 임포트하는지 확인하세요.

파일 상단에 vue-test-utils 라이브러리에서 shallow를 임포트하세요. 추가로 createLocalVue()도 임포트하세요. Vuex를 설정하려면 이 함수가 필요합니다. 다음으로 localVue 변수를 생성해서 createLocalVue()에 할당합니다. 이 함수는 localVue 클래스를 반환합니다. Vue 사본을 만드는 복사기로 생각하면 됩니다. 이를 사용해서 테스트에 필요한 Vuex 설정을 할 수 있습니다.

코드 12-7을 보면 shallow 함수를 다시 사용하지만, 이전에 생성한 단위 테스트와 조금 다른 모습입니다. shallow 함수는 옵션의 두 번째 인수를 받을 수 있습니다. 이 객체에는 컴포넌트가 필요한 정보보다 더 많은 정보가 들어 있습니다. propsData, localVue, store를 사용해서 내부에 속성 데이터를 설정할 수 있습니다.

속성 설정을 위해서는 무언가를 넘겨주어야 합니다. 가장 쉬운 방법은 cartItemCount를 추가하는 것입니다. 해당 변수를 propsData에 넘겨주면 Header 컴포넌트 내부에 설정됩니다.

마지막으로 해야 할 일은 wrapper.vm.cartItemCount가 cartItemCount와 일치하는지 확인하는 것입니다. 일치한다면 테스트를 통과합니다. 코드 12-7을 petstore/test/Header.spec.js 파일에 복사하세요.

코드 12-7 속성 테스트하기: chapter-12/header-prop-test.js

```
import {shallow, createLocalVue} from '@vue/test-utils';
import Header from '../src/components/Header.vue';
import Vuex from 'vuex';          ┄┄ 테스트 케이스에 Vuex를 임포트합니다.
import '../src/firebase';         ┄┄ 테스트 케이스에 Firebase를 임포트합니다.
import {store} from '../src/store/store';   ┄┄ 테스트 케이스에 Vuex 저장소를 임포트합니다.

const localVue = createLocalVue();
localVue.use(Vuex)

describe('Header.vue', () => {

  it('헤더에 올바르게 속성이 전달되었는지 확인', () => {
    const cartItemCount = 10;
    const wrapper = shallow(Header, {    ┄┄ 새 래퍼 상수는 두 번째 인수를 가집니다.
      store, localVue, propsData: {cartItemCount}   ┄┄ propsData는 cartItemCount로
                                                         설정합니다.
    })
    expect(wrapper.vm.cartItemCount).toBe(cartItemCount);   ┄┄ expect는 전달받은 속성이
                                                                cartItemCount와 일치하는지
  })                                                          확인합니다.

});
```

12.6.2 텍스트 테스트

가끔 컴포넌트 어딘가에 텍스트가 렌더링되는지 테스트하고 싶을 수 있습니다. 어떤 요소에서 텍스트가 렌더링되는지는 상관없고, 렌더링하는지만 확인하고 싶습니다.

테스트를 작성할 때 각 테스트 케이스는 한 가지만 테스트해야 한다는 것을 명심하세요. 텍스트 확인을 위한 테스트 케이스에 여러 어설션을 만들 수도 있지만, 이때는 테스트 케이스를 여러 개로 만드는 것이 좋습니다.

petstore/test/Header.spec.js 파일을 열어 새로운 테스트 케이스를 추가하겠습니다. 마지막 테스트 케이스로는 cartItemCount 속성이 올바르게 Header 컴포넌트에 전달되는지 확인하겠습니다. 지금은 〈span〉 태그에 있는 컴포넌트 내부에 속성의 텍스트가 올바르게 표시되는지 확인합니다.

바로 앞에서 한 방식과 동일하게 다른 래퍼를 생성합시다. 이번에는 wrapper.find 함수를 사용해서 span을 찾아보겠습니다. 그리고 text() 함수를 사용해서 cartItemCount인 span의 텍스트를 가져올 수 있습니다. 또 toContain 함수를 사용해서 콘텐츠가 일치하는지도 확인하겠습니다. 코드 12-8을 petstore/test/Header.spec.js 파일의 마지막 테스트 아래에 복사하세요.

코드 12-8 텍스트 테스트하기: chapter-12/header-text-test.js

```
it('cartItemCount 텍스트가 제대로 표시되는지 확인', () => {
  const cartItemCount = 10;
  const wrapper = shallow(Header, {
    store, localVue, propsData: {cartItemCount}
  })
  const p = wrapper.find('span'); ···· 래퍼가 〈span〉 태그를 찾습니다.
  expect(p.text()).toContain(cartItemCount) ···· 어설션은 텍스트가 cartItemCount와 일치하는지
})                                                확인합니다.
```

12.6.3 CSS 클래스 테스트

클래스를 테스트할 때는 요소에 첨부된 클래스 배열을 반환하는 classes 함수를 사용할 수 있습니다. div 중 하나의 클래스가 올바른지 확인하는 테스트를 빠르게 추가해 봅시다.

petstore/test/Header.spec.js 파일 내부에 새로운 테스트 케이스를 추가합니다. 해당 테스트 케이스에 새로운 래퍼를 생성할 것입니다. 이번에는 컴포넌트의 모든 div를 반환하는 findAll을 사용할 것입니다. at(0)을 사용해서 첫 번째 div를 가져올 수 있습니다. 여기서 p.classes()에 expect 문을 사용해서 첫 번째 div에 첨부된 모든 클래스를 가져올 수 있습니다. 클래스 중 하나라도 일치한다면 toContain은 true를 반환합니다.

Header.vue 파일을 보면 navbar와 navbar-default가 첫 번째 div에 붙어 있는 것을 알 수 있습니다. 우리는 지금 navbar를 찾고 있기 때문에 테스트는 통과합니다.

```
it('navbar 클래스가 첫 번째 div에 추가되는지 확인', () => {
    const cartItemCount = 10;
    const wrapper = shallow(Header, {
      store, localVue, propsData: {cartItemCount}
    })
    const p = wrapper.findAll('div').at(0);  ---- 모든 div를 찾아 첫 번째 div를 반환합니다.
    expect(p.classes()).toContain('navbar');  ---- 연결되어 있는 클래스를 확인해서
})                                                  navbar가 있는지 확인합니다.
```

더 나아가기에 앞서, npm test 명령어를 실행해서 모든 테스트가 통과하는지 확인하세요(그림 12-4 참고). 하나라도 실패한다면 expect 문을 다시 한 번 살펴보고 파일 상단에 필요한 것을 모두 임포트하고 있는지 확인하세요.

모든 테스트가 통과했으면 Vuex로 넘어가겠습니다.

▼ 그림 12-4 모든 테스트 통과

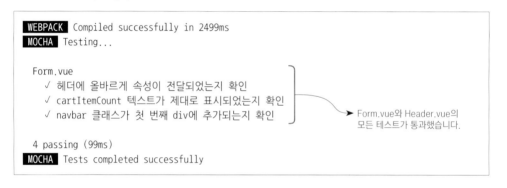

12.6.4 모의 Vuex 테스트

Vuex 저장소는 애플리케이션의 데이터를 포함하는 중앙 저장소입니다. 애완용품샵 앱에서는 이 저장소를 이용하여 세션 데이터를 설정하고 상품 정보를 포함합니다. Vuex를 사용할 때는 저장소를 테스트하는 것이 좋습니다.

Note ≡　Vuex 테스트는 복잡하며 알아야 할 내용이 많습니다. 안타깝게도 여기서 다루지는 않을 것입니다. Vuex 테스트에 대한 더 많은 정보는 https://vue-test-utils.vuejs.org/guides/#testing-vuex-in-components 공식 Vuex 테스트 가이드를 확인하세요.

테스트 케이스로 Header 컴포넌트를 테스트해서 세션이 true 혹은 false로 설정될 때 어떻게 작동하는지 살펴보겠습니다. 세션이 있을 때는 **로그아웃** 버튼이 표시되고, 세션이 없을 때는 **로그인** 버튼이 표시되는지 확인하고 싶습니다.

이 장 초반에 테스트 파일에 저장소를 직접 임포트했습니다. 이는 Header 컴포넌트에 테스트 케이스를 생성할 수 있도록 한 임시 해결 방법입니다. Vuex 저장소를 테스트하려면 저장소를 완전히 흉내 내야 합니다. 생각보다 쉽습니다.

petstore/test/Header.spec.js 파일 상단에 저장소를 임포트한 것을 볼 수 있습니다. 해당 줄을 삭제하세요. 저장소의 목(mock)을 생성할 것입니다. 목은 테스트에서는 사용할 수 없는 복잡한 객체와 구조가 동일한(Vuex 저장소와 유사한) 객체이지만, 구현으로 제어할 수 있습니다. 코드 12-10과 같이 describe 문 밑에 store, getters, mutations 변수를 추가하세요. beforeEach 내부의 코드는 모든 테스트 케이스가 실행되기 전에 실행됩니다. 보통 설정 코드를 추가하면 좋습니다.

편의를 위해 저장소는 간단하게 하겠습니다. session에 false를 반환하는 getter와 빈 객체를 반환하는 mutation을 만듭니다. new Vuex.Store를 사용해서 저장소를 생성할 수 있습니다(Store에 대문자 S를 사용해야 합니다). 코드 12-10을 petstore/test/Header.spec.js 파일 상단에 복사하세요.

코드 12-10 Vuex 흉내 내기: chapter-12/header-vuex-mock.js

```
describe('Header.vue', () => {

  let store;
  let getters;          ┈┈ 저장소, 게터, 뮤테이션 변수입니다.
  let mutations;
  beforeEach(() => {  ┈┈ 각 테스트가 시작하기 전에 실행됩니다.
    getters = {
      session: () => false   ┈┈ 세션 게터를 false로 설정합니다.
    }
    mutations = {
      SET_SESSION: () => {}   ┈┈ SET_SESSION 뮤테이션은 빈 객체를 반환합니다.
    }
    store = new Vuex.Store({   ┈┈ 새 저장소가 생성됩니다.
      getters,
      mutations
    })
  })
})
```

모의 Vuex 저장소도 만들었으니 이제 테스트 케이스에 사용할 수 있습니다. 우리는 session 이 false일 때 **로그인** 버튼이 표시되는 것을 가정할 수 있습니다. 조금 헷갈린다면 mySession이라는 계산된 속성에 의존하고 v-if 지시자가 있는 src 폴더의 Header.vue 파일을 살펴보세요. mySession이 false라면 **로그인** 버튼이 표시됩니다. v-else 지시자는 mySession이 true이면 표시됩니다. 코드 12-11을 petstore/test/Header.js 파일에 복사하세요.

코드 12-11 로그인 테스트하기: chapter-12/header-signin-test.js

```
it('로그인 버튼의 텍스트가 올바른지 확인', () => {
  const cartItemCount = 10;
  const wrapper = shallow(Header, {
    store, localVue, propsData: {cartItemCount}
  })

  expect(wrapper.findAll('button').at(0).text()).toBe("로그인");
})
```
····· 어설션 익스펙트가 버튼의 텍스트가 로그인인지 확인합니다.

반대로 세션이 있다면 **로그아웃** 버튼이 표시되는지 확인해야 합니다. 여러 방법이 있지만 가장 쉬운 방법은 저장소에 새로운 getters.session을 생성하는 것입니다. 래퍼를 생성할 때 새로운 저장소가 추가되고 Header 컴포넌트가 세션이 true로 설정된 것처럼 나타납니다. 코드 12-12를 복사해서 petstore/test/Header.spec.js 파일에 새로운 테스트 케이스로 추가하세요.

코드 12-12 로그아웃 테스트하기: chapter-12/header-signout-test.js

```
it('로그아웃 버튼의 텍스트가 올바른지 확인', () => {
  const cartItemCount = 10;
  getters.session = () => true;
  store = new Vuex.Store({getters, mutations})
  const wrapper = shallow(Header, {
    store, localVue, propsData: {cartItemCount}
  })
  expect(wrapper.findAll('button').at(0).text()).toBe("로그아웃");
})
```
····· 버튼 텍스트가 로그아웃인지 확인합니다.

테스트를 실행하면 모두 통과할 것입니다. 여기까지가 애완용품샵 앱에 실행할 모든 테스트입니다. 연습 문제로 Form과 Main 컴포넌트에 테스트 케이스를 추가해 보세요.

12.7 크롬 디버거 설정

테스트를 디버깅하다 보면 코드가 실행될 때 변수들이 무엇을 하고 있는지 알아보려고 console. log를 사용할 때가 있습니다. 이것도 괜찮지만, 크롬 디버거를 사용하면 작업이 훨씬 쉬워집니다.

테스트 케이스 내에 debugger 문을 추가하면 됩니다. debugger 키워드를 아무 데나 추가하세요. 이렇게 하면 코드가 실행되는 중에 debugger 문이 있는 부분에서 실행을 중지합니다. 이는 크롬 브라우저의 노드 검사기를 사용할 때만 할 수 있습니다. 노드 검사기(node inspector)는 Node. js 8.4.0 이상 버전에 내장된 도구로 크롬 브라우저에서 디버깅을 도와줍니다. 노드 검사기를 사용해서 테스트를 실행하려면 코드 12-13을 실행해야 합니다. 커맨드라인에서 실행할 수도 있고 package.json 파일의 스크립트에 추가할 수도 있습니다. package.json 파일을 열고 코드를 스크립트 부분에 추가하세요.

코드 12-13 package.json에 inspect 추가하기: chapter-12/petstore/package.json

```
...
  "private": true,
  "scripts": {
...
    "inspect": "node --inspect --inspect-brk node_modules/mocha-webpack/bin/
      mocha-webpack --webpack-config build/webpack.base.conf.js --require test/setup.js
      test/**/*.spec.js" ···· 웹 브라우저를 검사하는 스크립트 명령을 실행합니다.
  },
...
```

실행을 위해 콘솔에 npm run inspect 명령어를 입력하세요. 이 명령어는 노드 검사기를 실행합니다. 또는 커맨드라인에서 이 명령어를 실행할 수 있습니다.

어떤 방법이든 localhost 127.0.0.1에 새로운 디버거가 실행됩니다. 다음과 같은 출력을 볼 수 있습니다.

```
Debugger listening on ws://127.0.0.1:9229/0c3da95b-b0d5-45fd-8f0b-f77b7bf962ae
For help see https://nodejs.org/en/docs/inspector
```

크롬 브라우저를 열고 URL: chrome://inspect를 입력하세요. Devices 페이지가 열립니다(그림 12-5 참고).

▼ 그림 12-5 크롬 디바이스 페이지

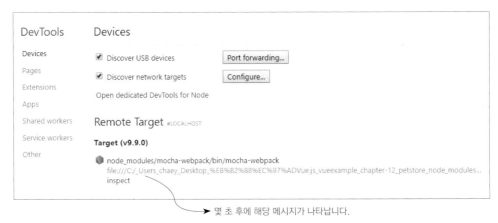

➤ 몇 초 후에 해당 메시지가 나타납니다.

조금 기다리면 하단에 타깃과 inspect를 보여 주는 링크를 볼 수 있습니다. **Inspect** 버튼을 누르면 새 창이 열립니다. Inspect 창이 정지 상태에서 시작됩니다. 화살표를 클릭해서 디버거를 시작하세요(그림 12-6 참고).

▼ 그림 12-6 크롬 Inspect 창

해당 화살표는 중지된 디버거를 시작합니다. ◄

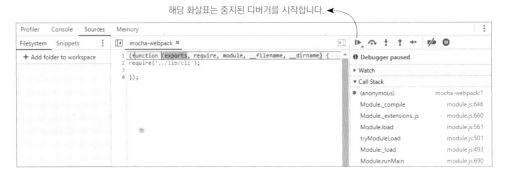

디버거가 시작된 후 디버거 문을 추가했던 곳에서 코드가 중지됩니다. 그림 12-7과 같이 콘솔을 보면 변수를 확인할 수 있습니다. 예를 들어 wrapper를 클릭하고 __proto__를 클릭한 후, __proto__를 다시 클릭해 보면 래퍼 메서드를 볼 수 있습니다.

▼ 그림 12-7 모든 래퍼 메서드를 보여 주는 디버거 문

➤ 래퍼의 모든 메서드를 확인할 수 있습니다.

변수가 무엇을 하는지, 테스트가 무엇인지 확인해야 할 때마다 크롬 inspector를 사용하면 됩니다.

V U E . J S

12.8 연습 문제

이 장에서 배운 내용을 바탕으로 다음 질문에 답하세요.

- 테스트는 왜 중요할까요? 테스트에 도움이 되는 Vue.js용 도구는 무엇인가요?

부록 B에서 답을 확인하세요.

12.9 요약

- 단위 테스트는 작은 단위의 기능을 테스트합니다.
- 테스트 작성으로 함수를 테스트하고 애플리케이션에서 정상적으로 작동하는지 확인할 수 있습니다.
- 크롬 브라우저를 사용해서 실시간으로 테스트 케이스를 디버그할 수 있습니다.

부록 A

환경 설정

올바른 도구 없이 개발하는 것은 손전등 없이 동굴을 탐험하는 것과 같습니다. 불가능한 임무는 아니겠지만, 탐험하는 내내 어둠 속에 있을 수밖에 없습니다. 이 절에서 다룰 도구나 대체재가 있다면 다음 내용으로 넘어가도 됩니다.

A.1 크롬 개발자 도구

개발할 때 우리의 가장 친한 친구는 크롬 개발자 도구일 것입니다. 크롬 브라우저가 없으면 내려받으세요. https://www.google.com/chrome/에서 찾을 수 있습니다. 그림 A-1과 같이 **도구 더 보기** > **개발자 도구**를 선택하거나 웹 페이지에서 마우스 오른쪽 버튼을 누른 후 **검사**를 선택해서 접근할 수 있습니다.

▼ 그림 A-1 크롬 개발자 도구의 기본 창에서 웹 페이지의 HTML 마크업과 선택된 요소의 CSS 스타일을 볼 수 있음

우측에 있는 창에서 선택한 마크업에 바인딩된 이벤트나
적용된 스타일 등 여러 요소를 확인할 수 있습니다.

이 패널에서 웹 페이지 혹은 애플리케이션을
구성하는 HTML을 볼 수 있습니다.

코드를 검사하다 보면 개발자 도구의 자바스크립트 콘솔을 자주 사용하게 될 것입니다. Console 탭을 사용하거나 **도구 더 보기** > **개발자 도구** > **Console** 메뉴에서 바로 확인할 수 있습니다.

개발자 도구에서 다른 탭을 보는 중에도 그림 A-2와 같이 ESC를 눌러 콘솔을 띄울 수 있습니다. 여기서 자바스크립트를 조작하면서 HTML에서 변경 사항 등을 같이 확인할 수 있습니다.

❤️ 그림 A-2 자바스크립트 콘솔로 Vue 애플리케이션의 자바스크립트와 HTML 마크업 검사 및 변경 가능

VUE.JS

A.2 크롬 vue-devtools

Vue 핵심 팀은 런타임 간 Vue 애플리케이션을 검사할 수 있는 맞춤형 크롬 확장 프로그램인 vue-devtools를 개발했습니다.

크롬 웹 스토어(http://mng.bz/RpuC)에서 vue-devtools 확장 프로그램을 설치할 수 있습니다. 원한다면 https://github.com/vuejs/vue-devtools에 있는 깃허브 저장소를 클론해서 코드를 수정하여 사용할 수도 있습니다.

> Note ☰ 설치 전 알림
>
> 확장 프로그램을 설치한 후에 크롬에 바로 나타나지 않을 수 있습니다. 설치 후 개발자 도구창을 열었는데, Vue 탭이
> 보이지 않는다면 새로운 탭이나 창을 열어 보세요.

❤ 그림 A-3 확장 프로그램 세부 정보 페이지에서 설정을 업데이트해야 vue-devtools에서 로컬 파일 사용 가능

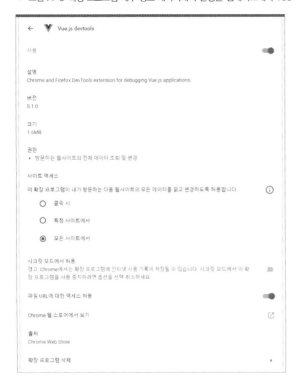

확장 프로그램을 설치하고 나면 애플리케이션에서 사용하는 데이터를 볼 수 있습니다. 특정 컴포 넌트만 확인하거나 이전 기록으로 돌아가 앱에서 최근 일어난 활동을 재시작할 수도 있습니다. 그 림 A-4에서 확장 프로그램의 모든 부분을 볼 수 있습니다.

❤ 그림 A-4 vue-devtools 확장 프로그램으로 Vue 애플리케이션을 실시간 관리

Components 탭에서 애플리케이션
구조를 살펴볼 수 있습니다.

Vuex 탭은 Vuex 라이브러리를 사용할 때
데이터 내용을 검사합니다.

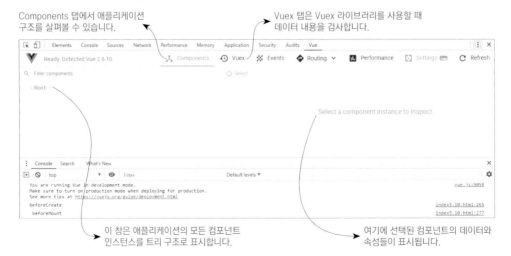

이 창은 애플리케이션의 모든 컴포넌트
인스턴스를 트리 구조로 표시합니다.

여기에 선택된 컴포넌트의 데이터와
속성들이 표시됩니다.

A.3 각 장의 컴패니언 코드 얻기

이 책의 모든 소스 코드는 길벗출판사 깃허브(https://github.com/gilbutITbook/007024)에서 내려받을 수 있습니다(저자 깃허브는 https://github.com/ErikCH/VuejsInActionCode입니다).

A.4 Node.js와 npm 설치

Vue-CLI 도구와 모듈 수천 개를 사용하려면 Node.js와 npm을 설치해야 합니다. LTS(장기 지원) 버전이나 현재 버전의 Node.js를 내려받길 추천합니다.

npm을 포함한 Node.js를 설치하는 방법입니다.

- **원 클릭 인스톨러를 사용해서 설치**: 윈도와 맥 모두 가능합니다.

- **NVM을 사용해서 설치**: NVM(노드 버전 매니저)은 Node.js 버전을 관리하는 스크립트입니다. 윈도와 맥 모두 가능합니다.

- **리눅스 패키지 관리 시스템을 사용해서 설치**: Yum, apt-get 혹은 pacman을 사용해서 리눅스 환경에서 Node.js를 설치할 수 있습니다.

- **MacPorts 혹은 Homebrew를 사용해서 설치**: macOS 사용자에게 인기 있는 선택입니다.

A.4.1 원 클릭 인스톨러를 사용해서 Node.js 설치

Node.js를 내려받기 가장 쉬운 방법은 원 클릭 인스톨러를 사용하는 것입니다. http://nodejs. org/en/download에서 자신의 운영 체제(윈도, 맥 32비트 혹은 64비트) 버전을 선택합니다. 그림 A-5와 같이 윈도에서는 .msi 확장자를 내려받고, 맥에서는 .pkg 확장자를 내려받으세요.

▼ 그림 A-5 Node.js 다운로드 페이지

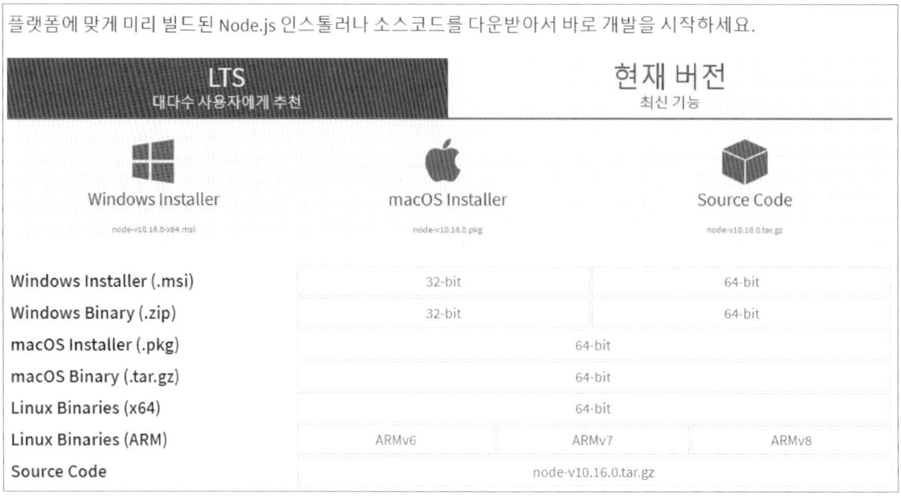

플랫폼에 맞게 미리 빌드된 Node.js 인스톨러나 소스코드를 다운받아서 바로 개발을 시작하세요.

LTS 대다수 사용자에게 추천		현재 버전 최신 기능
Windows Installer node-v10.16.0-x64.msi	macOS Installer node-v10.16.0.pkg	Source Code node-v10.16.0.tar.gz
Windows Installer (.msi)	32-bit	64-bit
Windows Binary (.zip)	32-bit	64-bit
macOS Installer (.pkg)	64-bit	
macOS Binary (.tar.gz)	64-bit	
Linux Binaries (x64)	64-bit	
Linux Binaries (ARM)	ARMv6	ARMv7	ARMv8
Source Code	node-v10.16.0.tar.gz	

A.4.2 NVM을 사용해서 Node.js 설치

NVM 또한 훌륭한 선택입니다. NVM은 Node.js의 여러 버전을 관리하는 스크립트입니다. 웹 사이트를 방문하지 않고도 Node.js를 설치할 수 있습니다. 스크립트는 내려받은 Node.js의 각 버전을 분리합니다. 명령어 사용법을 이해해야 하지만 초보자에게 추천하는 방법입니다. https://github.com/creationix/nvm에서 NVM을 찾을 수 있습니다. 윈도 버전은 https://github.com/coreybutler/nvm-windows/releases에서 확인할 수 있습니다.

맥에서 NVM을 설치하려면, 터미널 창을 열어 다음 명령어를 실행합니다.

```
$ curl -o- https://raw.githubusercontent.com/creationix/nvm/v0.33.2/install.sh | bash
```

이 명령어로 NVM의 가장 최신 버전을 내려받을 수 있습니다.

윈도에서 NVM을 설치하려면 nvm 윈도 릴리스 웹 페이지에서 nvm-setup.zip 파일을 클릭하세요. 압축을 풀고 nvm-setup.exe 파일을 실행하세요.

NVM 설치가 완료되었다면, 다음 명령어를 실행해서 Node.js 최신 버전을 내려받으세요.

```
$ nvm install node
```

모두 끝났습니다. Node.js와 npm 설치가 완료되었습니다.

A.4.3 리눅스 패키지 관리 시스템을 사용해서 Node.js 설치

모든 주요 리눅스 배포판은 저장소에 Node.js 패키지를 제공합니다. 예를 들어 우분투는 apt-get 을 사용할 수 있습니다.

```
$ sudo apt-get install nodejs
```

페도라는 yum을 사용할 수 있습니다.

```
$ yum install nodejs
```

자신의 리눅스 배포판을 확인해서 패키지를 설치할 때는 더 자세히 살펴보아야 합니다. 특정 배포판은 내려받을 때 옛날 버전의 Node.js가 있을 수 있습니다. 이때는 NVM을 사용하거나 공식 사이트에서 Node.js를 직접 내려받아야 합니다.

A.4.4 MacPorts 혹은 Homebrew를 사용해서 Node.js 설치

MacPorts와 Homebrew는 맥의 패키지 관리 시스템입니다. Node.js를 내려받으려면 일단 MacPorts 혹은 Homebrew를 설치해야 합니다. Homebrew 설치 방법은 http://brew.sh에서 확인하고, MacPorts 설치 방법은 https://www.macports.org에서 확인하세요.

맥에 둘 중 하나를 설치하고 나면 다음 명령어로 Node.js를 설치할 수 있습니다.

- Homebrew

  ```
  $ brew install node
  ```

- MacPorts

  ```
  $ sudo port install nodejs
  ```

A.4.5 Node.js가 제대로 설치되었는지 확인

Node.js가 제대로 설치되어 있는지 확인하려면 -v 명령어를 실행합니다.

```
$ node -v
$ npm -v
```

해당 명령어는 설치된 Node.js와 NPM 현재 버전을 표시합니다. 이 글을 쓰는 시점에서 최신 LTS 버전은 6.11이고, 현재 최신 버전은 8.2.1입니다.

A.5 Vue-CLI 설치

Vue-CLI를 설치하기 전에 먼저 최소 Node.js 4.6 버전 이상(6.x 선호), npm 3 버전 이상과 Git 이 있는지 확인하세요. 11장에서는 Nuxt.js를 사용하는데, 이때는 Node.js 버전이 8.0 이상이어 야 Vue-CLI가 정상적으로 작동합니다. 이전 설치 방법에 따라 Node.js를 설치하세요. Git을 설 치하려면 http://mng.bz/D7zz 공식 사이트의 설치 방법을 확인해 주세요.

모든 필수 구성 요소를 설치한 후에는 터미널 창을 열어 다음 명령어를 실행하세요.

```
$ npm install -g vue-cli
```

Vue-CLI에서 명령어를 실행하는 방법은 간단합니다. 다음과 같이 vue init 뒤에 차례로 템플릿 이름과 프로젝트 이름을 입력하면 됩니다.

```
$ vue init <template-name> <project-name>
$ vue init webpack my-project
```

다 끝났습니다. 현재 글을 쓰는 시점에서 Vue-CLI의 최신 버전은 3.8.4입니다.[1]

---

1 **역주** 번역 시점에 기본 명령어로 설치하면 2.9.6이 설치됩니다.

연습 문제 해답

2장

2.4절에서 가격 필터를 만들어 보았습니다. 다른 도움이 될 만한 필터가 있을까요?

Vue.js의 필터는 일반적으로 문자열 필터링에 사용됩니다. 도움이 될 만한 필터로는 상품 이름을 대문자로 표시하는 필터를 생각할 수 있습니다.

3장

초기 장에서 계산된 속성과 메서드를 알아보았습니다. 이 둘은 어떤 차이점이 있나요?

계산된 속성은 어떤 값을 파생하려고 할 때 유용합니다. 기본값이 업데이트될 때마다 값이 자동으로 업데이트됩니다. 루프가 변경되지 않아도 다시 계산할 필요가 없는 값을 반복적으로 계산하지 않기 위해 캐싱됩니다. 메서드는 Vue 인스턴스에 바인딩된 함수라는 것을 명심하세요. 명시적으로 호출될 때만 실행됩니다. 계산된 속성과 다르게 메서드는 매개변수를 받습니다. 계산된 속성은 받을 수 없습니다. 메서드는 자바스크립트 함수가 필요한 동일한 상황에서 유용합니다. 강력한 사용자 상호 작용을 지원하지 않으면 애플리케이션은 효과적일 수 없습니다.

4장

양방향 데이터 바인딩은 어떻게 작동하나요? Vue.js 애플리케이션에서 언제 사용해야 할까요?

간단하게 설명하자면 양방향 데이터 바인딩은 모델이 업데이트되면서 뷰가 업데이트되고, 뷰가 업데이트되면서 모델이 업데이트될 때 작동합니다. 양방향 데이터 바인딩은 폼과 입력을 다룰 때 애플리케이션 전체에서 사용해야 합니다.

5장

v-for 범위는 무엇이고 일반적인 v-for와 어떤 차이점이 있나요?

v-for 지시자는 배열을 기반으로 한 목록을 렌더링할 때 사용됩니다. 보통 item in items 형식인데, items는 배열이고 item은 현재 순환하고 있는 요소의 별칭입니다. v-for는 또한 item in (숫자) 형식으로 범위를 지정할 때도 사용됩니다. 이 경우 해당 템플릿을 해당 숫자만큼 반복합니다.

6장

부모에서 자식 컴포넌트로 어떻게 정보를 넘길 수 있을까요? 자식 컴포넌트에서 받은 정보를 부모 컴포넌트로 다시 넘겨줄 때는 무엇을 사용하나요?

부모 컴포넌트에서 자식 컴포넌트로 정보를 전달하는 일반적인 방법은 속성을 사용하는 것입니다. 속성은 명시적으로 자식 컴포넌트에 설정되어야 합니다. 자식 컴포넌트에서 부모 컴포넌트로 정보를 전달하고 싶다면 $emit(이벤트 이름)을 사용할 수 있습니다. 이후 장에서 데이터 저장소 사용을 포함해서 컴포넌트 간 정보를 전달하는 여러 방법을 살펴볼 것입니다.

7장

다른 경로를 탐색할 수 있는 두 가지 방법은 무엇인가요?

다른 경로를 탐색하는 데 두 가지 방법을 사용할 수 있습니다. 하나는 템플릿 안에 router-link 요소를 추가하는 방법이고, 다른 하나는 Vue 인스턴스 내부에서 this.$router.push를 사용하는 방법입니다.

8장

애니메이션과 트랜지션은 어떤 차이점이 있나요?

애니메이션은 여러 상태를 가지는 반면, 트랜지션은 한 상태에서 다른 상태로 이동합니다.

9장

믹스인은 무엇이고 언제 사용해야 하나요?

믹스인은 컴포넌트에 재사용 가능한 기능을 배포하는 방법입니다. 컴포넌트 간에 동일 코드를 작성하고 있다면 믹스인을 사용해야 합니다. 반복 코드는 DRY(반복하지 마라) 원칙에 위배되므로 리팩토링해야 합니다. 믹스인은 컴포넌트 자체 옵션에 '혼합'됩니다.

10장

Vue.js 애플리케이션의 일반적인 데이터 전달 방식보다 Vuex를 사용했을 때, 어떤 이점을 얻을 수 있나요?

Vuex는 중앙 저장소를 사용해서 애플리케이션 상태를 저장합니다. 이것으로 예측 가능한 동기식 방식으로 Vue.js 앱이 상태를 변형할 수 있고, 애플리케이션 상태가 변할 때 의도치 않은 결과를 방지할 수 있습니다. 한 가지 이점은 한곳에서 애플리케이션 데이터를 정리할 수 있다는 것입니다. 덩치가 큰 Vue.js 애플리케이션은 조금 번거로울 수 있습니다. 정보를 전달하거나 이벤트 버스에 의존하는 방식은 이상적이지 않습니다. Vuex는 모든 정보를 담은 중앙 저장소를 제공해서 이 문제를 해결합니다.

11장

Nuxt 애플리케이션에서 asyncData나 미들웨어를 사용하면 어떤 이점이 있나요?

asyncData 객체는 로드되기 전에 페이지 컴포넌트에 먼저 로드됩니다. 컨텍스트 객체에 접근할 수 있고 서버 사이드에서 로드됩니다. 미들웨어와 비교했을 때 한 가지 이점은 결괏값을 페이지에 데이터 객체와 합친다는 것입니다. 이는 나중에 Vuex 저장소를 사용하여 페이지 컴포넌트에서 필요한 데이터를 저장해야 한다는 점에서 미들웨어보다 유리할 수 있습니다.

12장

테스트는 왜 중요할까요? 테스트에 도움이 되는 Vue.js용 도구는 무엇인가요?

테스트는 모든 코드 작성의 기본이어야 합니다. 자동화 테스트는 수동으로 테스트하는 것보다 훨씬 빠르고, 에러 발생 가능성이 적습니다. 이는 더 높은 선행 비용을 요구하지만, 장기적으로는 시간을 절약할 수 있습니다. Vue.js 테스트에서는 많은 도구를 제공합니다. 이 중 vue-test-utils 라이브러리가 있습니다. 이것으로 Vue.js 애플리케이션에 대한 적절한 테스트를 수행할 수 있습니다.